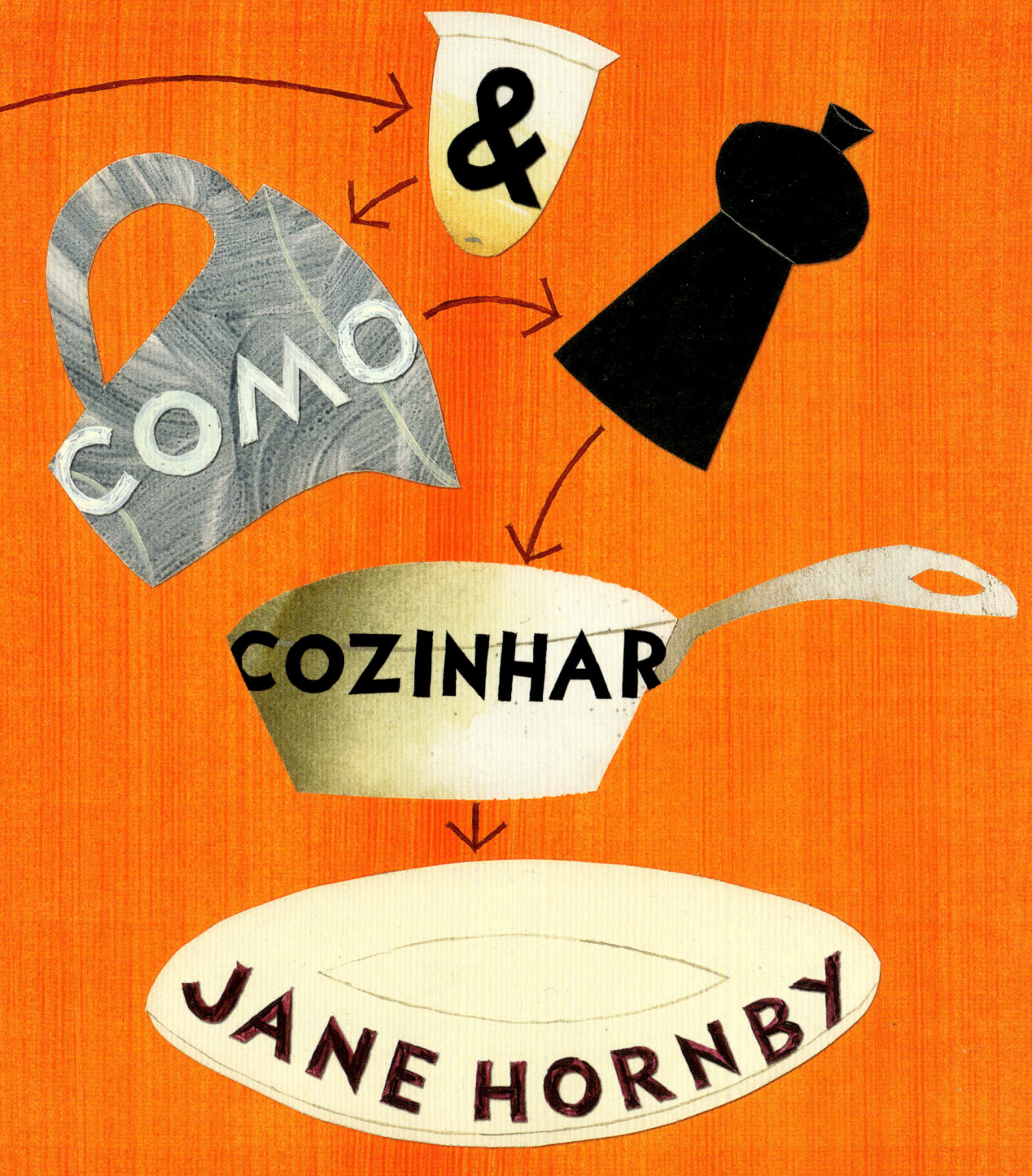

Introdução 6

Café da Manhã & Brunch 16
Smoothie de fruta vermelha 18
Caracóis de canela 20
Ovos Benedict 24
Bagels com ovos e salmão defumado 28
Rabanada com ameixa 32
Café da manhã completo à moda inglesa 36
Muffins com frutas secas 40
Huevos rancheros 44
Panquecas com mirtilo e xarope de maple 48
Panquecas de milho com abacate e bacon 52

Lanches Leves 56
Sanduíche quente de presunto e queijo 58
Salada picante de couscous 60
Queijo de cabra com salada de beterraba 64
Salada César com frango 68
Sopa de frango e macarrão 72
Sopa de tomate com tomilho 76
Salada grega 78
Laksa de camarão e cogumelo 80
Omelete com cebolinha-francesa 84
Quesadillas com frango e milho verde 88
Salada niçoise 90
Sanduíche de alface, bacon e tomate 94
Sopa picante de batata-doce 98

Jantares Rápidos 102
Abóbora com castanha de caju 104
Cheesebúrguer 108
Frango salteado à chinesa 112
Risoto de cogumelo 116
Caçarola de frango e chorizo 120
Peixe empanado com molho tártaro 124
Macarrão gratinado com queijo 128
Costeletas de cordeiro com salada 132
Linguiça acebolada com purê 136
Penne com molho de tomate 140
Salmão picante com verdura e arroz 144
Espaguete ao pesto 148
Frango com molho de abacaxi 150
Peito de frango recheado com queijo 154
Contrafilé com manteiga de alho 158
Espaguete à carbonara 162
Talharim com camarão à tailandesa 164
Curry de carne ao leite de coco 168

Para Comer Juntos 172
Costela de porco agridoce 174
Asas com dip de gorgonzola 176
Antepastos com bruschetta e tapenade 180
Triângulos de milho com guacamole 184
Pizza margherita 188
Homus & azeitona marinada 192
Panquecas de pato à chinesa 196
Frango com molho de amendoim 200
Frango à indiana com raita 204
Batatas bravas com chorizo 208
Barquinhos de batata com dip 212

Domingo com a Família 216
Baked potato com chili 218
Pescada frita com molho verde 222
Berinjela à parmigiana 226
Coq au vin 230
Escondidinho de peixe e camarão 234
Curry de carneiro com arroz aromático 238
Quiche de cebola 242
Lasanha 248
Frango com rolinhos de alho-poró 252
Torta do pastor 258
Talharim com molho à bolonhesa 262
Pernil de cordeiro com alecrim 266
Ensopado de peixe mediterrâneo 270
Carne assada com pudim Yorkshire 274
Paella 280
Torta de frango, bacon e legumes 284
Ensopado de carne com bolinhos 288
Bolinhos de siri com molho de ervas 292
Paleta de porco assada com maçã 296
Couscous com tagine de legumes 300

Para Acompanhar	**304**
Batata assada	306
Salada com molho vinagrete	308
Ratatouille	310
Gomos de batata ao forno	312
Cenoura glaceada	314
Coleslaw	316
Pão de alho	318
Batata gratinada	320
Vagem com bacon	324
Legumes assados com mel	328
Legumes na manteiga	330
Delícias Doces	**332**
Torta de maçã	334
Copinhos de chocolate	340
Torta de limão com chantili	342
Bolo inglês de limão	346
Torta de limão-siciliano	350
Bolo de tâmara com calda de caramelo	356
Sorvete de baunilha	360
Bolo de banana com nozes	364
Brownies	368
Panna cotta com framboesa	372
Cupcakes glaceados	376
Torta de noz-pecã	380
Cobbler de pêssego e framboesa	384
Bolo trufado de chocolate	388
Crumble de maçã e amora	392
Cheesecake com frutas vermelhas	396
Cookies com gotas de chocolate	400
Planejando cardápios	**406**
Glossário	**408**
Técnicas básicas	**410**
Índice geral	**413**

O que e como cozinhar

Uma receita é como uma história, com um começo, um meio e, assim espero, um final feliz. Qualquer que seja a razão que tenha motivado você a se interessar pela culinária – talvez você esteja deixando a casa de sua mãe para morar sozinho ou simplesmente queira aumentar o seu repertório de refeições caseiras saudáveis – este livro o guiará em suas primeiras aventuras na cozinha, e poderá mostrar-lhe o quanto é simples alimentar a sua família e amigos, criar jantares a partir do que tiver à mão ou preparar um bolo que o encha de orgulho. Nestas páginas, vou mostrar como cozinhar os seus pratos favoritos de modo que sejam sempre um sucesso. Todas as receitas têm lindas fotos coloridas que o acompanharão passo a passo para que fique bem claro o quanto é fácil executá-las.

A maioria das pessoas ama comer e você pode fazer rapidamente uma lista dos pratos preferidos de cada um. Ou sabe perfeitamente o que está a fim de comer hoje: talvez algo com especiarias, uma comidinha cheia de lembranças ou uma sobremesa com muito, muito, mas muito mesmo... chocolate. Mas geralmente a inspiração para por aí! Se, voltando do trabalho numa terça-feira à noite, já lhe aconteceu ficar parado no meio do supermercado sem ideia alguma, ou se está pensando no que irá oferecer no domingo aos seus sogros, tenha certeza de que você encontrou o que procura. Essas receitas brotaram justamente da dúvida do que pôr na mesa para um jantar rápido nos dias da semana até o que servir numa ocasião importante. E é por isso que selecionamos essas 100 deliciosas receitas que estão ao alcance de qualquer um.

São as ocasiões, mais do que os grupos de alimentos, que definem o que nós escolhemos para comer e é focando nisso que montamos esse livro. Com seis capítulos que abrangem todo tipo de refeição, desde café da manhã a jantares simples para compartilhar com amigos, refeições para os finais de semana, receitas para convidados especiais, almoços clássicos para o domingo em família, refeições a dois no capricho, bolos simples e outras gostosuras assadas, assim como sobremesas fantásticas para encerrar um jantar. Se estiver procurando um cardápio completo, damos algumas sugestões no final do livro (ver página 406), sendo que, se você precisar, muitas receitas podem ser multiplicadas ou divididas com facilidade. Diversas receitas têm variações, que você poderá experimentar depois de ter-se familiarizado com elas.

Passei a maior parte de minha carreira encorajando as pessoas a cozinhar em casa. "Eu vou te mostrar: é fácil!" é o que eu sempre digo aos amigos e familiares quando me perguntam como preparar um molho branco sem grumos, ou querem saber por que o bolo que assaram não cresceu. O melhor jeito de aprender as coisas é primeiro ver como se faz para depois executá-las. E é justamente por isso que cada receita tem o seu passo a passo para mostrar como o alimento deve se apresentar naquele estágio da preparação. Cada passo foi pensado com muito cuidado para que ficasse o mais claro possível, substituindo a dúvida pelo conhecimento e incluindo detalhes que a maioria dos livros nem menciona, como, por exemplo, a aparência que o alimento deve ter e a transformação que ele sofre durante as várias etapas do preparo. Como você sabe se está pronto? Em que detalhe você deve prestar atenção? E o aroma, como deve ser? E se eu errar alguma coisa, o que vai acontecer? Espero que, ao usar esse livro, você consiga sentir a minha presença ao seu lado para lhe mostrar o caminho certo a seguir. Não há nada de difícil nessas receitas nem você vai precisar de equipamentos especiais.

Se você pensa que não tem tempo para cozinhar, espero que esse livro consiga convencê-lo do contrário, pois todas as receitas foram organizadas de modo a serem preparadas rapidamente. As várias operações, como, por exemplo, picar legumes, estão descritas no momento certo do preparo e não "escondidas" na lista dos ingredientes: isso é cozinha em tempo real! Amassar o alho enquanto a cebola doura serve para economizar tempo e é mais sensato do que preparar todos os ingredientes com antecedência. Sei que é difícil resistir à ideia de picar tudo de uma vez, mas é assim que procedem os cozinheiros mais experientes para economizar tempo.

Cada receita começa com uma grande foto com todos os ingredientes de que você irá precisar e as quantidades são medidas exatamente conforme pedidas na receita. As fotos do passo a passo acompanham fielmente o que você irá fazer na sua própria cozinha, usando apenas equipamentos comuns que se encontram em qualquer cozinha. Os ingredientes utilizados podem ser adquiridos em qualquer supermercado e/ou feira livre, mas tenha sempre o cuidado de escolher produtos de boa qualidade, pois deles depende o resultado final. Depois de ter abastecido a sua despensa (ver página 14), você ficará impressionado como um prato preparado em casa com o que você tem à mão pode ser fácil, prazeroso e muito mais econômico. Se quiser ganhar tempo, pode comprar certos tipos de massas (podre, folhada, filo etc.) já prontas, no setor de congelados, mas, em muitos casos, você achará mais interessante prepará-las você mesmo.

Quando as pessoas me perguntam o que eu gosto de cozinhar em minha casa, geralmente imaginam que eu invento pratos mirabolantes, mas a minha resposta é sempre a mesma: quando cozinho para amigos ou familiares, gosto de usar receitas que tenho certeza que funcionam, que sei que todo mundo gosta e cujo preparo não me deixe estressada. Por isso, testei várias vezes as receitas desse livro: o brownie tem de ter a maciez e a casquinha na consistência exata, a lasanha deve ser rica na proporção certa e a torta de frango, preparada até o ponto que possa ser tirada da geladeira e levada ao forno, com a certeza de que sairá dele perfeita. Naturalmente, nos meus testes, tenho tido o cuidado de averiguar se a receita sempre dá ótimos resultados, a cada vez que é repetida. Com esse livro, quero mostrar não somente o que e como cozinhar, mas também proporcionar o prazer que se experimenta ao compartilhar os pratos que nós mesmos preparamos.

Como fazer com que as receitas funcionem

1
Antes de começar, leia a receita inteira para se familiarizar com os vários passos, e para entender bem tudo o que deverá ser feito.

2
A não ser que você seja um cozinheiro experiente, não troque os ingredientes da receita – você poderá fazê-lo quando for repeti-la. Se houver necessidade de trocar um ingrediente, escolha um que seja parecido: use açúcar comum no lugar de açúcar mascavo e não mel ou adoçante, por exemplo. Isso é fundamental em bolos e assados, em que o equilíbrio entre os ingredientes é de suma importância, as quantidades não devem ser aumentadas nem diminuídas.

3
Pese e meça todos os ingredientes com o maior cuidado, principalmente em receitas de forno. A colher de medir é sempre usada rasa, a não ser quando especificado de outro modo.

4
O maior desafio dos cozinheiros novatos é calcular os tempos e perceber quando o alimento está no ponto certo de cozimento. Por isso, no início de cada receita, coloquei o tempo de preparo para você ter uma ideia de quanto demorará para picar, pesar, refogar. O tempo de cozimento indica quanto tempo o prato levará para ficar pronto. Em alguns casos, como no preparo de uma sopa rápida, você vai ter de ficar ao lado do fogão o tempo todo. Em outros pratos, com tempo de cozimento mais longo, você poderá deixá-los cozinhar "desacompanhados", enquanto se dedica a outras tarefas. Lembre-se também de que fornos e fogões são diferentes uns dos outros. Por isso, eu uso sempre o nariz, os olhos e ouvidos para saber o que está acontecendo, mas também uso o timer, por garantia.

5
Preaqueça sempre o forno antes de usá-lo e, durante o cozimento, mantenha a porta fechada: abri-la a toda hora vai fazer com que a temperatura abaixe, o que acarretará um tempo de cozimento maior. Para ter certeza de que a temperatura do forno está correta, use um termômetro próprio para forno.

6
Preste atenção às indicações dos ingredientes. A manteiga amolecida tem de estar bem macia, com consistência de maionese. A carne vermelha, antes de ser posta para cozinhar, deverá estar na temperatura ambiente para que os tempos dados na receita coincidam. Os ovos, também, devem estar em temperatura ambiente antes de serem usados.

7
Quando possível, para diminuir o tempo do preparo, peço para fatiar no lugar de picar certos alimentos. As fotos no final do livro (ver página 410) mostram o que quero dizer exatamente com "picar fino", por exemplo.

8
Prove o que estiver cozinhando. Os bons cozinheiros provam constantemente o que preparam para saber o que está acontecendo em suas panelas. E essa é a única maneira de você dizer se um molho tem sal suficiente ou se está encorpado no ponto certo.

9
A não ser quando especifico outra forma, as ervas aromáticas são sempre as frescas, a pimenta-do-reino é sempre a moída na hora e o sal é sal marinho em flocos. Os legumes são de tamanho médio e os ovos são de tamanho grande (cerca de 70 g). O leite é do tipo semidesnatado.

Utensílios de cozinha

Estes são os utensílios de cozinha básicos de que você irá precisar para executar as receitas deste livro.

Tábuas de cortar
Você vai precisar de duas tábuas: uma para os alimentos crus e outra para os cozidos. As tábuas de plástico duram mais e são mais fáceis de limpar do que as de madeira.

Facas
Para preparar as nossas receitas são necessárias poucas facas. A primeira é a chamada faca do chef, cuja lâmina tem cerca de 20 cm de comprimento. Escolha uma que seja de fácil manejo, não muito pesada nem leve demais, que lhe permita picar os alimentos com movimentos suaves, sem esforço. A segunda deverá ser uma faca com cerca de 10 cm de comprimento para trabalhos menores. Outra faca muito útil é a serrilhada, para picar frutas ou aparar massas. Por fim, uma faca para pão e uma espátula para passar o glacê nos bolos, que também é útil para retirar biscoitos da assadeira sem quebrá-los. Nunca deixe suas facas sem fio, o que pode ser perigoso. Use um amolador próprio para essa finalidade.

Um conjunto de tigelas
Uma tigela grande, uma média e uma pequena para misturar. Se forem refratárias, melhor.

Panelas
Você vai precisar de uma panela pequena, uma média e uma grande. A grande deve ser funda o suficiente para ferver nela bastante água para cozinhar macarrão ou batatas. É bom ter também uma frigideira grande, com cerca de 24 cm de diâmetro e, se você gosta que o seu bife fique com aquelas riscas que imitam o churrasco, é bom ter também uma grelha com caneletas. Se você é um cozinheiro inexperiente, escolha panelas antiaderentes, lembrando que a qualidade nesse caso é fundamental, pois você as usará todos os dias. Prefira panelas com fundo grosso, que distribuem melhor o calor, com tampa e cabos resistentes ao calor, assim você poderá usá-las também dentro do forno e debaixo do grill. As melhores tampas são as de vidro, pois permitem ver o que está acontecendo dentro das panelas sem precisar tirá-las, o que desperdiçaria calor e umidade preciosos.

Do fogão para o forno
Provavelmente, as panelas mais úteis são as caçarolas grandes, que podem ir direto do fogão para o forno. Devem ter cabos de material resistente ao calor, e é interessante, mas não fundamental, que sejam antiaderentes. Tome muito cuidado com as panelas de ferro, pois elas aquecem rápido demais e retêm o calor por muito tempo.

Assadeiras para carne
Procure assadeiras de metal grosso, mais resistentes. Você vai precisar de uma grande, com bordas altas, e de uma pequena para assar peças menores de carne, pois assim haverá menos evaporação dos sucos.

Assadeiras e fôrmas
Uma assadeira grande com borda de 3,5 cm é muito útil, assim como uma mais rasa para os biscoitos. Para as receitas deste livro, eu usei também uma assadeira de 27,5 cm x 17,5 cm; uma fôrma para bolo inglês de 10 cm x 20 cm; uma fôrma para torta com 22,5 cm de diâmetro com borda lisa e outra do mesmo tamanho, com borda canelada; duas fôrmas com fundo removível com 3 cm de borda e 20 cm de diâmetro; uma fôrma para muffins, com capacidade para 12 bolinhos.

Fôrmas refratárias
Duas fôrmas refratárias, de cerâmica ou de vidro, são muito úteis no preparo de uma lasanha, por exemplo,

assim como para servir um legume de acompanhamento ou até uma salada. Procure aquelas que têm cabos: são mais práticas.

Utensílios de medir
Para medir ingredientes secos, os conjuntos de xícaras e de colheres de plástico são ótimos. Se encontrar, dê preferência às colheres alongadas, que entram mais facilmente em vidros com gargalo estreito. Para medir líquidos, o ideal é ter duas jarras de vidro refratário, uma com capacidade para 2 xícaras (½ litro) e uma com capacidade para 4 xícaras (1 litro). Se você tiver de escolher entre as duas, compre somente a menor, pois serve para quantidades pequenas; para quantidades maiores, pode-se repetir a medição quantas vezes forem necessárias.

Processador de alimentos
O processador de alimentos é muito útil na cozinha, pois ele pica, mói e mistura tão rápido que nem o mais experiente dos chefs consegue igualá-lo. É ótimo no preparo da massa podre, pois suas lâminas são tão velozes que não há tempo para a massa aquecer e ficar dura depois de assada. Escolha um modelo simples, que tenha uma tigela de tamanho adequado às suas necessidades; não se empenhe em comprar um que tenha muitas peças, pois raramente você terá chance de usar todas.

Batedeira de mão
Se a sua produção de bolos é modesta, não precisa comprar uma batedeira completa, que é mais cara. Uma batedeira de mão será mais do que suficiente para bater claras em neve, creme de leite em chantili ou a massa de bolos simples.

Outros equipamentos úteis
ralador quadrado para queijo
pincel para pincelar massas
rolo para abrir massas
espremedor de limão
concha
espremedor de batata
espátula de silicone
descascador de legumes
grade para esfriar bolos
batedor de arame
coador
escorredor de macarrão
espátula larga
folhas de papel-manteiga

Forno elétrico
Esse tipo de forno produz mais calor perto das resistências, tanto as da parte superior quanto as da parte inferior. Por isso, em caso de um bolo ou de um assado, por exemplo, a posição ideal é no centro, para evitar que o alimento queime em cima ou embaixo. Mas, se você quer que o alimento toste ou fique crocante por cima, como as batatas assadas, posicione a assadeira na parte mais alta, perto da resistência superior.

Forno a gás
O forno a gás, onde o elemento aquecedor encontra-se normalmente na parte inferior do forno, oferece basicamente três áreas diferentes de distribuição de calor. A inferior, por ser a mais próxima do elemento aquecedor, é a mais quente, onde você vai assar a pizza ou iniciar o cozimento de uma torta com recheio líquido e massa crua (após 15-20 minutos, coloque a fôrma da torta no centro e diminua um pouco a temperatura). A área central é ideal para assar pães, bolos, biscoitos, carnes, lasanhas e outras tantas delícias. A parte superior é inicialmente mais fria, mas conforme o forno esquenta, torna-se a mais quente, devido à propriedade do calor de subir: esse é o lugar ideal para gratinar um prato ou derreter o queijo da pizza, depois que a massa já estiver assada.

Ingredientes & compras

Todos os ingredientes usados neste livro podem ser facilmente encontrados em qualquer supermercado, com exceção de alguns poucos que devem ser procurados em lojas especializadas em produtos orientais. Para saber o que está na safra é bom frequentar também feiras livres e sacolões. Não tenha vergonha e confesse ao seu açougueiro ou peixeiro que você é um "marinheiro de primeira viagem" e eles se desdobrarão em conselhos e dicas. Dentro do seu limite orçamentário, não faça economia ao comprar carne, peixe e ovos – você verá a diferença!

Carne
Peça ao seu açougueiro para cortar os bifes na espessura ideal para cada tipo de preparação. Além disso, ele poderá limpar bem a carne e lhe dar alguns ossos, caso você queira tentar preparar o seu primeiro caldo de verdade.
A carne bovina deve ser entremeada com pouca gordura, ter cor vermelha viva e estar quase seca na superfície. Os ossos devem ser brancos, com a gordura clara. Os frangos devem ter aparência polpuda e firme, com a pele intacta e cheiro de fresco.

Peixe
O peixeiro deve ter uma boa variedade de peixes, tanto frescos quanto congelados, dependendo da época do ano e da localidade onde você mora.
A seu pedido, ele poderá limpar o peixe, eliminar as escamas e cortá-lo em filés ou postas. Experimente espécies que você não conhece, se o seu peixeiro assim lhe aconselhar: nesse caso, pergunte qual a melhor maneira de preparar. Ao escolher o peixe, veja se os olhos e as escamas estão brilhantes, as guelras, vermelhas, internamente, e o cheiro deve ser suave. Comprar filés já cortados é mais problemático, pois os indicadores do frescor (olhos e guelras) não estão mais lá, mas escolha filés cuja carne seja rosada, rija e com aspecto de enxuta. Recuse qualquer peixe que tenha cheiro forte, carne mole ou cor acinzentada. Para saber se os frutos do mar estão frescos, certifique-se de que as conchas estejam inteiras. Se alguma estiver entreaberta, dê uns tapinhas na concha com o dedo: ela deverá se fechar rapidamente, sinal de que o animal está vivo!

Ovos
Os melhores ovos são os das galinhas felizes! Galinhas criadas livres, com alimentação orgânica, produzem ovos de qualidade e paladar superiores ao das criadas em gaiolas e obrigadas a comer dia e noite para dar mais produção e cujos ovos são, obviamente, mais baratos.

Frutas & legumes
Se você tiver a sorte de morar perto de algum pequeno produtor, poderá ter acesso a verduras e legumes mais frescos. Aproveite. Eu sempre escolho frutas e verduras que sejam pesadas em proporção ao tamanho. Todas as frutas e legumes devem ser bem lavados porque, mesmo quando estão aparentemente limpos, podem conter resíduos de agrotóxicos, fragmentos de terra ou outra sujeira qualquer. Elimine as folhas externas, mais duras, e descasque batata, cenoura e outras raízes, se desejar. Muitas vitaminas e nutrientes encontram-se logo abaixo da casca, portanto, ao descascá-las, não vá muito fundo. Se preferir, escove frutas e legumes com uma escova de cerdas firmes em vez de descascá-los.

Como guardar
Carne e frango não devem ser guardados sob refrigeração por mais de 3 dias. Se quiser congelar peixe, carne ou frango, acondicione bem, com material próprio para congelamento, e faça isso no mesmo dia da compra. O prazo é de 1 mês. Tanto o peixe como a carne congelados devem ser descongelados dentro da geladeira, de um dia para o outro.

Os ovos devem ser mantidos sob refrigeração e lembre-se de conferir a data de validade na embalagem. Mantenha-os afastados de alimentos com cheiro forte, pois sua casca porosa pode absorver os cheiros.

Ervas aromáticas frescas devem ser acondicionadas em toalhas de papel úmidas e fechadas hermeticamente em saquinhos próprios ou potes com tampa. Dessa forma duram até uma semana.

As verduras são mais delicadas e o ideal é que você adquira somente o que vai usar no prazo de dois dias. Guarde-as embrulhadas em toalhas de papel secas e depois em sacos plásticos, dentro da gaveta dos legumes, na parte mais baixa da geladeira.

Guarde frutas e legumes na geladeira, a não ser que tenham de terminar o amadurecimento. Exceções são a banana, o abacate e o tomate. Tire as frutas da geladeira pelo menos uma hora antes de consumi-las, pois o frio afeta o aroma e a textura. As frutas cítricas são espremidas com maior facilidade quando estão na temperatura ambiente.

Os laticínios devem ser muito bem conservados e é importante observar a data de vencimento impressa na embalagem, já que alguns – leite, iogurte etc. – são altamente perecíveis. A maioria dos queijos apresenta melhor consistência para ser consumida quando em temperatura ambiente, portanto, retire-os da geladeira ao menos uma hora antes de servir.

Prazo de validade
Por lei, é obrigatório imprimir a data de vencimento em todo alimento embalado e vendido no comércio. Verifique essa data e calcule se o prazo é suficiente para você consumir o alimento antes do vencimento.

A despensa básica

Uma despensa bem abastecida é fundamental em uma cozinha e, depois de incrementar o seu estoque, você precisará comprar apenas os ingredientes frescos.

Gorduras
Tenha à mão um azeite de oliva de aroma leve, para cozinhar, e um extravirgem para temperar ou dar aquele toque final ao prato. Para frituras e outras preparações, use óleo vegetal extraído de sementes, como o de girassol, milho, soja etc. Se for cozinhar com manteiga, é melhor usar a sem sal, de modo que você terá maior liberdade para determinar a quantidade de sal que vai usar para temperar a comida.

Alimentos enlatados
Legumes e verduras em lata podem oferecer a base para uma refeição saudável e econômica. Não deixe faltar tomate pelado.

Macarrão, lentilha & feijão
É bom ter uma variedade de massas para refeições improvisadas: uma comprida, como o espaguete, e outra curta, como o penne, por exemplo, são um bom começo. Geralmente, um macarrão pode ser substituído por outro do mesmo formato. Esses produtos, todavia, não podem ser estocados por tempo muito longo.

Farinhas
Use amido de milho para engrossar, farinha de trigo para a confeitaria (além de muitos outros quitutes) e farinha de trigo com fermento para bolos.

Especiarias em pó ou em grãos
Cominho em pó e em sementes, coentro em grão, cúrcuma, pimenta calabresa, páprica (tanto a doce quanto a picante), canela em pó e em rama, noz-moscada e gengibre são especiarias encontradas nas receitas deste livro. Compre-as em pequenas quantidades, pois, após

dois ou três meses, começam a perder o aroma. Mantenha-as em ambiente fresco e escuro.

Ervas aromáticas secas
Quando as ervas frescas não estão disponíveis, as secas são muito úteis. As que uso mais comumente são o orégano, o tomilho e um mix. Use uma colher (chá) de erva seca no lugar de um maço pequeno da fresca, quando isso for viável, como, por exemplo, num prato de cozimento lento. Num ensopado, pode-se substituir o alecrim fresco pelo seco, mas não é possível trocar a salsa fresca pela seca numa salada grega.

Açúcar & mel
O açúcar refinado, comum, pode ser usado na maioria das receitas, mas, se preferir, escolha açúcar não refinado ou orgânico, que é mais saudável. O melhor mel é aquele fluido, não cristalizado, mas não se esqueça de verificar a procedência.

Frutas secas, nozes & sementes
A fruta seca deve ser macia. As boas marcas de uva-passa não têm muitos cabinhos ainda grudados nos grãos. Não estoque grandes quantidades de frutas oleaginosas, principalmente quando moídas, pois podem ficar rançosas em poucos meses.

Mostarda
A mostarda à moda antiga, que vem com sementes, e a mostarda de Dijon são as melhores por terem um aroma mais suave. A mostarda inglesa, ao contrário, é bem mais picante.

Alho
Escolha cabeças de alho com película bem seca e aderida aos dentes, sem partes danificadas. Eu prefiro as cabeças com dentes graúdos.

Queijo
Um bom pedaço de parmesão ou outro queijo de ralar pode se revelar bastante útil em caso de necessidade.

Anchovas & alcaparras
Pessoalmente prefiro comprar anchovas no óleo, e alcaparras na salmoura em vez das conservadas no sal, assim não tenho de enxaguá-las antes do uso.

Azeites aromáticos
O óleo de gergelim torrado acrescenta um aroma de nozes aos pratos salteados ou aos legumes cozidos no vapor, enquanto o óleo de nozes acrescenta uma nota deliciosa a qualquer molho para salada.

Sal & pimenta-do-reino
Eu prefiro usar sal kosher porque não tem adição de iodo, mas ele pode ser substituído pelo sal comum de cozinha sem qualquer prejuízo. A pimenta-do-reino eu moo na hora para obter o máximo de ardor e de aroma.

Vinagre
Escolha uma garrafa de vinagre de vinho branco ou tinto de boa qualidade – ela durará meses.

Tabletes para caldo
É perfeitamente aceitável o uso de tabletes ou pó dissolvidos em água quente no preparo de caldo para as receitas. Hoje em dia, existe também outro tipo de caldo concentrado, vendido em embalagens com dois pequenos potes plásticos, que proporciona um caldo muito saboroso.

Outros
Molho inglês, extrato de tomate e essência de baunilha são itens indispensáveis em qualquer despensa.

Ingredientes poupa-tempo
Se você acha mais prático, use massa folhada congelada, compre farinha de rosca pronta em vez de fazer em casa e use molho de pimenta industrializado ou pimenta calabresa seca em flocos no lugar da pimenta fresca. O importante é que você cozinhe!

Smoothie de fruta vermelha

Tempo de preparo: 5 minutos
Serve 2

Rápido, nutritivo e saudável, o smoothie representa uma deliciosa variante dos cereais ou das torradas para o café da manhã. As frutas vermelhas congeladas têm um preço mais convidativo que as frescas, podem ser encontradas em supermercados e estão sempre à mão. Se for usar as frescas, experimente um mix de framboesa e amora.

---

1 banana média madura
½ xícara (chá) de fruta vermelha congelada, descongelada na geladeira por uma noite
⅔ xícara (chá) de iogurte natural
1¼ xícara (chá) de leite
2 colheres (sopa) de mel

1
Coloque todos os ingredientes no liquidificador.

2
Bata por 1 minuto ou até obter uma mistura lisa.

3
Divida entre 2 copos altos e tome imediatamente.

QUE TIPO DE IOGURTE?
Dê preferência à coalhada fresca, de sabor mais suave. O iogurte natural tem um grau de acidez que pode encobrir o sabor da fruta vermelha.

VARIAÇÃO
Para um smoothie ainda mais nutritivo, experimente adicionar 2 colheres (sopa) de aveia em flocos antes de batê-lo no liquidificador.

Caracóis de canela

Tempo de preparo: 30 minutos, mais 1½ hora para o crescimento
Tempo de cozimento: 25 minutos
Rende 12

Vale a pena sair da cama para saborear esses deliciosos pãezinhos. Como a maioria das massas em que entra o fermento biológico, esta também leva um tempo para ficar pronta, mas nessa receita conseguimos encurtar o caminho. Siga as dicas da página 22 para iniciar o preparo na noite anterior. Recomendamos o uso do sal kosher, que não é iodado, mas você pode substituí-lo pelo sal de cozinha. Os caracóis são mais gostosos quando consumidos mornos.

---

cerca de 4¼ xícaras (chá) de farinha de trigo, mais um pouco para manusear a massa

1 colher (chá) de sal kosher

¼ xícara (chá) de açúcar

1 envelope (10 g) de fermento biológico seco instantâneo

⅔ xícara (chá) de manteiga em temperatura ambiente, mais o necessário para untar a assadeira

½ xícara (chá) de leite, mais 2 colheres (sopa) para o glacê

2 ovos grandes

½ colher (chá) de óleo vegetal

⅓ xícara (chá) de açúcar mascavo

1 colher (chá) de canela em pó

⅔ xícara (chá) de uva-passa clara ou escura, ou uma mistura das duas

½ xícara (chá) de noz-pecã picada

1¼ xícara (chá) de açúcar de confeiteiro

1
Numa tigela grande, coloque a farinha, o sal, o açúcar e o fermento. Numa panela pequena, derreta 4 colheres (sopa) de manteiga, retire do fogo e adicione ½ xícara (chá) de leite e os ovos, batendo com um garfo.

2
Despeje os ingredientes líquidos sobre os secos, mexendo até obter uma mistura pegajosa. Cubra a tigela com uma folha de plástico e deixe descansar por 10 minutos.

3
Polvilhe a superfície de trabalho com um pouco de farinha e despeje a massa, raspando a tigela.

4
Polvilhe mais um pouco de farinha sobre a massa e amasse-a por 30 segundos, até ficar elástica.

COMO AMASSAR
Segurando a parte inferior da massa com uma das mãos, com a outra puxe a parte superior para longe de você, achatando-a com a palma da mão. Agora pegue essa extremidade que você puxou e rebata-a sobre si mesma, trazendo-a para perto da parte inferior. Pressione-a e dê um quarto de volta na massa. Repita essa operação algumas vezes, até que ela fique lisa e elástica, usando o mínimo possível de farinha.

5
Unte uma tigela com óleo e coloque a massa. Cubra com uma folha de plástico, também untada, e deixe descansar em lugar abrigado por 1 hora ou até dobrar de volume.

6
Polvilhe a superfície de trabalho com um pouco de farinha e, usando as mãos, abra a massa formando um retângulo de 40 cm x 30 cm.

7
Para rechear, espalhe a manteiga restante sobre a massa, polvilhe o açúcar mascavo, a canela, a uva-passa e a noz-pecã.

8
Começando por um dos lados compridos, enrole a massa como rocambole.

9
Com uma faca grande e bem afiada, apare as extremidades do rolo e corte-o em 12 fatias iguais. A cada corte, mergulhe a lâmina da faca na farinha.

10
Unte uma assadeira de 25 cm x 22 cm e arrume os caracóis com o lado cortado virado para cima. Deixe espaço entre um e outro.

11
Cubra com uma folha de plástico untada com óleo e deixe em lugar abrigado por 30 minutos, até que a massa cresça e os caracóis se juntem. Preaqueça o forno a 170°C.

12
Asse os caracóis por 25 minutos ou até que estejam dourados. Deixe esfriar na assadeira por 15 minutos antes de transferi-los para uma grade. Numa tigela, peneire o açúcar de confeiteiro e prepare um glacê fluido, umedecendo-o com 2 colheres (sopa) de leite. Enquanto ainda mornos, respingue o glacê sobre os caracóis com uma colher.

FAÇA ANTES
Prepare no dia anterior até o passo 10. Leve a assadeira à geladeira, onde eles crescerão, porém bem mais devagar. No dia seguinte, deixe em temperatura ambiente por 1 hora, até que os caracóis tenham se juntado (passo 11). Prossiga como indicado no passo 12.

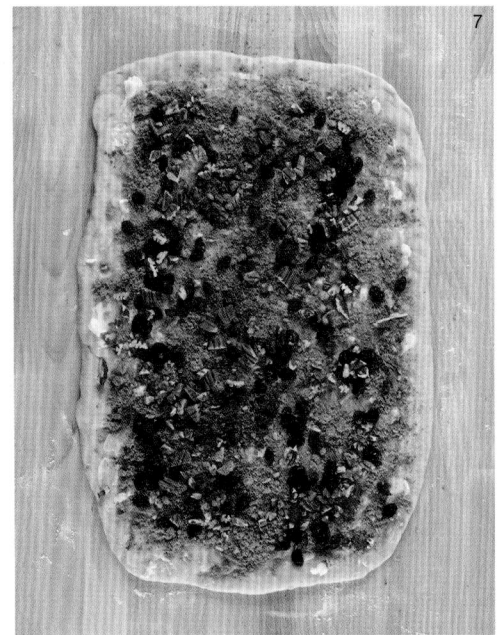

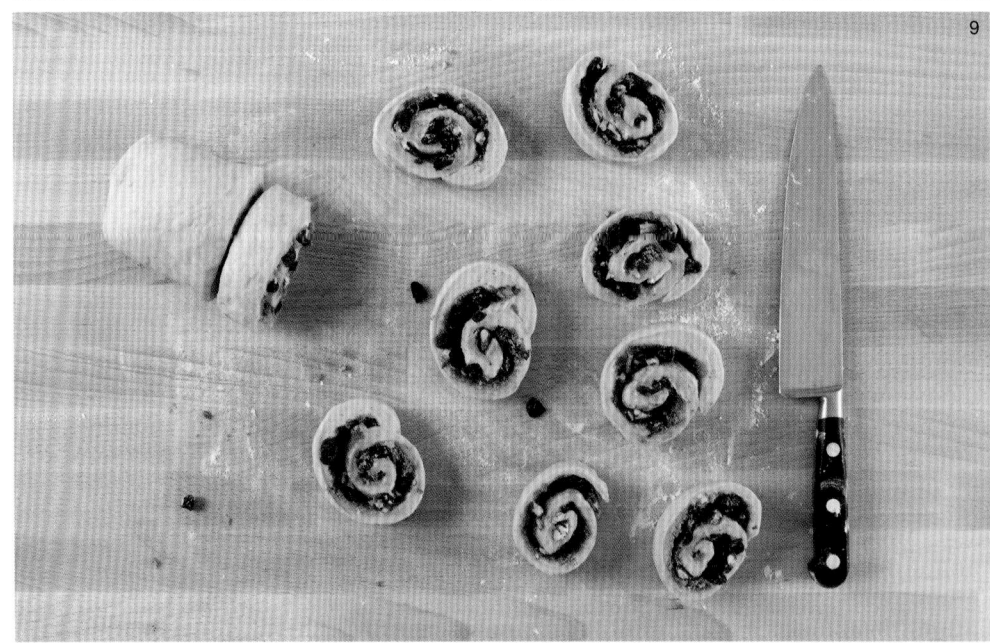

Ovos Benedict

Tempo de preparo: 15 minutos
Tempo de cozimento: 15 minutos
Serve 2

Receita de origem controvertida e com muitas variações, é uma boa pedida para o brunch de domingo. Acompanhe o nosso passo a passo e você obterá, sem muito esforço, um molho holandês rico e liso. Procure comprar ovos bem frescos: é o segredo para fazer bons ovos pochês. Na receita original são usados muffins ingleses, mas você pode substituí-los por fatias de baguete ou pão italiano.

---

6 colheres (sopa) de manteiga sem sal, mais um pouco para passar no pão
6 ovos grandes bem frescos
½ colher (chá) mais 1 colher (sopa) de vinagre de vinho branco
½ limão
1 pitada de pimenta-de-caiena, mais um pouco para servir
sal e pimenta-do-reino
2 muffins ingleses
2 fatias de presunto cozido

24

1
Primeiro prepare o molho holandês. Leve ao fogo uma panela com água para ferver. Enquanto isso, numa panela pequena, derreta a manteiga e deixe-a no fogo o mais baixo possível para que continue fervendo delicadamente.

2
Separe as gemas de 2 ovos (ver página 243) e coloque-as numa tigela refratária média com ½ colher (chá) de vinagre. Ajeite a tigela sobre a panela, de modo que o fundo não toque na água. Esta deve estar fervendo muito levemente.

3
Bata as gemas com uma batedeira manual por 3 minutos ou até que estejam fofas e claras. Tome cuidado para que a água na panela continue fervendo bem devagar, sem encostar no fundo da tigela.

4
Sempre batendo, adicione aos poucos a manteiga quente (uma colher de cada vez). Assim que terminar de adicionar a manteiga, retire a tigela do banho-maria. Se o molho separar, passe-o para uma tigela fria e junte uma colherada de água fria, batendo até que volte a ficar cremoso. Se isso não funcionar, coloque 1 gema em outra tigela limpa e adicione aos poucos o molho talhado, sempre batendo.

5
Esprema o limão e adicione 1 colher (chá) do suco ao molho, junto com a pimenta-de-caiena. Tempere com sal. Se o molho ficar grosso demais, adicione 2 colheres (chá) de água quente. Para que não forme película na superfície, apoie diretamente sobre o molho um pedaço de filme plástico. Coloque a tigela de volta no banho-maria, mas fora do fogo, para manter o molho quente enquanto prepara os ovos pochês.

Café da Manhã & Brunch

6
Para fazer os ovos pochês, leve ao fogo uma panela com água pela metade, 1 colher (chá) de sal e 1 colher (sopa) de vinagre. Quando ferver, diminua bem o fogo para que as bolhas da fervura somente apareçam de vez em quando na superfície. Quebre um ovo numa xícara. Encha uma tigela com água quente e reserve-a. Com uma colher furada, agite a água da panela, de modo a formar um redemoinho.

7
Deixe deslizar delicadamente o ovo da xícara para o centro do redemoinho, sem se preocupar se, no começo, parece que não vai dar certo. Conforme o redemoinho para e o ovo cozinha, ele irá adquirir um bonito formato arredondado.

8
Não mexa no ovo enquanto cozinha. Mantenha a água fervendo bem levemente por 3 minutos, até a clara ficar quase firme e a gema ainda mole. Usando a colher furada, transfira-o para a tigela com água quente. Cozinhe os outros ovos da mesma maneira e junte-os ao primeiro, na tigela com água quente.

9
Corte os muffins ao meio, besunte levemente com manteiga, toste-os e coloque nos pratos. Arrume sobre cada metade ½ fatia de presunto dobrada. Com a colher furada, escorra um ovo por vez, segurando embaixo uma toalha de papel para absorver a água que pingar, evitando assim molhar os muffins. Apoie o ovo sobre o presunto.

10
Regue os ovos com o molho holandês e polvilhe um pouco de pimenta-de-caiena. Sirva imediatamente.

26 Ovos Benedict

Bagels com ovos e salmão defumado

Tempo de preparo: 5 minutos
Tempo de cozimento: 2 minutos
Serve 2 (é fácil de multiplicar)

Para deixar o seu café da manhã ou brunch mais requintado, adicione salmão defumado aos ovos mexidos. Além do salmão, existem outros peixes defumados e fatiados, que podem ser encontrados no setor de frios ou de congelados: escolha o que mais gosta. O bagel é um pãozinho em formato de rosquinha. Pode ser substituído por fatias de pão de fôrma, pão integral ou de grãos.

---

2 bagels simples ou com sementes de papoula
4 ovos grandes
2 colheres (sopa) de leite ou creme de leite light
sal e pimenta-do-reino
2 colheres (sopa) de manteiga
1 maço pequeno de cebolinha-
   -francesa (ou endro, se preferir)
100 g de salmão defumado fatiado

1
Preaqueça o forno a 140°C e coloque 2 pratos grandes para aquecer. Corte os bagels ao meio e torre-os. Mantenha-os também no forno enquanto prepara os ovos.

2
Coloque os ovos com o leite ou creme de leite em uma tigela e bata com um garfo. Tempere com sal e pimenta a gosto.

3
Leve ao fogo uma frigideira pequena e aqueça-a por 30 segundos, junte metade da manteiga e espere até que comece a espumar.

4
Acrescente o ovo batido e, após alguns segundos, mexa com uma colher de pau, tomando o cuidado de passar a colher com maior frequência nas beiradas, onde a frigideira é mais quente e o ovo cozinha mais rápido.

5
Deixe cozinhar por mais 1 minuto, retire do fogo e junte a cebolinha, cortando-a com a tesoura. O ovo não estará ainda totalmente cozido, mas, devido ao calor residual da frigideira, o processo continuará enquanto você passa a manteiga no pão.

6
Besunte os bagels com o restante da manteiga e coloque nos pratos aquecidos. Divida o ovo mexido entre os pãezinhos e apoie por cima as fatias de salmão defumado. Polvilhe mais um pouco de cebolinha ou de pimenta e sirva imediatamente.

Rabanada com ameixa

Tempo de preparo: 20 minutos
Tempo de cozimento: 10 minutos
Serve 4

A rabanada é um prato muito gostoso e requer poucos ingredientes: pão amanhecido, leite, açúcar e ovos. A simples adição de uma fruta da estação, cozida, consegue transformá-la num prato digno de um brunch servido nos melhores restaurantes.

---

6 ameixas vermelhas maduras
5 colheres (sopa) de açúcar
4 ovos grandes
cerca de 1 xícara (chá) de leite
1 colher (chá) de essência de baunilha
8 fatias de pão amanhecido
2 colheres (sopa) de manteiga ou mais, se necessário
1 pitada de canela em pó
4 colheres (sopa) de coalhada fresca, para acompanhar

1

2

3

1
Corte as ameixas ao meio e retire cuidadosamente o caroço com a ponta de uma faca pequena. Coloque-as em uma panela média, polvilhe 3 colheres (sopa) de açúcar e regue com 5 colheres (sopa) de água.

2
Tampe a panela e cozinhe por cerca de 15 minutos em fogo médio-baixo, até a ameixa ficar macia e formar uma abundante calda rosada. Mexa uma ou duas vezes durante o processo. Dependendo do ponto de amadurecimento da fruta, o tempo de cozimento pode ser um pouco mais longo ou mais curto. Deixe amornar.

3
Preaqueça o forno a 175ºC. Forre uma assadeira grande com toalhas de papel. Numa tigela grande, bata com um garfo os ovos, o leite, 1 colher (sopa) de açúcar e a baunilha. Mergulhe uma fatia de pão no ovo por 30 segundos, escorra-a e coloque em um prato. Repita com mais 2 fatias de pão.

4
Aqueça por 30 segundos uma frigideira antiaderente grande. Derreta 1 colher (sopa) de manteiga e, quando começar a espumar, coloque 3 fatias de pão embebidas (se couber, coloque mais). Frite cada lado por 2 minutos ou até que as fatias estejam douradas e o centro volte imediatamente quando pressionado. Enquanto as fatias de pão fritam, misture o açúcar restante com a canela e embeba mais fatias de pão no ovo.

5
Sirva as rabanadas imediatamente, polvilhadas com a mistura de canela e açúcar ou mantenha-as aquecidas no forno na assadeira forrada.

6
Limpe a frigideira com toalhas de papel e leve-a de volta ao fogo, juntando o restante da manteiga. Quando começar a espumar, frite as fatias de pão restantes e polvilhe a mistura de canela e açúcar.

7
Sirva as rabanadas com a ameixa cozida e a coalhada fresca.

FAÇA ANTES
As ameixas podem ser cozidas com vários dias de antecedência e aquecidas antes de servir. Se não encontrar ameixa, sirva com outra compota à sua escolha.

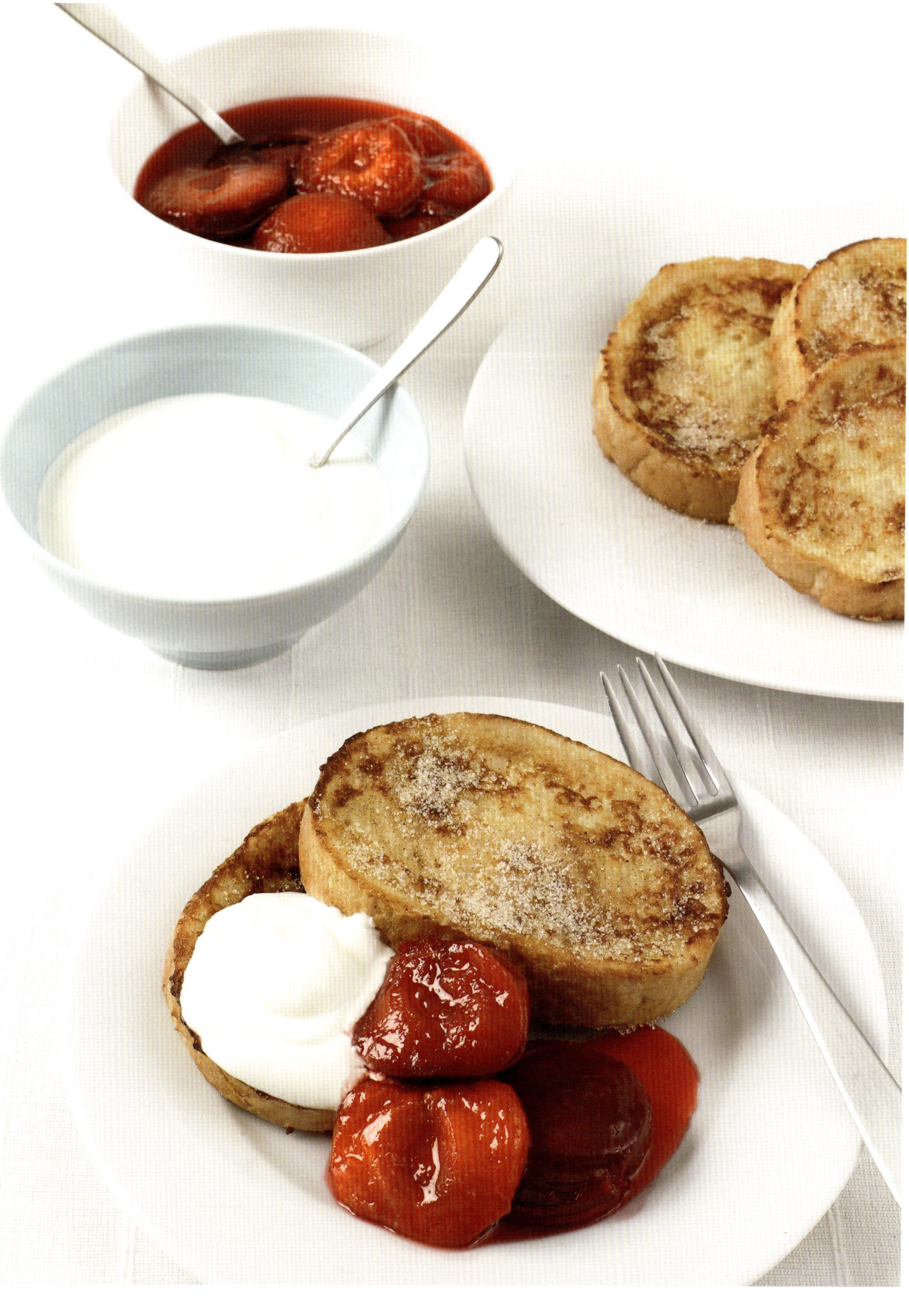

Café da manhã completo à moda inglesa

Tempo de preparo: 10 minutos
Tempo de cozimento: cerca de 30 minutos
Serve 2 (é fácil de multiplicar)

O café da manhã à inglesa leva uma variedade de ingredientes e é perfeito para ser apreciado em um final de semana. O problema é conseguir manter tudo quente ao mesmo tempo. Para superar esse desafio, em vez de usar várias panelas, cozinhe tudo no forno – com exceção dos ovos. Esse tipo de cozimento é muito mais saudável do que a fritura tradicional, mas somente é viável se o seu forno tiver grill.

---

4 linguiças de porco de boa qualidade
2-3 colheres (sopa) de óleo vegetal
2 tomates maduros
2 chapéus de cogumelo portobello (ou outro cogumelo com chapéu grande)
2 fatias de pão de fôrma (branco ou integral)
6 fatias finas de bacon
2 ovos grandes bem frescos
sal e pimenta-do-reino

1
Preaqueça o forno a 220°C. Apoie uma grelha sobre uma assadeira e arrume nela as linguiças. Não as fure, mas pincele-as com um pouco do óleo.

2
Grelhe as linguiças por 10 minutos. Enquanto isso, corte os tomates ao meio e apare o talo dos cogumelos. Pincele os tomates e os cogumelos (do lado das lâminas) com um pouco de óleo e tempere com sal e pimenta a gosto.

3
Pincele também com óleo os dois lados das fatias de pão e corte-as em triângulos.

4
Tire a assadeira do forno, vire as linguiças e arrume sobre a grelha os tomates, os cogumelos e as fatias de bacon, deixando espaço entre eles.

CUIDADO COM O BACON
Como a espessura das fatias de bacon varia de uma marca para outra, fique de olho enquanto grelha para que não resseque demais. Se ficar pronto antes dos outros ingredientes, retire-o, coloque em um prato, cubra com papel-alumínio e mantenha aquecido.

Café da Manhã & Brunch

5

Leve a assadeira novamente ao forno por mais 10 minutos, depois arrume também o pão sobre a grelha (como, durante o cozimento, os alimentos encolhem, haverá espaço para ele). Asse por mais 5 minutos: os ingredientes estarão prontos quando a gordura do bacon estiver dourada e crocante, os tomates macios e os cogumelos com uma aparência escura e suculenta. Desligue o forno e deixe a porta entreaberta para que eles se mantenham aquecidos, mas não cozinhando. Coloque 2 pratos dentro do forno para que aqueçam enquanto você frita os ovos.

6

Coloque a frigideira no fogo. Enquanto ela aquece, prepare uma xícara e uma espátula. Adicione 2 colheres (chá) de óleo à frigideira. Quebre um ovo na xícara e deixe-o deslizar para a frigideira. Repita a operação com o segundo ovo.

USE OVOS BEM FRESCOS
Ao comprar ovos, preste muita atenção à data de validade e escolha aqueles que tiverem o prazo mais longo. Para verificar se o ovo está fresco, mergulhe-o num copo com água: o ovo deve assentar no fundo.

7

Cozinhe os ovos por 3 minutos, usando a espátula para regá-los com o óleo quente até a clara ficar firme. Os ovos devem cozinhar em fogo baixo e, se começarem a estalar, diminua o fogo.

8

Divida os ingredientes entre os pratos aquecidos, tempere com sal e pimenta e sirva imediatamente.

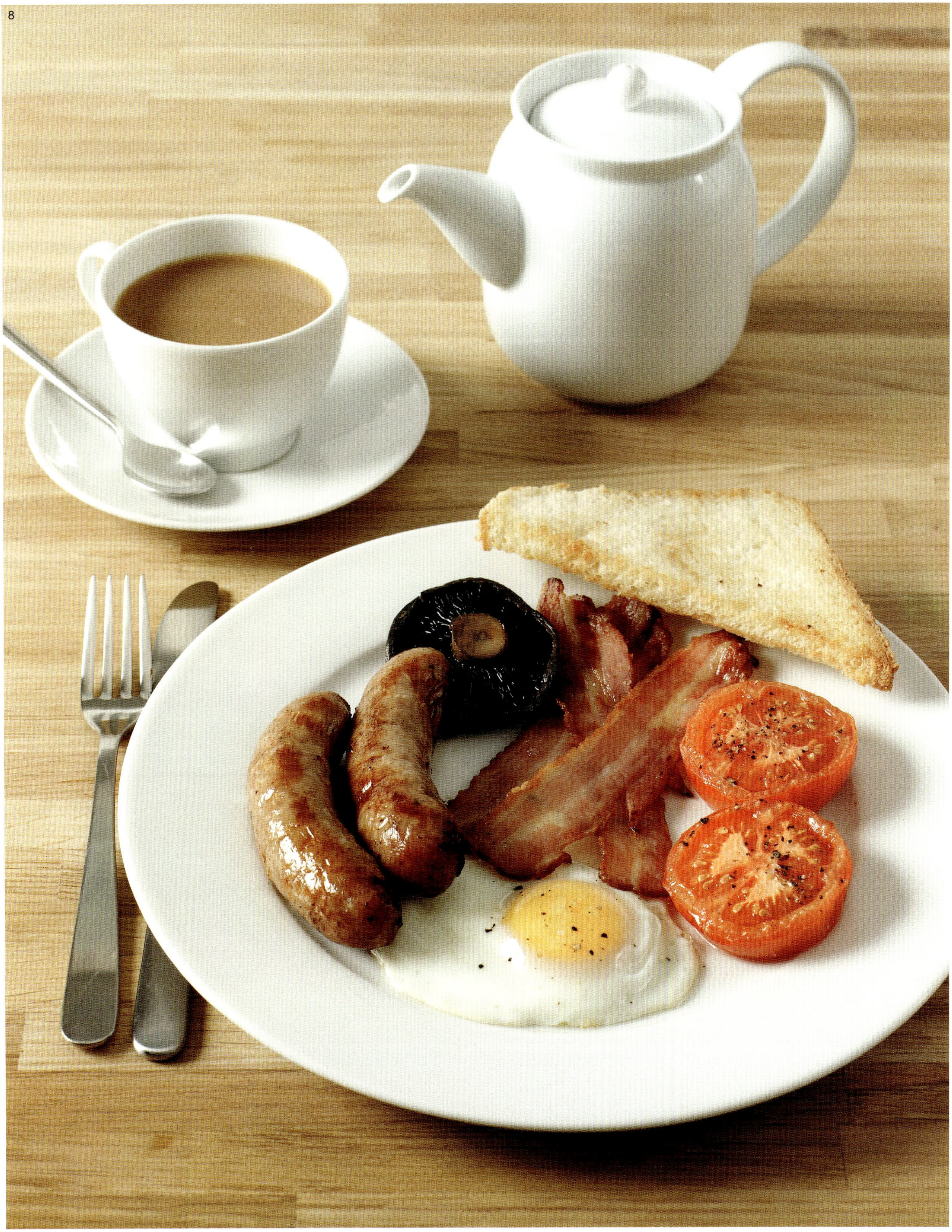

Muffins com frutas secas

Tempo de preparo: 15 minutos
Tempo de cozimento: 20 minutos
Rende 12

Esses bolinhos são perfeitos para o café da manhã: úmidos no ponto certo, docinhos, mas não demais, e enriquecidos com fibras e ingredientes saudáveis para que você chegue à hora do almoço sem sentir vontade de comer algo mais.

¾ xícara (chá) de noz-pecã
½ xícara (chá) de açúcar mascavo
½ xícara (chá) de sementes (abóbora, gergelim, girassol)
¾ xícara (chá) de aveia em flocos finos
12 tâmaras
cerca de ½ xícara (chá) de uva-passa clara ou escura
2 ¼ xícaras (chá) de farinha de trigo
2 ½ colheres (chá) de fermento em pó
½ colher (chá) de canela em pó
1 pitada de sal
½ xícara (chá) de manteiga sem sal
1 xícara (chá) de iogurte natural
2 ovos grandes
1 cenoura grande

1
Forre uma fôrma para muffins com capacidade para 12 bolinhos com forminhas de papel e preaqueça o forno a 200ºC. Pique grosseiramente a noz-pecã. Numa tigela pequena, misture 1 colher (sopa) de cada: açúcar, sementes, aveia e noz-pecã. Reserve para fazer a cobertura.

2
Usando a tesoura, corte as tâmaras em pedacinhos. Numa tigela grande, misture a tâmara e a uva-passa com o restante do açúcar, das sementes, da aveia e da noz-pecã. Acrescente a farinha, o fermento, a canela e o sal.

GRUMOS NO AÇÚCAR?
Por ser mais úmido, às vezes se formam grumos no açúcar mascavo. Para eliminá-los, depois de tê-lo adicionado aos demais ingredientes secos, esfregue-o várias vezes com os dedos até conseguir quebrá-los.

3
Numa panela pequena, derreta a manteiga em fogo baixo. Retire-a do fogo e, batendo com um garfo, adicione primeiro o iogurte e, em seguida, os ovos.

Café da Manhã & Brunch

4
Rale a cenoura no ralo grosso e meça 1½ xícara (chá). Despeje os ingredientes líquidos sobre os secos, junte a cenoura ralada e misture tudo rapidamente, sem se importar se um pouco da farinha ficar ainda visível. Não mexa demais a massa para que os bolinhos não fiquem encruados.

5
Usando duas colheres para facilitar o trabalho, distribua a massa nas forminhas, enchendo-as quase inteiramente. Polvilhe por cima a mistura reservada (ver passo 1).

6
Asse os muffins por 20 minutos, até que estejam crescidos, dourados e com um aroma delicioso. Espere 5 minutos antes de retirá-los da fôrma e colocar para esfriar sobre uma grade. Podem ser consumidos mornos ou frios.

TEM CERTEZA DE QUE ESTÃO ASSADOS?
Espete um palito no centro de um muffin. Se sair seco, estarão prontos. Se sair pegajoso, deixe que assem por mais 5 minutos e repita o teste.

COMO GUARDAR OS MUFFINS
Podem ser conservados em recipiente com tampa hermética por 3-4 dias.

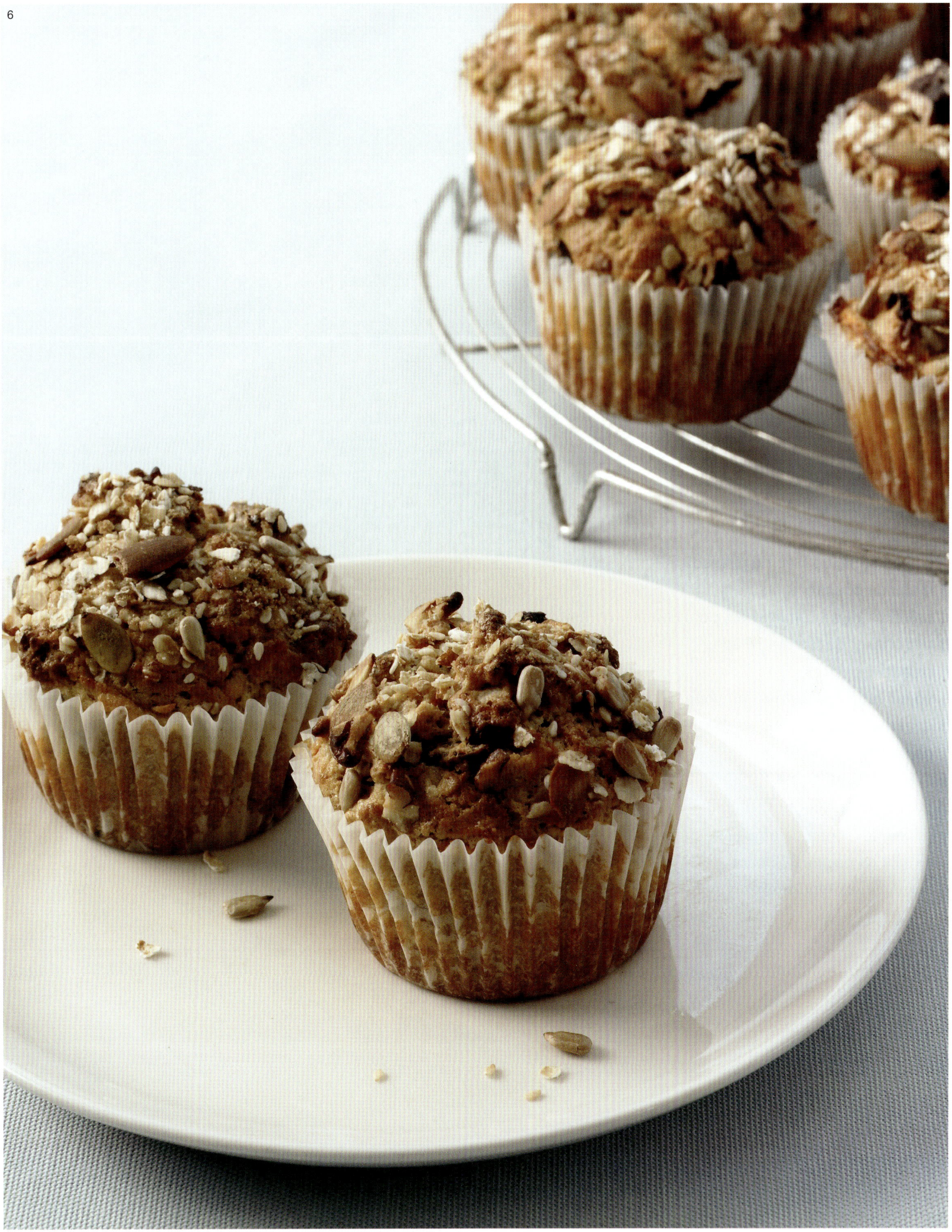

Huevos rancheros

Tempo de preparo: 30 minutos
Tempo de cozimento: 10 minutos
Serve 2 (é fácil de multiplicar)

Comece bem o dia com esse magnífico prato de feijão com ovos à mexicana, saudável e substancioso. Se você gosta de ovos com queijo, polvilhe um punhado de queijo estepe ralado sobre eles, antes de levá-los para gratinar, conforme explicado no final do passo 5: enquanto os ovos terminam de cozinhar, o queijo irá derreter. Uma delícia!

---

1 cebola
1 pimentão vermelho
½ pimenta-verde
1 dente de alho
1 colher (sopa) de óleo de girassol
1 maço de coentro
1 colher (chá) de cominho em pó
1 lata (400 g) de tomate pelado, picado
1 colher (chá) de pasta de chipotle
1 lata (400 g) de feijão vermelho, escorrido
sal e pimenta-do-reino
2 ovos grandes
tortilhas de farinha de trigo (ver receita na página 46), para acompanhar (opcional)

1
Corte a cebola ao meio e fatie. Elimine as sementes do pimentão e corte-o em cubos. Fatie a pimenta-verde (se você prefere o prato mais picante, deixe as sementes; caso contrário, elimine-as) e amasse o alho. Aqueça uma frigideira média, que possa ir ao forno, em fogo baixo. Adicione o óleo; depois de 30 segundos, acrescente os ingredientes picados e mexa bem.

2
Cozinhe os legumes em fogo baixo por 10 minutos ou até que fiquem macios.

3
Enquanto isso, pique a parte mais tenra dos talos de coentro e adicione à frigideira, juntamente com o cominho. Cozinhe por 3 minutos, até que exale um aroma delicioso. Adicione o tomate, a pasta de chipotle e o feijão e deixe cozinhar, sempre em fogo baixo, por mais 5 minutos ou até o molho ficar mais encorpado. Tempere com sal e pimenta e aqueça o grill.

PASTA DE CHIPOTLE
Essa pasta mexicana dá ao prato um sabor levemente adocicado e defumado. Caso não consiga encontrá-la, use 1 colher (chá) de extrato de tomate, 1 colher (chá) de açúcar e ½ colher (chá) de páprica picante ou defumada.

Café da Manhã & Brunch

4
Quebre um ovo numa xícara. Usando uma colher, forme duas depressões no feijão e deixe o ovo deslizar numa delas. Repita com o segundo ovo.

5
Tampe a frigideira e cozinhe em fogo baixo por 5 minutos, até os ovos ficarem cozidos na parte de baixo, mas ainda meio moles em cima. Termine o cozimento colocando a frigideira debaixo do grill por 1-2 minutos, até o ponto de cozimento de sua preferência.

6
Na hora de servir, espalhe as folhas de coentro por cima. Acompanhe com tortilhas de farinha de trigo ligeiramente aquecidas.

COMO FAZER TORTILHAS DE FARINHA DE TRIGO
Numa tigela, misture 2 xícaras (chá) de farinha de trigo e 1 colher (chá) de sal. Junte 3 colheres (sopa) de banha ou óleo e, esfregando com os dedos, faça uma farofa. Adicione quase ½ xícara (chá) de água morna e mexa com um garfo: se sentir que vai precisar de mais água, acrescente-a toda, caso contrário junte a massa com os dedos. Forme uma bola e amasse-a poucas vezes, somente o necessário para unir os ingredientes. Divida-a em 5 pedaços iguais e cubra-os. Sobre uma superfície enfarinhada, abra cada pedaço em um disco de 25 cm de diâmetro. Cozinhe um disco de cada vez em uma frigideira antiaderente, quente e sem gordura, por 1–2 minutos de cada lado, até que comece a chamuscar a superfície. Mantenha as tortilhas aquecidas enquanto cozinha as outras. Rende 5 tortilhas. As tortilhas podem ser congeladas. Para reaquecê-las, leve ao micro-ondas por alguns segundos ou embrulhe-as em papel-alumínio e aqueça no forno a 175°C por 10 minutos.

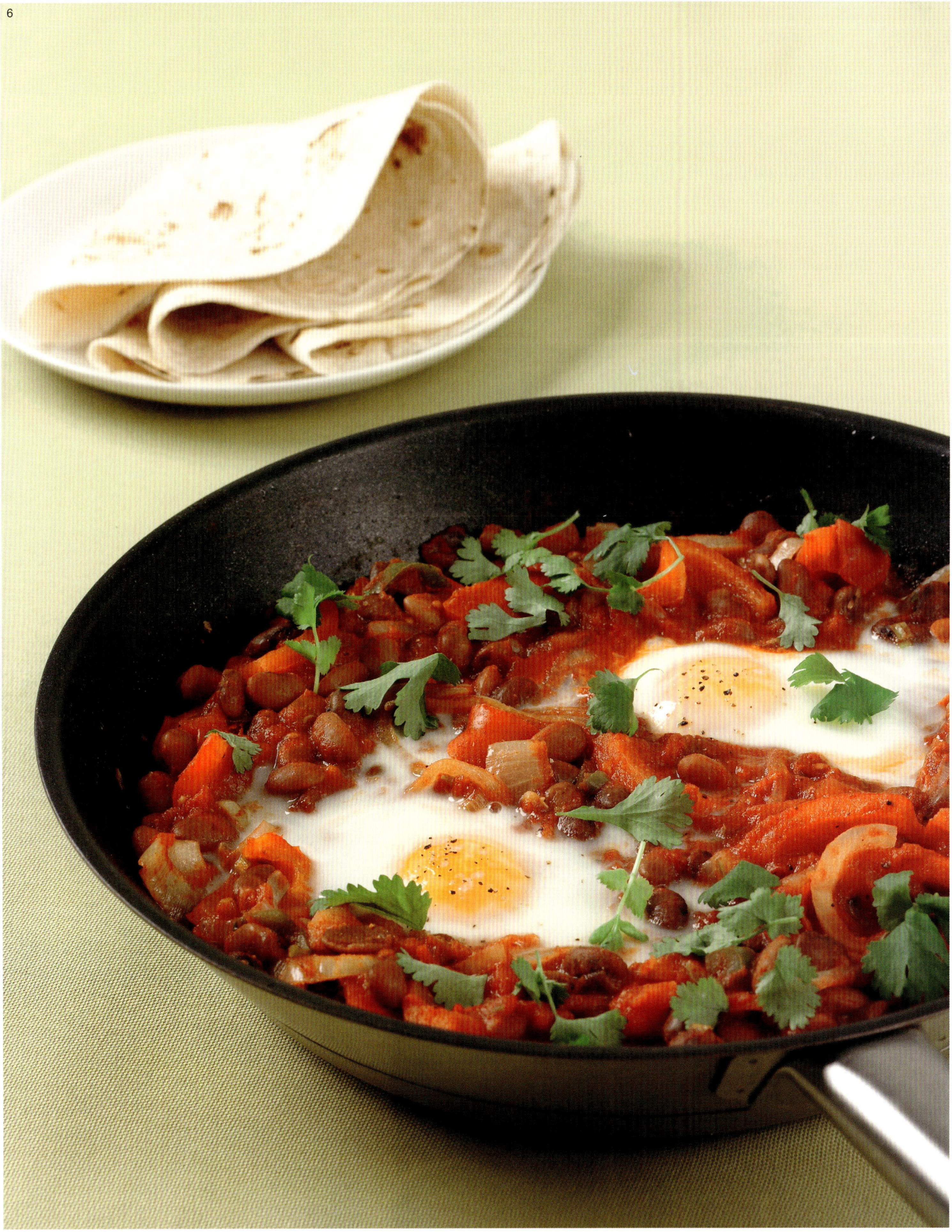

Panquecas com mirtilo e xarope de maple

Tempo de preparo: 10 minutos
Tempo de cozimento: 15 minutos
Serve 4 (rende 16 panquecas)

Quem pode resistir a uma pilha de panquecas leves e fofinhas? De fato, é difícil recusá-las, principalmente quando regadas com bastante xarope de maple.

---

2 ¼ xícaras (chá) de farinha de trigo
3 colheres (sopa) de açúcar
3 colheres (chá) de fermento em pó
½ colher (chá) de sal kosher
1 colher (sopa) de manteiga, mais o necessário para servir
cerca de ½ xícara (chá) de leite
cerca de 1 ¼ xícara (chá) de leitelho
1 colher (chá) de essência de baunilha
2 ovos grandes
1 limão
cerca de 2 colheres (sopa) de óleo para fritar as panquecas
xarope de maple, para servir
1 ⅓ xícara (chá) de mirtilos, para servir

1
Numa tigela grande, misture a farinha, o açúcar, o fermento e o sal. Com um batedor de arame, faça uma cova no centro dos ingredientes secos.

2
Derreta a manteiga numa panela pequena e retire-a do fogo. Batendo com o batedor de arame, acrescente o leite, o leitelho, a baunilha e, por último, os ovos, um de cada vez. Rale fino a casca do limão e adicione-a, mexendo bem.

NÃO TEM LEITELHO?
O leitelho é o líquido que sobra da fabricação da manteiga. Nas receitas, pode ser substituído por iogurte natural ou, se preferir, esprema o suco de ½ limão numa xícara e complete-a com leite frio. Espere alguns minutos para que o leite talhe e adquira uma consistência mais grossa. Empregue-o no lugar do leitelho, conforme explicado acima.
Por ter uma leve acidez, o leitelho serve para deixar as panquecas mais fofas.

3
Despeje os ingredientes líquidos no meio dos secos.

4
Bata com o batedor até obter uma massa grossa e lisa. Se pretende servir todas as panquecas ao mesmo tempo, é preciso mantê-las aquecidas: preaqueça o forno a 190°C.

5
Aqueça uma frigideira antiaderente grande. Junte 1 colher (chá) de óleo e aqueça por alguns segundos: ao colocar a primeira colherada de massa, esta deverá fritar de imediato, porém delicadamente. Prepare 3 panquecas por vez. Coloque 3 colheradas de massa para cada panqueca, espalhando-a com a colher. Frite por 1 minuto ou até que a superfície esteja coberta de furinhos e a panqueca fique dourada nas bordas.

6
Com uma espátula, vire as panquecas e deixe cozinhar do outro lado por mais 1 minuto, até ficarem fofas e macias quando levemente apertadas no centro. Passe-as para um prato e sirva de imediato ou conserve-as aquecidas no forno enquanto frita o restante da massa. Unte a frigideira com mais um pouco de óleo a cada porção de panquecas.

7
Sirva as panquecas quentes com um pouco de manteiga, xarope de maple e mirtilos.

TRABALHO DEMAIS LOGO CEDO? Apesar de as panquecas serem mais gostosas quando feitas na hora, você pode prepará-las na noite anterior e reaquecer de manhã. Para isso, coloque-as num prato refratário, cubra com papel-alumínio e leve ao forno preaquecido a 170°C por 10 minutos.

50 Panquecas com mirtilo e xarope de maple

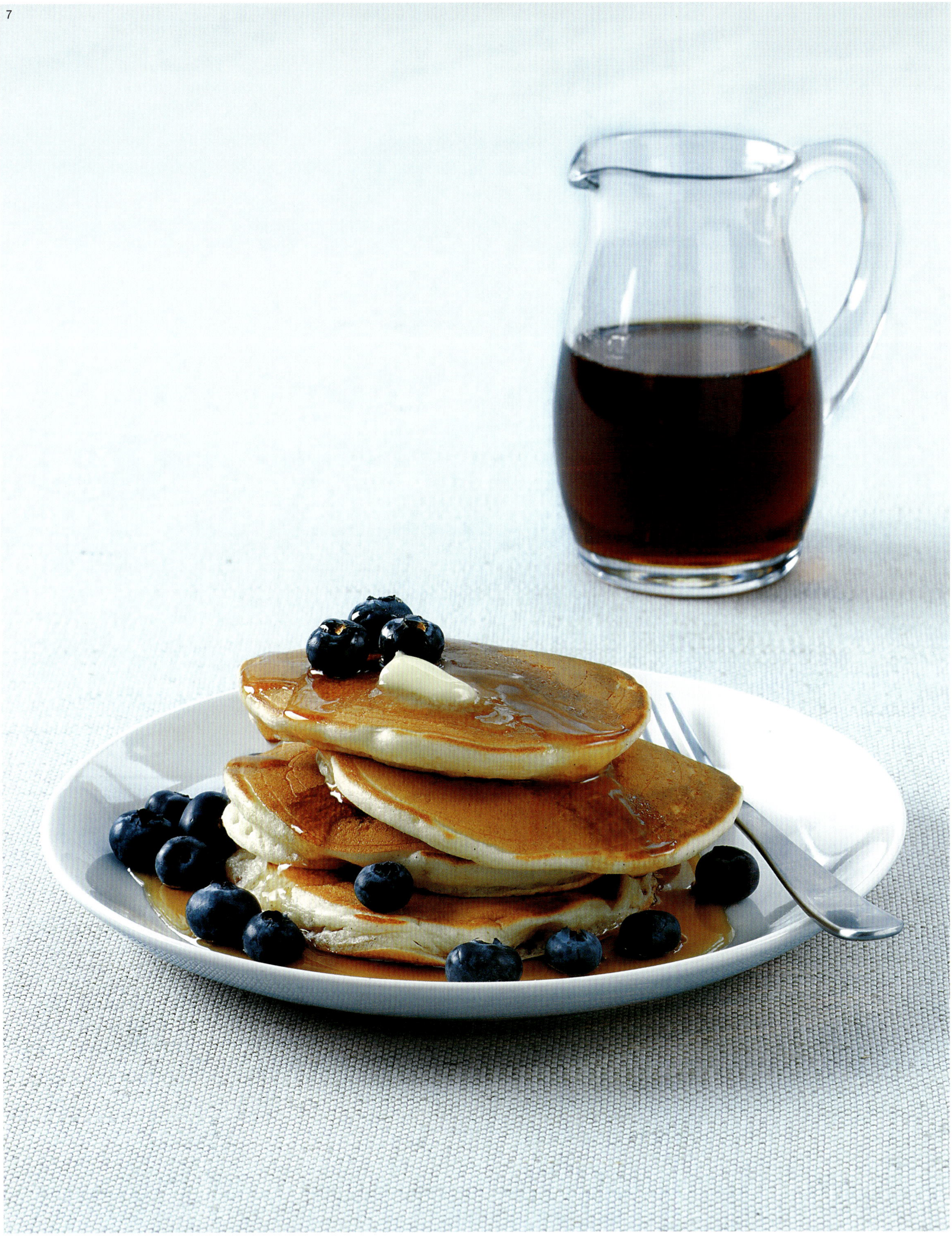

Panquecas de milho com abacate e bacon

Tempo de preparo: 20 minutos
Tempo de cozimento: cerca de 15 minutos
Serve 4 (rende 12 panquecas)

Panquecas de milho verde quentinhas com bacon crocante e abacate temperado à mexicana tiram a monotonia de qualquer café da manhã ou brunch. Para que fiquem bem fofas e leves, prepare a massa na hora de fritar.

---

2 abacates maduros
6-7 talos de cebolinha
1 pimenta dedo-de-moça
sal e pimenta-do-reino
2 limões
1¾ xícara (chá) de farinha de trigo
1½ colher (chá) de fermento em pó
¼ colher (chá) de sal kosher
2 ovos grandes
cerca de 1 xícara (chá) de leite
1 lata (300 g) de milho verde, escorrido
3 colheres (sopa) de óleo vegetal
8 fatias de bacon (ver dica da página 37)
molho de pimenta, para servir (opcional)

1
Primeiro prepare o abacate. Corte cada abacate ao meio até alcançar o caroço. Gire à volta toda, sempre segurando a lâmina da faca encostada no caroço. Retire a faca e gire as duas metades em direções opostas até soltar o caroço. Elimine-o e descasque o abacate. Corte a polpa em cubos médios ou retire-a em pedaços irregulares com a ajuda de uma colher (chá).

ESCOLHENDO O ABACATE
Para escolher um abacate que esteja no ponto certo de amadurecimento, pressione-o levemente perto do cabo. Se a polpa ceder de leve, está do jeito que você precisa. Se estiver macia demais, já passou do ponto.

2
Fatie fino a cebolinha, retire as sementes da pimenta e pique fino também. Adicione metade da cebolinha e da pimenta ao abacate e tempere com sal e pimenta a gosto. Esprema os limões, regue o abacate com o suco, mexa bem e reserve.

COMO CORTAR A PIMENTA
Para trabalhar com pimentas sempre use luvas, pois elas queimam as mãos. Corte a pimenta ao meio pelo comprimento e, segurando-a pelo cabinho, elimine as sementes e a membrana branca interna com o auxílio de uma colher (chá). Depois, pique-a bem fino.

3
Prepare a massa das panquecas. Em uma tigela grande, misture a farinha, o fermento e o sal. Junte os ovos e, batendo com o batedor de arame, adicione leite suficiente para obter uma massa grossa e lisa. Acrescente o milho verde e o restante da cebolinha e da pimenta picadas.

4
Preaqueça o grill para tostar o bacon. Enquanto isso, leve ao fogo médio-alto uma frigideira antiaderente grande para fritar as panquecas. Adicione 2 colheres (chá) de óleo e espere 30 segundos para aquecer bem. Com uma colher das de sopa, faça montinhos usando 3 colheradas de massa para cada um e espalhe ligeiramente com a colher, deixando espaço entre eles. Cozinhe-os por 1 minuto ou até que a superfície esteja cheia de furinhos e as panquecas fiquem levemente douradas na borda.

5
Com a espátula, vire uma panqueca por vez e deixe cozinhar do outro lado por mais 1 minuto até ficarem fofas e macias quando ligeiramente apertadas no centro. Passe-as para um prato e sirva imediatamente ou, se quiser servir todas ao mesmo tempo, conserve-as aquecidas no forno em temperatura média enquanto termina de fritar toda a massa.

6
Arrume as fatias de bacon sobre a grelha do grill e grelhe-as por 3 minutos de cada lado ou até que fiquem douradas e crocantes.

7
Sirva as panquecas de milho em pratos aquecidos, acompanhadas pelo bacon e pelo abacate. Coloque ao lado um vidro de molho de pimenta para quem deseja um sabor ainda mais picante.

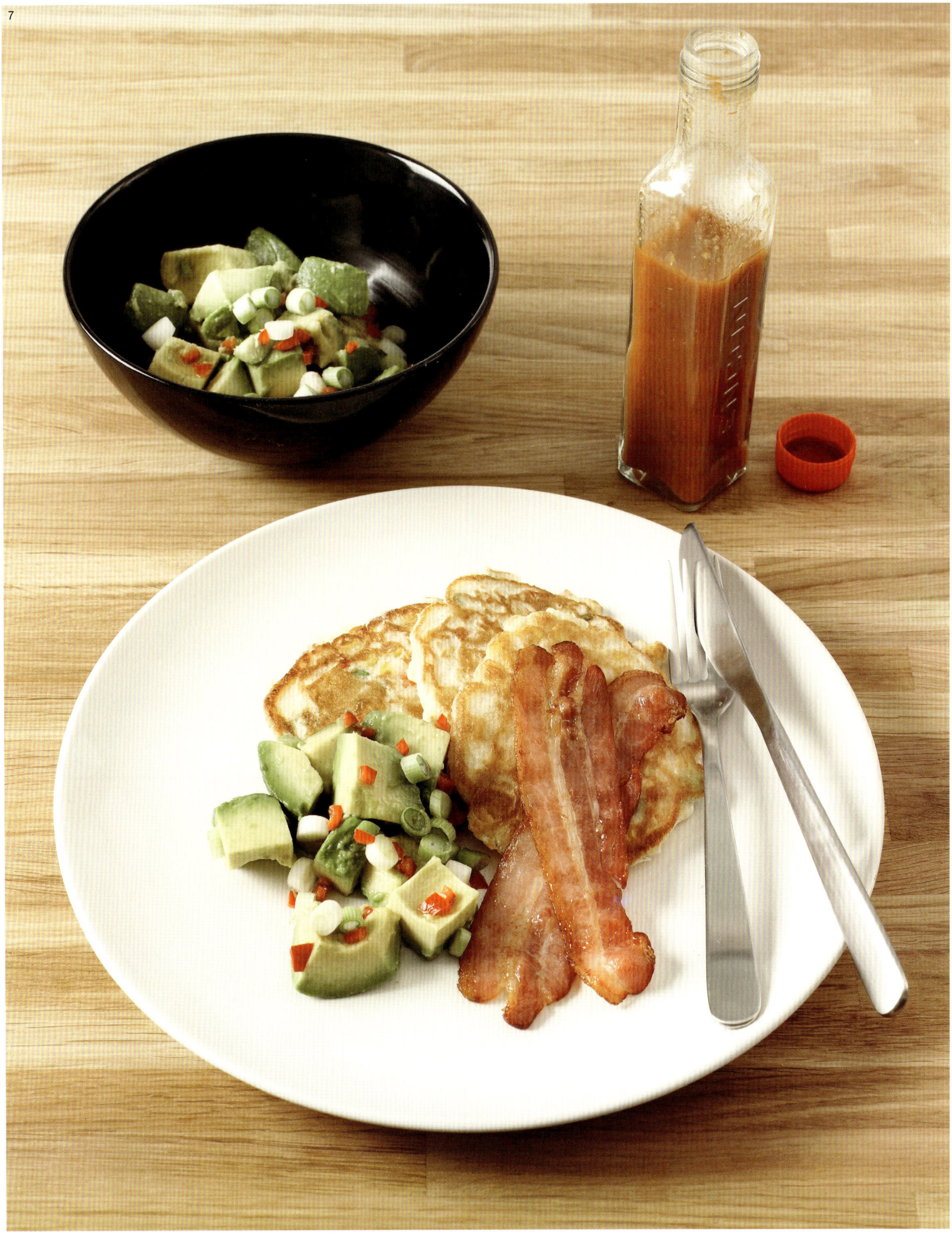

LANCHES

LEVES

Sanduíche quente de presunto e queijo

Tempo de preparo: 10 minutos
Tempo de cozimento: cerca de 3 minutos
Serve 1 (é fácil de multiplicar)

Conhecido também como croque monsieur, este singelo sanduíche de presunto e queijo gratinado é um daqueles prazeres da vida que, a cada mordida, nos traz uma felicidade simples, mas profunda. Se não encontrar mostarda à moda antiga, use mostarda de Dijon e adicione um pouco de sementes. Experimente servi-lo com pepino em conserva.

---

60 g de queijo gruyère ou outro que derreta bem, como o estepe, o provolone ou o queijo do reino
2 fatias de pão italiano
1 colher (sopa) de manteiga amolecida
1-2 fatias de presunto cozido
1 colher (chá) de mostarda à moda antiga (com sementes)
pepino em conserva, para acompanhar (opcional)

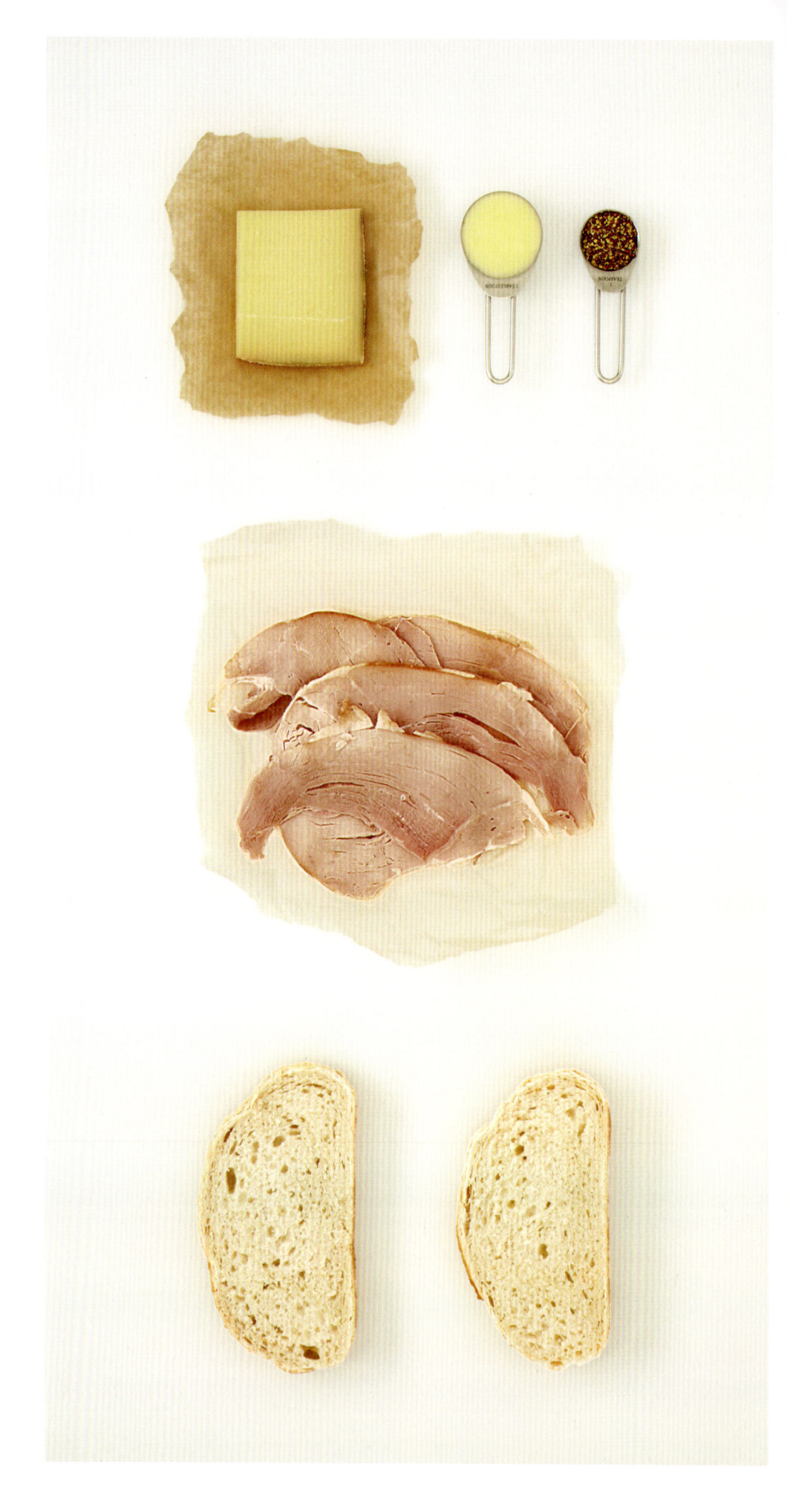

1
Preaqueça o grill e rale o queijo. Passe a manteiga nos dois lados das fatias de pão. Sobre uma fatia, espalhe dois terços do queijo e arrume por cima as fatias de presunto.

2
Passe a mostarda na outra fatia de pão e posicione-a, com a mostarda para baixo, sobre o presunto.

3
Coloque o sanduíche em uma assadeira antiaderente ou forrada com papel-manteiga e leve-a debaixo do grill por 1½ minuto, até o pão ficar dourado. Com uma espátula, vire o sanduíche e doure-o do outro lado.

4
Retire a assadeira do grill e polvilhe o restante do queijo ralado sobre o sanduíche. Para evitar que a casca queime, faça com que o queijo a recubra bem.

5
Leve o sanduíche de volta ao grill por mais 1-1½ minuto, para que o queijo derreta e comece a escorrer. Sirva imediatamente. Acompanhe com o pepino em conserva, se quiser.

Lanches Leves 59

Salada picante de couscous

Tempo de preparo: 25 minutos
Tempo de cozimento: 10 minutos
Serve 4

Dê um toque marroquino ao seu lanche servindo essa salada aromática, porém leve, ótima também para enriquecer um bufê ou acompanhar um churrasco. Personalize-a adicionando outros ingredientes a seu gosto, como grão-de-bico cozido, queijo feta esmigalhado ou até mesmo truta defumada picada.

---

2 pimentões (1 vermelho e 1 amarelo)
1 pitada de estames de açafrão (opcional)
1 ¼ xícara (chá) de caldo quente de frango ou legumes
1 xícara (chá) bem cheia de couscous
1 colher (chá) de canela em pó
1 colher (chá) de cominho em pó ou em sementes
1 dente grande de alho
1 limão
2 colheres (sopa) de azeite de oliva extravirgem
sal e pimenta-do-reino
cerca de ½ xícara (chá) de amêndoa laminada e torrada
6-7 talos de cebolinha ou ½ cebola roxa
¼ xícara (chá) de damasco seco ou ⅓ xícara (chá) de uva-passa clara
1 xícara (chá) de coalhada fresca
1 colher (chá) de pasta de harissa
1 maço de hortelã fresca

1
Preaqueça o grill e unte ligeiramente uma assadeira. Corte os pimentões ao meio e arrume-os na assadeira, com o lado cortado virado para baixo. Grelhe por cerca de 10 minutos ou até a pele ficar escura.

2
Transfira imediatamente os pimentões para um saco plástico próprio para alimentos. Espere alguns minutos, até amornarem, e retire a pele. Elimine também o talo e as sementes e corte em fatias.

PIMENTÕES SEM PELE
Nas melhores mercearias e supermercados, encontram-se à venda pimentões já sem pele, conservados ao natural ou em óleo. Se estiver com pressa, essa é uma boa opção. Dê preferência aos conservados em óleo.

Lanches Leves

3
Enquanto o pimentão esfria, coloque o couscous em uma tigela grande. Misture o açafrão (se for usá-lo) com o caldo e despeje sobre o couscous. Cubra com filme plástico e deixe descansar por 10 minutos.

4
Prepare o molho. Leve uma panela pequena ao fogo baixo com a canela e o cominho. Aqueça por 1-2 minutos até as especiarias soltarem seu aroma. Retire do fogo. Passe o alho pelo espremedor, rale a casca do limão e esprema o suco. Adicione à panela o alho, a casca e o suco do limão, o azeite, sal e pimenta a gosto.

5
Depois que o couscous absorver o caldo e estiver seco, afofe-o com um garfo. Regue com o molho e mexa. Acrescente o pimentão e a amêndoa. Fatie finamente a cebolinha e corte o damasco em tiras. Adicione-os à tigela e misture bem.

TORRANDO A AMÊNDOA
Para torrar a amêndoa laminada, espalhe-a em uma assadeira e torre em forno médio (170°C) por 5 minutos até ficar levemente dourada. Ou então em uma panela sobre a chama do fogão, mexendo sempre.

6
Misture a coalhada com a pasta de harissa. Rasgue as folhas de hortelã e espalhe sobre o couscous. Sirva com uma colherada de coalhada.

PASTA DE HARISSA
A harissa é uma pasta de pimenta originária do Norte da África, composta basicamente pela mistura de pimenta vermelha, coentro, azeite e cominho, mas existem muitas variações. Se não encontrá-la, substitua por molho de pimenta misturado com um pouco de páprica doce.

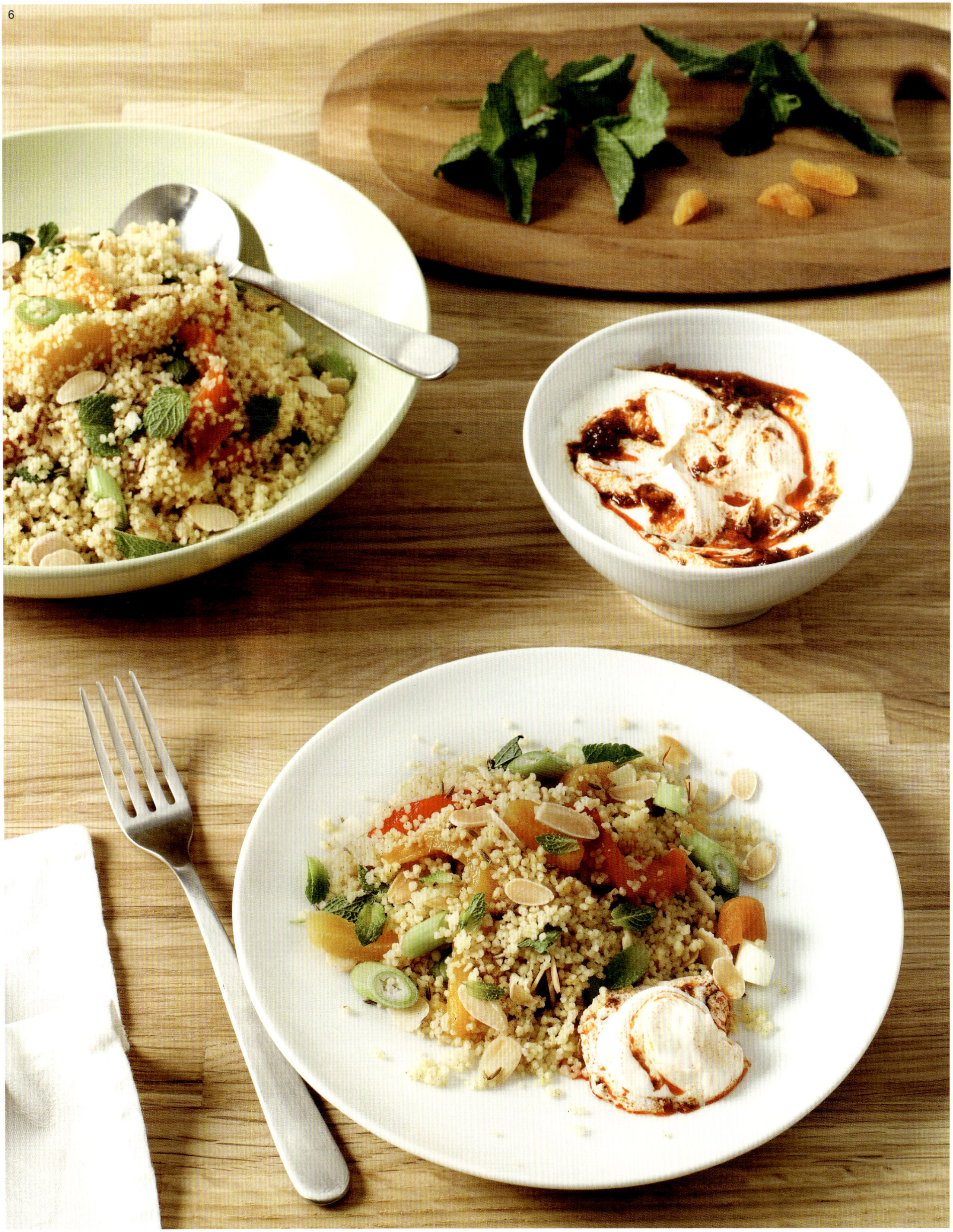

Queijo de cabra com salada de beterraba

Tempo de preparo: 15 minutos
Tempo de cozimento: 15 minutos
Serve 2 (é fácil de multiplicar)

Essa salada, típica dos bistrôs franceses, já é um prato completo, mas você não errará se servir com uma baguete crocante e uma taça de vinho branco gelado. Dá também uma ótima entrada para 4 pessoas.

¼ xícara (chá) de pinole

½ cebola roxa

2 colheres (sopa) de vinagre de vinho tinto

2 colheres (sopa) de azeite de oliva extravirgem

1 colher (chá) de mel

sal e pimenta-do-reino

2 queijos de cabra frescos (100 g cada)

2 ramos de tomilho fresco

4 beterrabas médias cozidas

100 g de folhas variadas para salada

1
Aqueça uma frigideira pequena em fogo baixo e torre delicadamente os pinoles por cerca de 5 minutos, mexendo frequentemente, até ficarem dourados. Quando estiverem prontos, transfira-os para uma tigelinha e reserve.

2
Para o molho, pique fino a cebola e coloque-a numa tigela pequena. Adicione o vinagre, o azeite, o mel, sal e pimenta a gosto. Reserve.

3
Preaqueça o grill. Corte os dois queijos ao meio no sentido horizontal e coloque-os, com o lado cortado para cima, em uma assadeira antiaderente ou forrada com papel-manteiga. Retire as folhinhas dos ramos de tomilho e salpique-as sobre o queijo. Tempere-os com sal e pimenta.

4
Coloque a assadeira debaixo do grill por 5 minutos ou até os queijos começarem a derreter e ficarem ligeiramente dourados nas bordas.

5
Enquanto o queijo assa, divida as folhas entre 2 pratos. Corte as beterrabas em gomos e coloque sobre a salada. Espalhe os pinoles por cima.

6
Com uma espátula, retire os queijos da assadeira e arrume-os nos pratos. Regue a salada e os queijos com o molho. Sirva imediatamente.

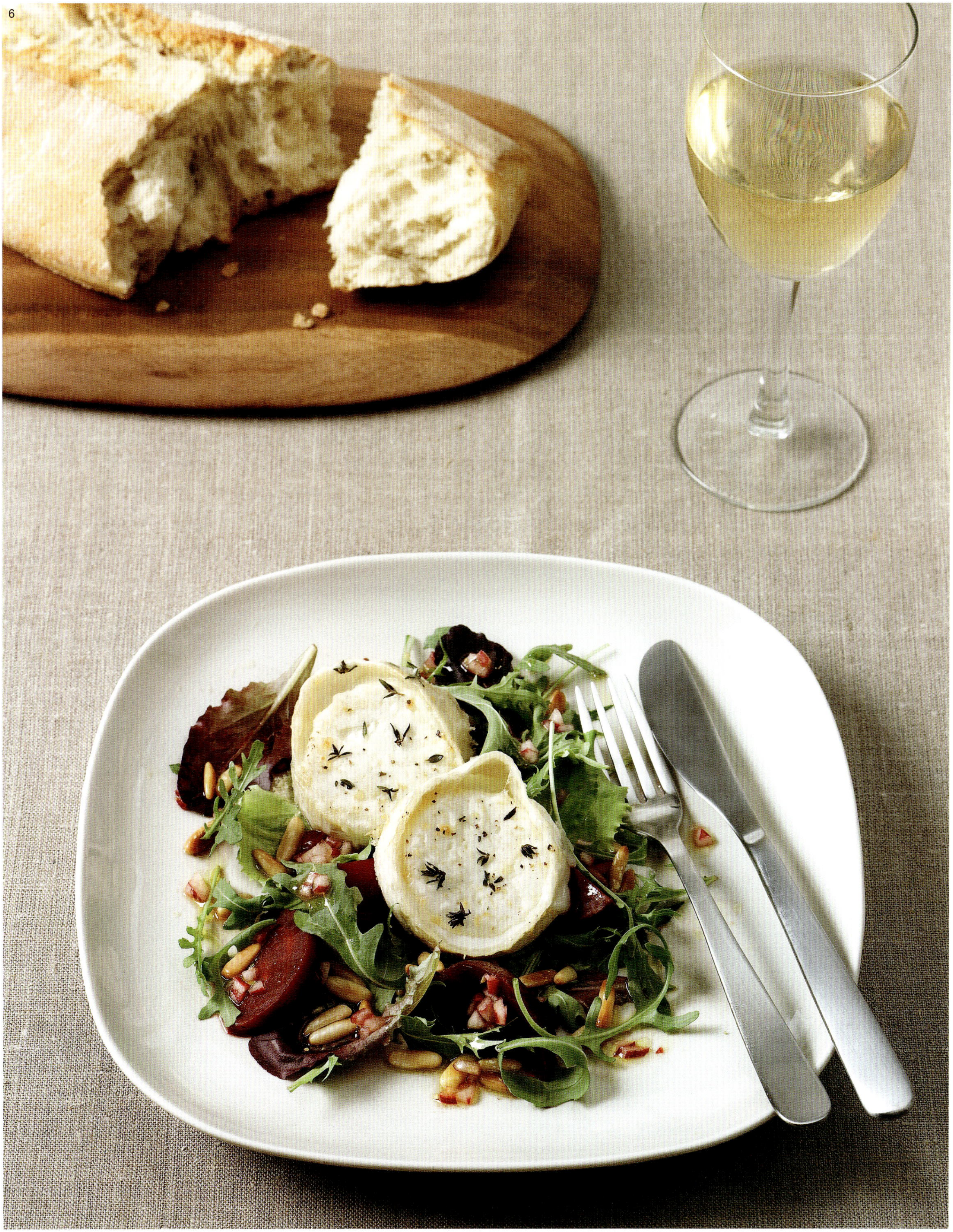

Salada César com frango

Tempo de preparo: 15 minutos
Tempo de cozimento: 15 minutos
Serve 4 (é fácil de dividir ao meio)

Embora a inclusão de frango grelhado não respeite a autenticidade da Salada César, é uma maneira fácil de tornar este um prato completo. Para uma salada mais saborosa, faça com que todas as folhas de alface fiquem recobertas pelo molho e, se achar necessário, use suas próprias mãos para revolvê-las.

---

4 fatias grossas de pão caseiro, de miolo firme (cerca de 250 g)
2 colheres (sopa) de azeite de oliva
sal e pimenta-do-reino
4 filés de frango, sem osso nem pele
1 dente de alho
2 filés de anchova em óleo, escorridos
½ colher (chá) de mostarda de Dijon
4 colheres (sopa) de maionese
1 colher (chá) de vinagre de vinho tinto ou branco
60 g de queijo parmesão
1 pé de alface-romana

1
Para fazer os croûtons, preaqueça o forno a 200°C. Elimine a casca do pão e corte o miolo em cubos de 2,5 cm. Coloque-os em uma assadeira grande, respingue com metade do azeite e mexa para distribuir o azeite uniformemente. Tempere com sal e pimenta a gosto.

2
Coloque a assadeira no forno e asse por 15 minutos, até que o pão esteja dourado e crocante.

3
Enquanto isso, cozinhe o frango. Coloque uma grelha sobre fogo médio por alguns minutos, até que esteja quente, mas não fumegante. Respingue-a com o azeite restante e tempere os filés de frango com sal e pimenta. Arrume-os sobre a grelha e deixe cozinhar por cerca de 5 minutos de cada lado, até que fiquem dourados por fora e cozidos internamente. Evite mexer nos filés antes de 4-5 minutos, pois a carne precisa desse tempo para formar uma casquinha e poder ser retirada da grelha sem grudar. Retire do fogo e reserve.

SERÁ QUE ESTÁ COZIDO?
Já que você irá cortar os filés em tirinhas, não há problema em fazer um corte na parte mais grossa para averiguar se está cozido por dentro: não deverá haver nenhum ponto rosado e o líquido que escorrer deve ser transparente. Se for necessário, cozinhe na grelha por mais alguns minutos.

Lanches Leves

4

Enquanto o frango cozinha, prepare o molho. Amasse o alho, pique fino as anchovas e coloque-os numa tigela. Adicione a mostarda, a maionese, o vinagre e 2 colheres (sopa) de água fria. Rale o queijo parmesão e adicione metade à tigela. Tempere a gosto, mas tome cuidado com o sal. A consistência do molho não deve ser muito líquida, mas, se ainda estiver um pouco grossa (isso depende da marca de maionese usada), junte mais um pouco de água.

USANDO AS ANCHOVAS
Não elimine as anchovas, pois elas realçam o sabor do molho, sem deixá-lo com gosto de peixe.

5

Limpe, lave e enxugue as folhas de alface: parta as maiores em pedaços e deixe as menores inteiras. Coloque as folhas numa tigela grande.

LIMPANDO A ALFACE
Limpe a alface, eliminando talos duros e folhas murchas. Lave bem as folhas e escorra. Seque-as usando a centrífuga própria para isso ou enxugue com um pano limpo ou toalhas de papel.

6

Coloque metade dos croûtons e metade do molho sobre a alface e misture bem para que as folhas fiquem recobertas pelo molho.

7

Corte os filés de frango em tirinhas e espalhe-as sobre a salada. Salpique o restante dos croûtons, regue com a outra metade do molho e polvilhe o parmesão restante. Sirva imediatamente.

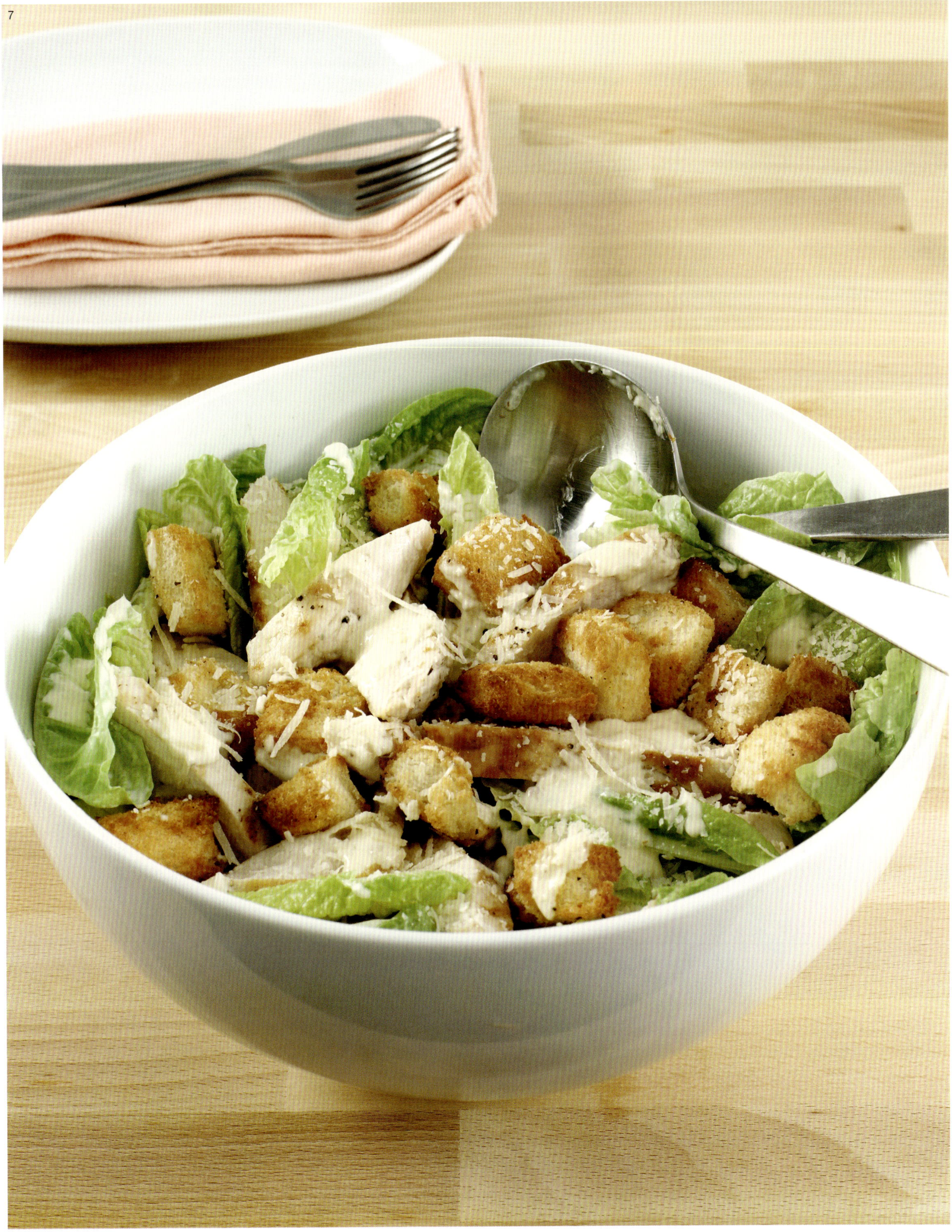

Sopa de frango e macarrão

Tempo de preparo: 15 minutos
Tempo de cozimento: 25 minutos
Serve 4

Melhor do que qualquer outra comprada pronta, essa sopa de frango, revigorante e pobre em gordura, leva pouco tempo para ficar pronta. O fato de cozinhar o frango diretamente no caldo faz com que todo o seu sabor seja retido na sopa.

---

2 talos de salsão
2 cenouras médias
2 colheres (sopa) de manteiga
½ colher (chá) de sal kosher
pimenta-do-reino
1 ramo de tomilho fresco
1 folha de louro
2 filés de frango, sem osso nem pele
4¼ xícaras (chá) de caldo de frango
70 g de espaguetinho
alguns ramos de salsa
½ limão
pão italiano e manteiga, para servir (opcional)

1

Pique o salsão e a cenoura. Aqueça uma panela média em fogo baixo e adicione a manteiga. Quando começar a espumar, junte os legumes picados, o sal e um pouco de pimenta, as folhinhas do tomilho e o louro. Tampe e cozinhe em fogo baixo por cerca de 10 minutos, mexendo de vez em quando, até os legumes começarem a amolecer.

2

Apoie os filés de frango sobre os legumes e acrescente o caldo.

Lanches Leves

3

Quando o caldo levantar fervura, diminua o fogo, tampe a panela e deixe cozinhar por cerca de 10 minutos ou até a carne e os legumes ficarem macios. Escorra o frango, coloque-o sobre uma tábua e desfie ou pique a carne. Coloque-a de volta na panela.

SERÁ QUE O FRANGO ESTÁ COZIDO?
Após 10 minutos, a carne do frango deverá ter passado do rosa para o branco. Em caso de dúvida, escorra um filé e corte-o na parte mais grossa: a carne deverá estar totalmente branca. Se não estiver, recoloque na panela e cozinhe por mais 2 minutos.

4

Elimine a folha de louro do caldo e adicione o espaguetinho. Deixe que o macarrão cozinhe por cerca de 4 minutos, até ficar macio. Pique meio grosso a salsa e adicione-a à sopa, juntamente com um pouco de suco de limão. Prove e acerte o tempero, adicionando mais sal e pimenta, se necessário. Misture bem.

5

Sirva a sopa acompanhada por pão italiano e manteiga.

FAÇA ANTES
Caso deseje preparar essa sopa com antecedência, siga até o passo 3. Deixe que esfrie e, em seguida, conserve na geladeira. Quando for servi-la, leve novamente à fervura, junte o macarrão e termine o preparo conforme explicado nos passos 4 e 5.

5

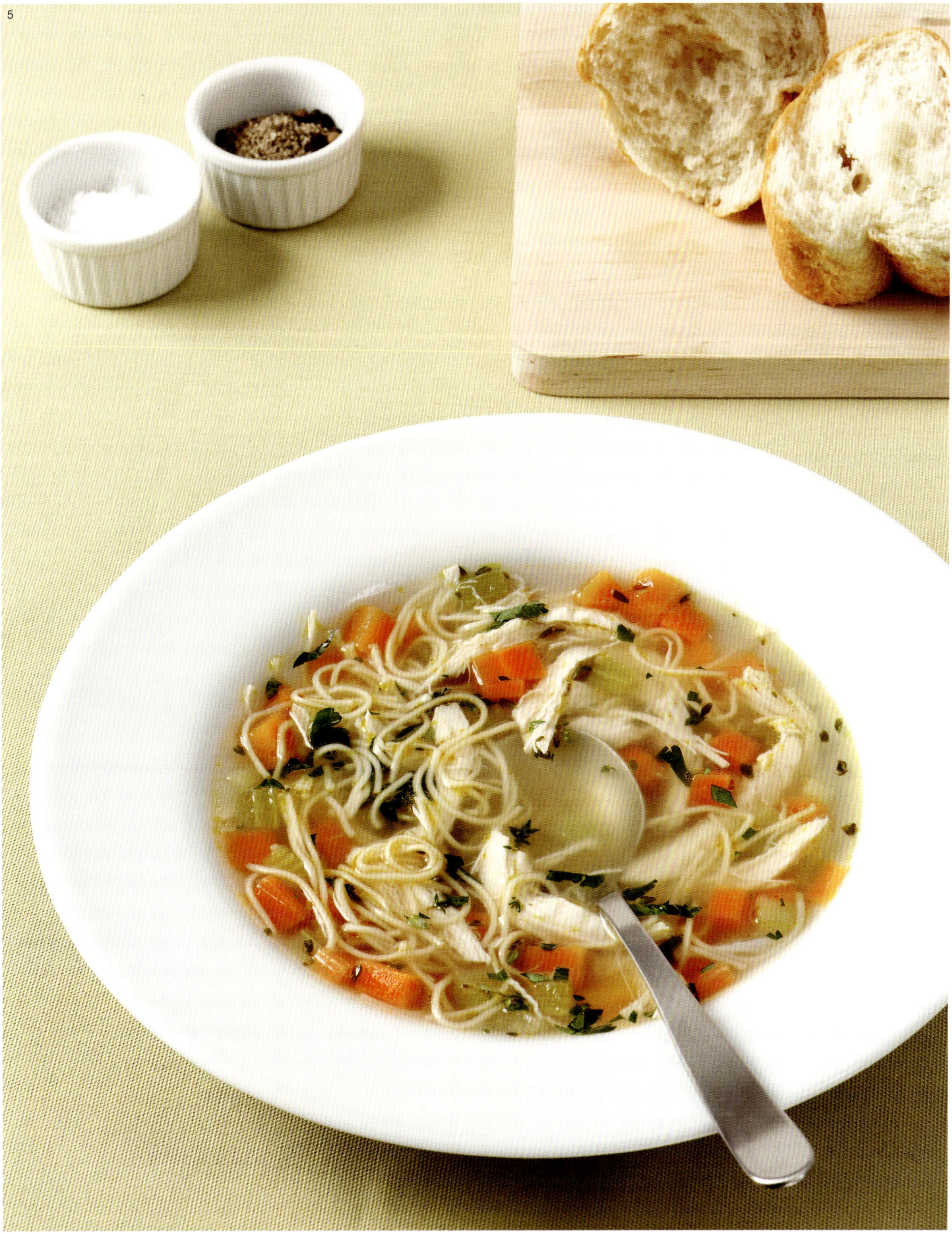

Sopa de tomate com tomilho

Tempo de preparo: 5 minutos
Tempo de cozimento: 20 minutos
Serve 4

Para essa sopa, recomenda-se o uso do tomate em conserva, no lugar do fresco, pois tem um sabor mais intenso.

---

1 cenoura

1 cebola

2 colheres (sopa) de manteiga

1 ramo de tomilho fresco

sal e pimenta-do-reino

1 dente de alho grande

2 colheres (sopa) de pasta de tomate seco

3 latas (400 g cada) de tomate pelado, picado

2½ xícaras (chá) de caldo de galinha ou de legumes

3 colheres (sopa) de creme de leite, mais um pouco para servir

pão italiano e manteiga, para acompanhar (opcional)

1
Rale grosso a cenoura e pique a cebola. Numa panela média, derreta a manteiga e adicione a cenoura, a cebola e as folhas de tomilho (reserve um pouco para decorar). Tempere com sal e pimenta e tampe a panela.

2
Fatie finamente ou amasse o alho e junte-o à panela. Deixe cozinhar por 15 minutos, mexendo duas vezes durante o cozimento.

3
Acrescente a pasta de tomate seco e o tomate picado, mexa bem e cozinhe por mais 5 minutos, sempre em fogo baixo.

PASTA DE TOMATE SECO
A pasta de tomate seco é ligeiramente mais adocicada do que o extrato de tomate, além de conter óleo, que ajuda a melhorar a textura da sopa. Se não a encontrar, use extrato de tomate e 1 pitada de açúcar.

4
Acrescente o creme de leite e bata a sopa com um mixer até ficar cremosa. Se preferir, use o liquidificador. Tempere a gosto com sal e pimenta.

5
Despeje a sopa nas tigelas, adicione um pouco de creme de leite em espiral e salpique as folhas de tomilho reservadas. Sirva com fatias de pão italiano besuntadas com manteiga, se desejar.

VARIAÇÃO
Se pretende servir essa sopa como entrada, seria melhor que tivesse uma consistência mais aveludada. Para isso, depois de batida, passe-a por uma peneira fina e, ao reaquecê-la, não deixe ferver, o que mudaria sua textura.

Lanches Leves

Salada grega

Tempo de preparo: 20 minutos
Serve 4

Aproveite o verão, quando o tomate está no auge da safra, para preparar essa salada. Para uma refeição leve, basta acompanhá-la com pão fresco, mas, se desejar algo mais substancial, acrescente 1½ xícara (chá) de feijão-branco cozido no passo 3. É ótima também para servir acompanhando churrasco de frango ou carneiro.

---

8 tomates médios ou 4 grandes

1 cebola roxa pequena

1 colher (sopa) de vinagre de vinho tinto

⅓ xícara (chá) de azeite de oliva extravirgem

2 colheres (chá) de orégano

sal e pimenta-do-reino

1 pepino

½ pimentão vermelho

alguns ramos de salsa

¾ xícara (chá) de azeitona preta

200 g de queijo feta

pão italiano fresco, para acompanhar (opcional)

1
Corte cada tomate em 6 gomos e fatie finamente a cebola roxa. Coloque-os numa tigela grande. Regue com o vinagre e 3 colheres (sopa) de azeite. Tempere com 1 colher (chá) de orégano, sal e pimenta a gosto e deixe descansar por 10 minutos. Isso permitirá que a cebola amoleça ligeiramente e que o tomate desprenda um pouco da água, deixando o molho mais saboroso.

COMO ESCOLHER O TOMATE
Quando perfeitamente maduro, o tomate deve ser vermelho vibrante, perfumado e levemente macio ao toque. Nunca escolha tomates que ainda estejam verdes ao redor do cabo ou que tenham uma coloração alaranjada, pois seu sabor será decepcionante.

2
Enquanto isso, corte o pepino ao meio e, em seguida, corte-o pelo comprimento. Com um descascador de legumes, descasque o pepino. Elimine as sementes com a ajuda de uma colher (chá) para que o pepino não fique mole. Corte-o em fatias.

3
Elimine as sementes do pimentão e corte-o em fatias finas. Pique grosso a salsa e adicione-a à tigela. Junte também o pimentão, o pepino e a azeitona e misture bem. Esmigalhe o queijo em pedaços não muito pequenos.

4
Divida a salada entre 4 pratos ou tigelas rasas e salpique-a com o queijo e o orégano restante. Regue com o restante do azeite e sirva com pão italiano fresco.

Lanches Leves

Laksa de camarão e cogumelo

Tempo de preparo: 10 minutos
Tempo de cozimento: 10 minutos
Serve 4 (é fácil de dividir ao meio)

Esta é uma sopa de talharim de arroz, típica do Sudeste Asiático. Se não conseguir encontrar a pasta de laksa, principal condimento deste prato picante, use uma pasta de curry vermelho ou verde, de preferência originária da Tailândia e de boa qualidade. Se gosta de comida bem apimentada, adicione pimenta vermelha picada no passo 2.

---

100 g de talharim de arroz fino ou grosso
150 g de cogumelo shiitake fresco
7-8 talos de cebolinha
2 colheres (chá) de óleo de girassol
2 colheres (sopa) de pasta de laksa
2 vidros (200 ml cada) de leite de coco (light, se preferir)
1⅔ xícara (chá) de caldo de peixe ou de frango
200 g de camarão graúdo limpo
1 limão
2½ xícaras (chá) de broto de feijão
1-2 colheres (sopa) de molho de peixe (nam pla)
½ colher (chá) de açúcar
alguns ramos de coentro, para servir

1
Coloque o talharim de arroz numa tigela grande e cubra-o com água fervente. Deixe de molho enquanto prepara o restante dos ingredientes. Mexa de vez em quando para evitar que os fios grudem.

2
Enquanto isso, corte o cogumelo em fatias grossas e pique fino a cebolinha. Numa panela, aqueça 1 colher (chá) de óleo em fogo forte. Junte o cogumelo e a cebolinha e frite por 2 minutos, até que fiquem levemente macios. Passe-os para um prato.

3

Diminua o fogo e adicione o óleo restante à panela. Acrescente a pasta de laksa e frite por 3 minutos, mexendo sempre, até que exale seu aroma.

4

Adicione o leite de coco e o caldo e, após levantar fervura, cozinhe em fogo baixo por 2 minutos. Junte o camarão e continue cozinhando em fogo baixo por mais 3 minutos, até que fique rosado.

COMO ESCOLHER O CAMARÃO
O camarão congelado é até melhor que o fresco, pois é resfriado diretamente no navio, no momento da pesca. Para descongelar rapidamente o camarão congelado cru, coloque-o numa tigela e cubra com água fria. Troque a água duas vezes num período de 10 minutos, sendo que, findo esse tempo, deverá já estar descongelado. Escorra bem e utilize.

5

Esprema o suco do limão. Coloque na panela o broto de feijão e o cogumelo. Tempere com o suco de limão, o molho de peixe e o açúcar e retire do fogo. O broto de feijão deve estar ainda bem crocante.

6

Escorra o talharim, divida-o entre 4 tigelas e cubra com a sopa. Enfeite com folhas de coentro e sirva imediatamente.

Laksa de camarão e cogumelo

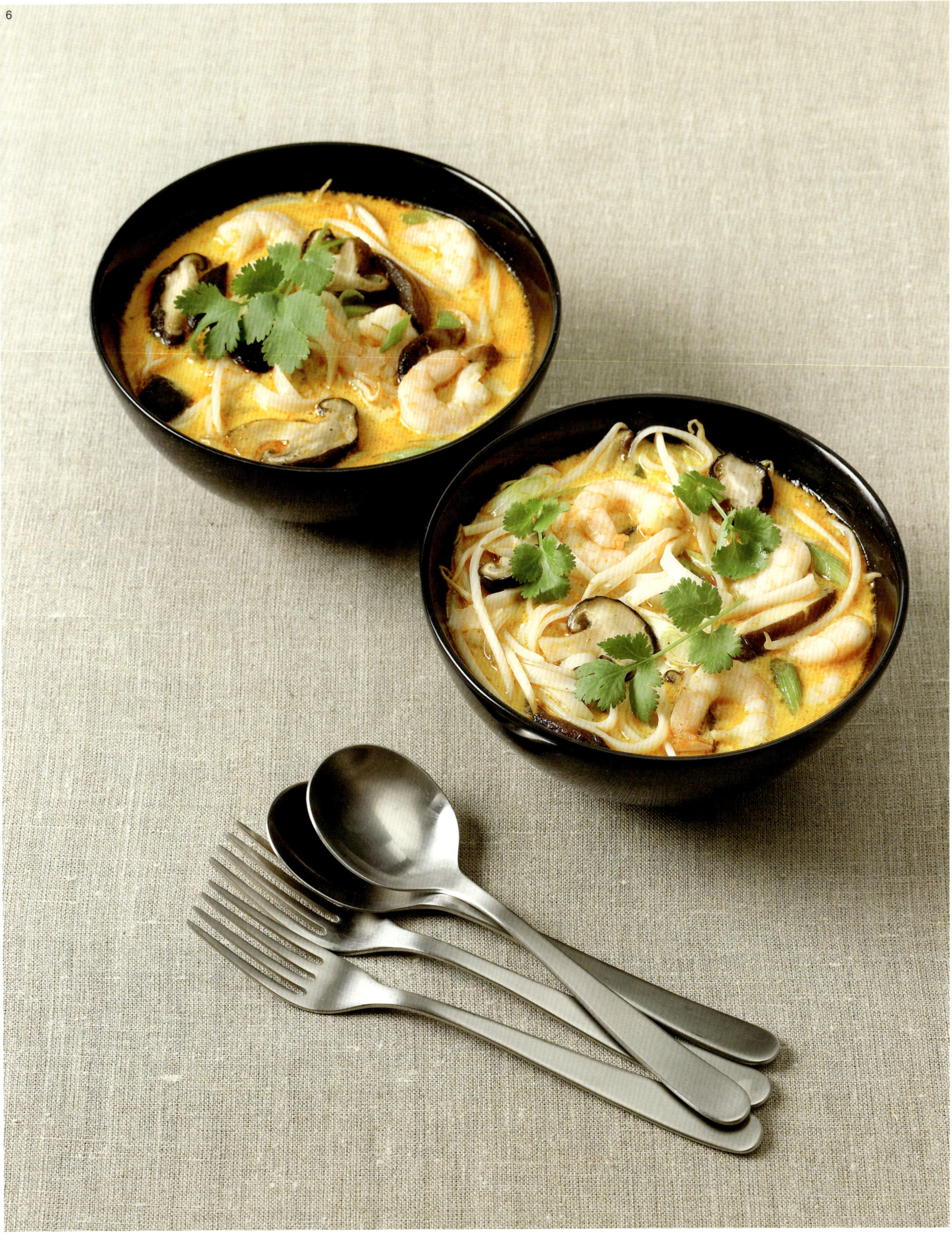

Omelete com cebolinha-francesa

Tempo de preparo: 5 minutos
Tempo de cozimento: 1-2 minutos
Serve 1

Nada é mais rápido de ser preparado do que uma omelete. Dê preferência a ovos caipiras – orgânicos, se possível – que têm melhor sabor. Depois de dominar a técnica de preparo da omelete, experimente as sugestões da página 86.

---

3 ovos grandes

sal e pimenta-do-reino

1 maço pequeno de cebolinha-francesa

1 colher (sopa) de manteiga

1

Preaqueça o forno a 135°C e coloque dentro dele o prato para aquecer. Quebre os ovos numa tigela ou numa jarra medidora. Bata-os com um garfo somente até as claras e as gemas se misturarem; pare antes que adquiram um tom amarelo uniforme. Tempere generosamente com sal e pimenta.

2

Pique fino a cebolinha-francesa ou, se achar mais fácil, corte-a com uma tesoura. Adicione-a aos ovos e mexa bem.

Lanches Leves

3
Leve uma frigideira antiaderente pequena ao fogo forte. Coloque a manteiga e, quando espumar, gire a frigideira para que recubra todo o fundo.

4
Despeje o ovo e marque 1 minuto no timer. Assim que o ovo entrar em contato com a manteiga quente, começará a ficar firme. Com um garfo, mexa lentamente para que cozinhe a parte ainda líquida.

5
Continue mexendo até que quase todo o ovo esteja cozido, mas que ainda apresente certa umidade na superfície. Para se obter um bom resultado, é importante não cozinhá-lo demais. Retire a frigideira do fogo.

6
Segure a frigideira sobre o prato aquecido e, balançando-a, faça com que metade da omelete escorregue para o prato (se precisar, ajude com um garfo). Agora, com um movimento seco, dobre a metade da omelete que ainda está na frigideira sobre a parte que já está no prato. Sirva imediatamente.

OMELETE COM COGUMELO
Fatie fino um punhado de cogumelo. Coloque um pouco de manteiga numa frigideira quente, junte o cogumelo e frite-o por 5 minutos, até amaciar. Tempere com sal e pimenta a gosto e reserve. Prepare a omelete conforme explicado e coloque por cima o cogumelo. Dobre ao meio.

OMELETE COM QUEIJO E PRESUNTO
Pique um pouco de presunto cozido e rale 30 g de queijo gruyère ou provolone. Salpique-os sobre a omelete antes de dobrá-la ao meio.

86 Omelete com cebolinha-francesa

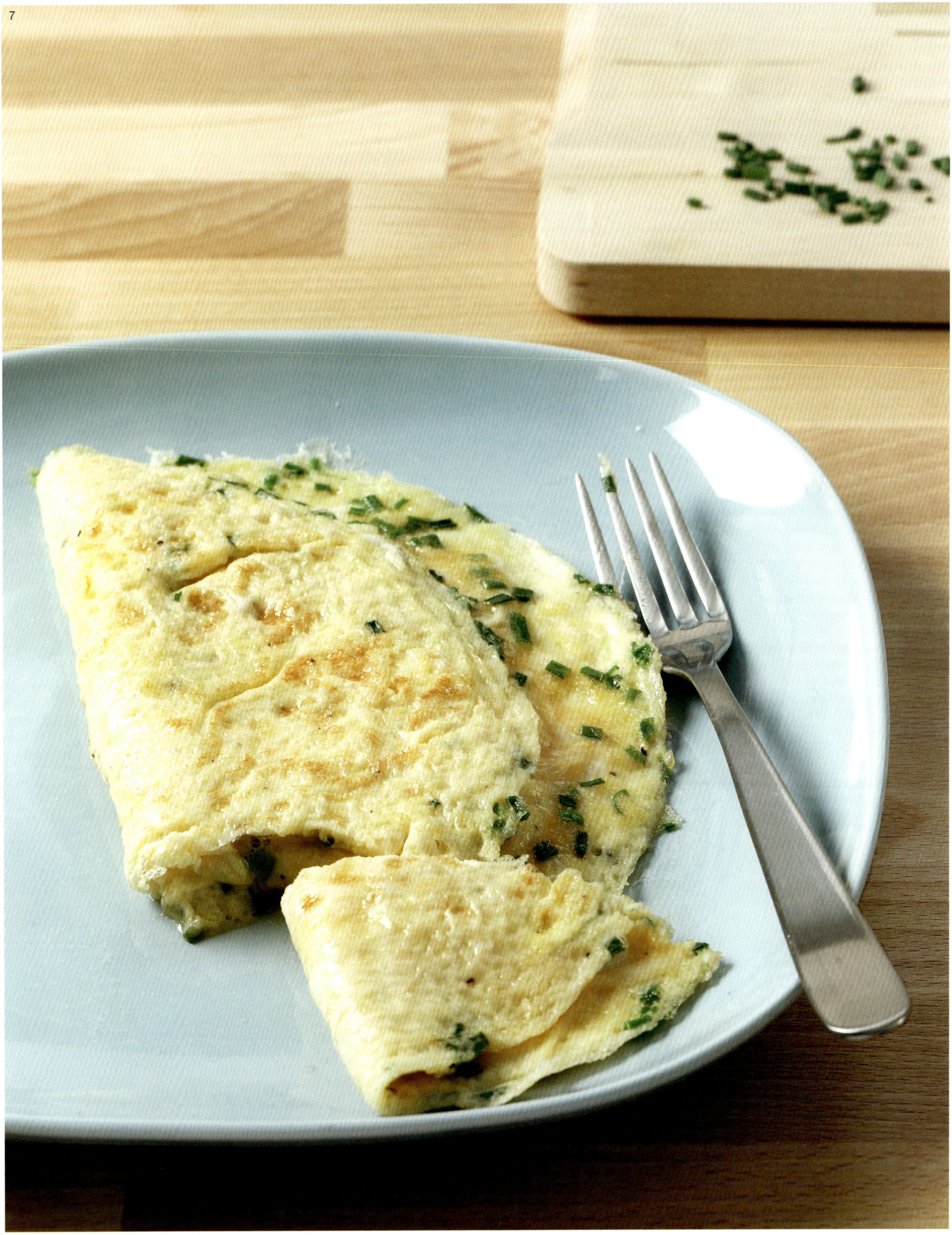

Quesadillas com frango e milho verde

Tempo de preparo: 10 minutos
Tempo de cozimento: cerca de 25 minutos
Serve 4

Depois de aprendida a técnica de preparo da quesadilla, ela se torna um lanche prático e rápido – desde que haja queijo, qualquer recheio serve. A pimenta jalapeño em conserva pode ser comprada em boas lojas do ramo. Se não encontrar, use a pimenta de sua preferência.

2½ xícaras (chá) de frango cozido (aproveite sobras)
1½ xícara (chá) de milho verde cozido
4 talos de cebolinha
3 colheres (sopa) de pimenta jalapeño em conserva
1 maço pequeno de coentro
sal e pimenta-do-reino
100 g de queijo provolone
3 tomates maduros
6 tortilhas de farinha de trigo (ver receita na página 46)

1
Elimine a pele do frango e desfie a carne. Coloque numa tigela e adicione o milho verde. Fatie fino a cebolinha, pique a pimenta e boa parte do coentro e acrescente tudo à tigela. Tempere com sal e pimenta.

2
Rale grosso o queijo e fatie o tomate. Apoie uma tortilha aberta sobre uma tábua. Coloque sobre metade da tortilha um pouco de queijo ralado, um pouco da mistura de frango e algumas rodelas de tomate. Polvilhe com mais queijo ralado e dobre ao meio. Repita essa operação com as tortilhas e o recheio restantes.

3
Preaqueça o forno a 135°C para manter aquecidas as quesadillas que forem ficando prontas. Aqueça uma frigideira grande em fogo médio. Coloque uma quesadilla dobrada e toste-a por 2 minutos ou até que esteja dourada na parte de baixo. Com a ajuda de uma espátula, vire a quesadilla e cozinhe por 2 mintuos do outro lado, ou até que o queijo comece a derreter e a quesadilla fique uniformemente tostada. Enquanto repete esse processo com as quesadillas restantes, mantenha as prontas no forno quente.

4
Corte cada quesadilla em 3 triângulos e arrume-os em um prato, decorando com o restante do coentro. Sirva imediatamente.

Salada niçoise

Tempo de preparo: 10 minutos
Tempo de cozimento: 20 minutos
Serve 2 como prato principal (é fácil de multiplicar)

Longe de ser uma simples salada, quando preparado corretamente, esse é um prato rico e colorido com os típicos sabores do sul da França. Nessa salada, o mais importante é a qualidade dos ingredientes. Por isso, se você usar bons ingredientes, vai querer repeti-la muitas e muitas vezes.

---

300 g de batata nova, do tamanho de um ovo pequeno
sal e pimenta-do-reino
2 ovos grandes, em temperatura ambiente
100 g de vagem fina
1 dente de alho pequeno
1 lata (170 g) de atum em óleo
1 colher (sopa) de vinagre de vinho tinto
½ cebola roxa pequena
100 g de tomate-cereja
½ xícara (chá) de azeitona preta
4 filés de anchova em óleo, escorridos

1

Encha uma panela média com água, junte 1 colher (chá) de sal e leve ao fogo. Quando ferver, junte a batata e marque 20 minutos no timer. Quando faltarem 7 minutos, adicione os ovos. Elimine as extremidades da vagem e, quando faltarem 5 minutos para o término do cozimento, coloque-a também na panela.

BATATA NOVA
Depois de cozida, a batata nova tem uma consistência cremosa, mas firme. Estará pronta quando a sua polpa puder ser facilmente atravessada por uma faca.

2

Enquanto isso, prepare o molho. Fatie o alho e pique-o fino. Polvilhe um pouco de sal sobre ele e, segurando a lâmina da faca inclinada, amasse-o sobre a tábua, juntamente com o sal, para obter uma pasta. Tome cuidado para pegar o alho aos poucos.

VOCÊ TEM ESPREMEDOR DE ALHO?
O uso do espremedor de alho facilita esse trabalho, porém, o fato de amassá-lo aos poucos com o sal, sobre a tábua, faz com que desprenda melhor seu óleo, realçando o aroma.

3

Separe 3 colheres (sopa) do óleo da lata de atum e misture-o com o vinagre, o alho amassado, sal e pimenta a gosto.

4

Escorra as batatas, os ovos e a vagem num escorredor. Resfrie rapidamente, deixando os ingredientes sob água corrente fria por 1 minuto.

Lanches Leves

5
Corte a cebola em fatias finas. Corte os tomates e as batatas ao meio. Coloque tudo numa tigela grande e junte a vagem e a azeitona.

6
Descasque os ovos. Quebre completamente a casca batendo-a delicadamente sobre a superfície de trabalho. Retire a casca com cuidado. Se tiver dificuldade, descasque o ovo sob água corrente. Corte cada ovo ao meio, pelo comprimento. Tempere a superfície cortada com sal e pimenta.

7
Corte os filés de anchova ao meio pelo comprimento. Misture quase todo o molho com os legumes.

8
Divida a salada entre 2 pratos e arrume em cada um 2 metades de ovo, metade do atum e da anchova. Regue com o restante do molho e sirva.

AZEITONAS NIÇOISE
Nessa salada, originalmente, são usadas azeitonas pretas da região de Nice, as azeitonas niçoise. Pequenas e ligeiramente azedas, podem ser substituídas pela gregas kalamata ou outras que tenham essas características.

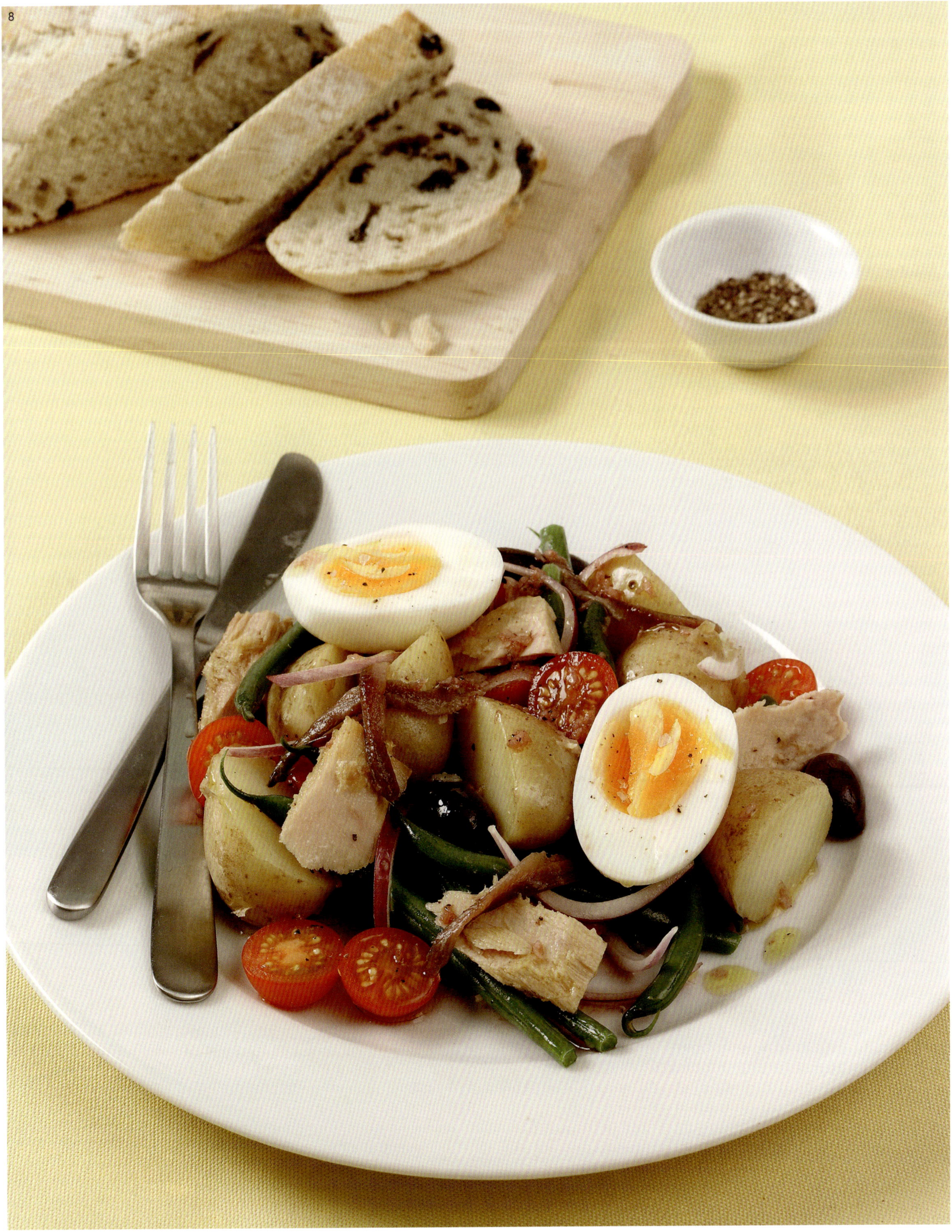

Sanduíche de alface, bacon e tomate

Tempo de preparo: 5 minutos
Tempo de cozimento: 15 minutos
Serve 2 (é fácil de multiplicar ou dividir)

Esse sanduíche é realmente delicioso: o contraste entre a alface fria e o bacon quente, combinados com o pão torrado crocante, desperta o apetite de qualquer um. Para deixar mais interessante o gosto da maionese, tempera-se com mel e mostarda, o que realça também o sabor do bacon.

---

4 fatias de pão de fôrma
6 tiras de bacon
2 colheres (sopa) de maionese
1 colher (chá) de mostarda
   com sementes
½ colher (chá) de mel
2 tomates maduros
manteiga para besuntar o pão
½ pé de alface lisa, lavada e
   enxugada (ver página 70)
sal e pimenta-do-reino

1

Preaqueça o grill e torre ligeiramente os dois lados das fatias de pão. Isso levará cerca de 5 minutos. Embrulhe num guardanapo limpo para mantê-las aquecidas.

2

Disponha as tiras de bacon sobre uma grade, coloque-a sobre uma assadeira e leve debaixo do grill por 10 minutos, virando as tiras uma vez, até que estejam douradas e crocantes.

3

Enquanto isso, misture a maionese com a mostarda e o mel. Corte o tomate em fatias.

Lanches Leves

4
Passe um pouco de manteiga em cada fatia de pão e espalhe por cima um pouco da maionese temperada. Arrume 1-2 folhas de alface sobre 2 fatias de pão.

5
Arrume as fatias de tomate sobre a alface, tempere com sal e pimenta e coloque 3 tiras de bacon em cada um.

6
Cubra com mais folhas de alface e as 2 fatias de pão restantes.

7
Com uma faca bem afiada, corte ao meio, em triângulos, e sirva imediatamente.

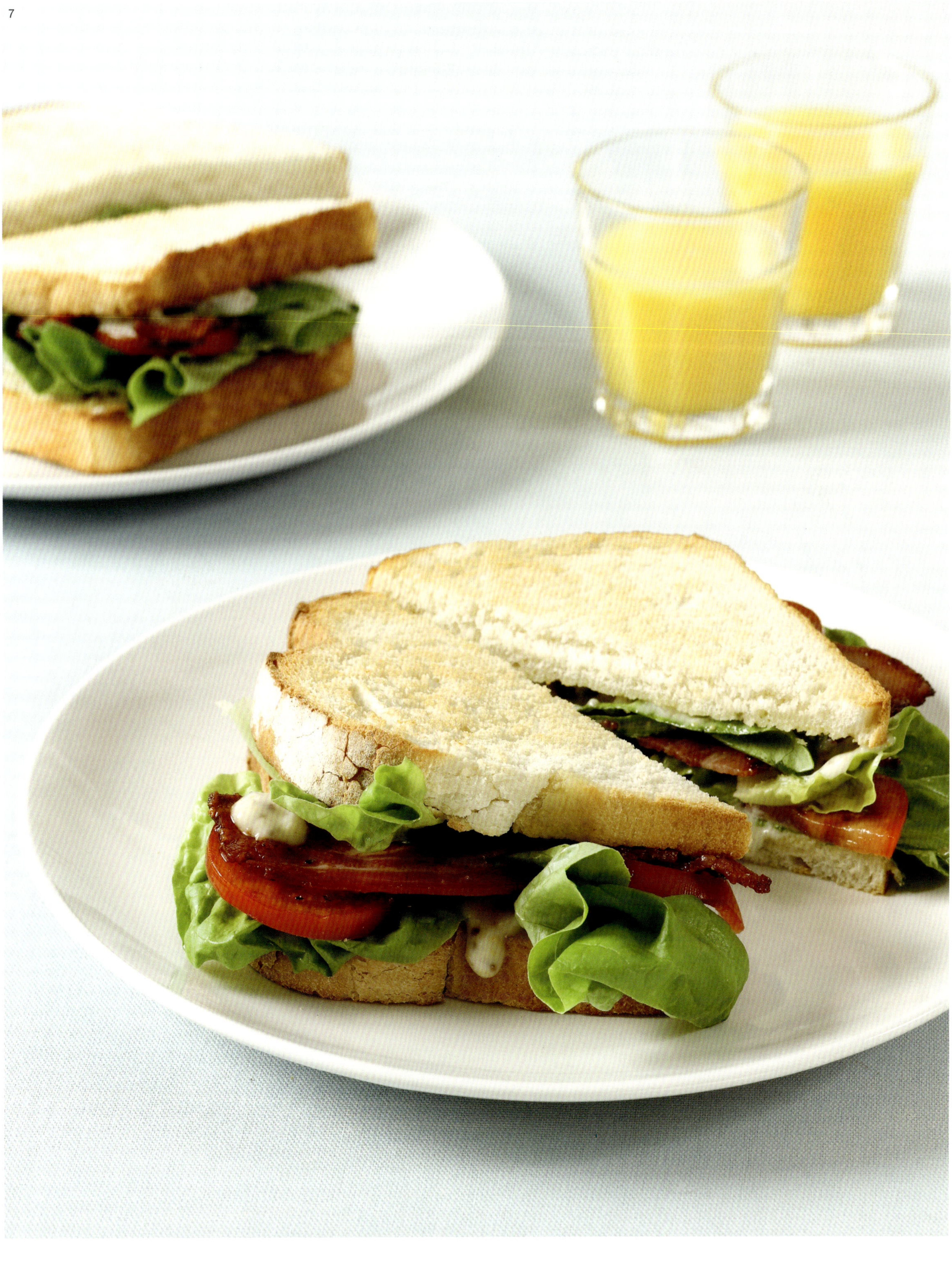

Sopa picante de batata-doce

Tempo de preparo: 20 minutos
Tempo de cozimento: 20 minutos
Serve 4 (com sobra)

Quente e deliciosa, essa sopa bem condimentada vai iluminar as noites frias. Se precisar reaquecê-la, acrescente um pouco de água ou caldo, pois tem tendência a engrossar.

- 2 colheres (chá) de sementes de cominho
- ¼ colher (chá) de pimenta calabresa em flocos
- 2 cebolas
- 3 dentes de alho
- 1 pedaço de 5 cm de gengibre
- 2 colheres (sopa) de azeite de oliva
- 1 kg de batata-doce
- 1 lata (400 g) de grão-de-bico escorrido
- 3⅔ xícaras (chá) de caldo de frango ou de legumes
- 100 g de folhas de espinafre
- sal e pimenta-do-reino
- 4 colheres (sopa) de coalhada seca ou mais, para servir
- 1 colher (sopa) de azeite de oliva extravirgem, para servir

1
Aqueça uma panela grande em fogo médio. Coloque na panela o cominho e a pimenta e toste-os por 1 minuto, até que comecem a saltar e exalem um aroma de torrado. Retire a panela do fogo, separe metade desses temperos para servir e reserve.

2
Pique grosso a cebola, amasse o alho e rale fino o gengibre. Coloque as 2 colheres (sopa) de azeite na mesma panela e junte a cebola, o alho e o gengibre. Leve ao fogo baixo e cozinhe por 5 minutos, até a cebola começar a amolecer.

DESCASCANDO O GENGIBRE
Não há necessidade de descascar o gengibre quando for ralá-lo. Simplesmente elimine cascas ou fibras que ficarem no ralador, depois que terminar essa operação.

3
Enquanto isso, descasque a batata-doce e pique em pedaços médios.

Lanches Leves   99

4
Adicione à panela a batata-doce, o grão-de-bico e o caldo, mexa bem e tampe. Cozinhe em fogo baixo por 15 minutos, até a batata-doce ficar macia.

5
Passe metade da batata-doce pelo espremedor de batata para obter uma sopa espessa. Tempere com sal e pimenta a gosto. Pique grosseiramente as folhas de espinafre e adicione à sopa. Após alguns segundos, as folhas vão murchar.

6
Sirva em tigelas individuais com uma colherada de coalhada, uma pitada das especiarias reservadas e um fio de azeite extravirgem.

COM ABÓBORA
Essa sopa também fica deliciosa quando feita com abóbora no lugar da batata-doce. Dê preferência para a abóbora cabotchã, que é adocicada e tem textura mais cremosa que as outras variedades. Para ganhar tempo, compre-a já descascada e cortada em cubos.

Sopa picante de batata-doce

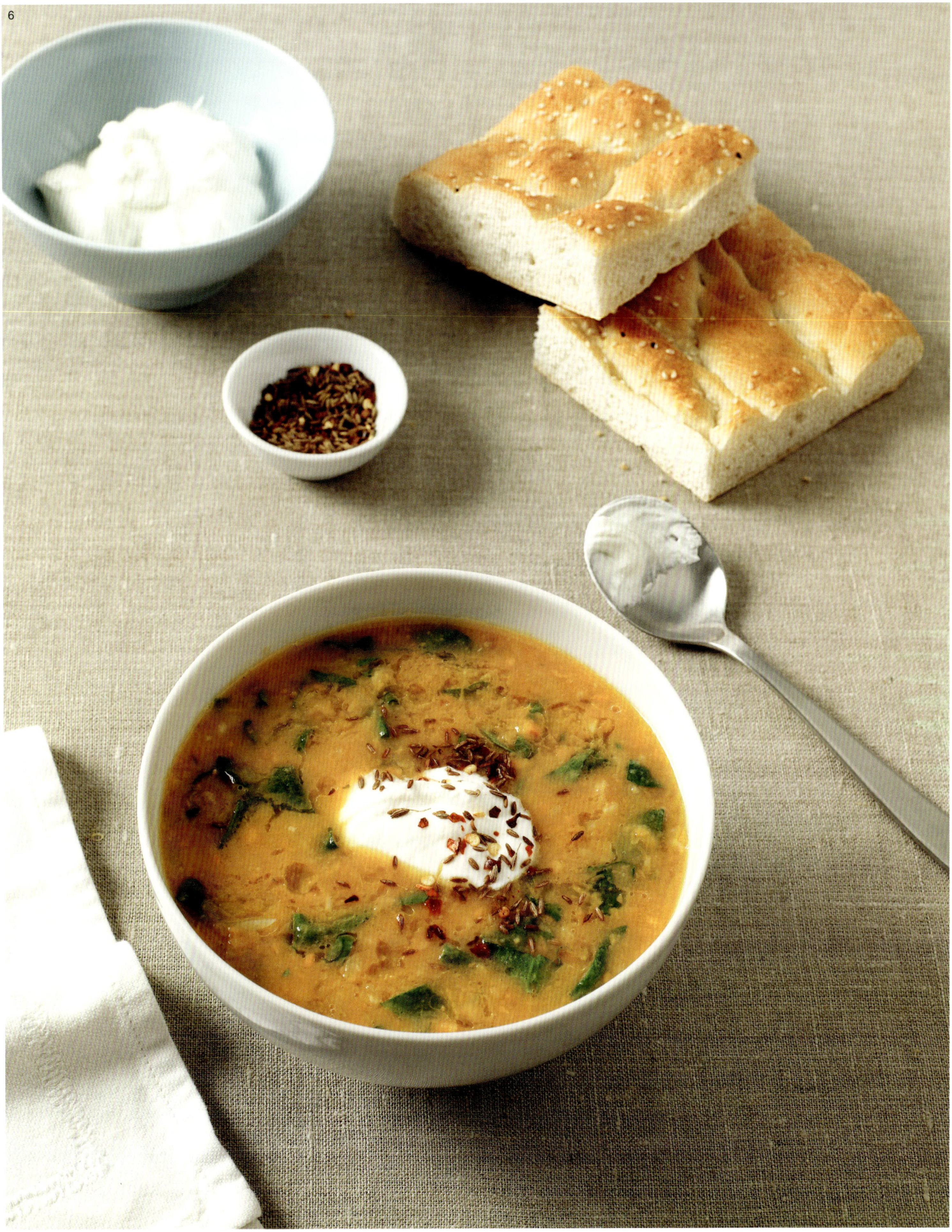

JANTARES

RÁPIDOS

Abóbora com castanha de caju

Tempo de preparo: 25 minutos
Tempo de cozimento: 35 minutos
Serve 4 (é fácil de dividir)

Esse curry vegetariano prova que um prato sem carne pode ser colorido, aromático e saboroso. Lentilha, grão-de-bico e castanha de caju trazem as proteínas necessárias para balancear qualquer refeição. Chapattis e naan são dois pães achatados tipicamente indianos. Se não encontrar, use pão sírio.

---

1 kg de abóbora

1 cebola

¼ xícara (chá) de óleo vegetal

1 colher (sopa) de manteiga

sal e pimenta-do-reino

2 dentes de alho

1 pedaço de 4-5 cm de gengibre

1 pimenta-verde (ver nota da página ao lado)

1 colher (chá) de cúrcuma em pó

1 colher (chá) de sementes de cominho

1 colher (chá) de coentro em pó

2 paus de canela

1 colher (sopa) de folhas de curry secas (opcional)

100 g de lentilha vermelha

3-4 tomates maduros

1 lata (400 g) de grão-de-bico escorrido

100 g de castanha de caju

2 punhados de folhas de espinafre

arroz (ver página 145) ou pão naan ou chapattis, para acompanhar (opcional)

chutney, para servir (opcional)

1
Com uma faca bem afiada, corte a abóbora ao meio. Elimine as sementes usando uma colher e, em seguida, descasque-a. Corte-a primeiro em gomos e depois em cubos de 4 cm de lado.

2
Corte a cebola ao meio e depois em fatias. Coloque uma wok ou uma frigideira grande sobre fogo médio-alto. Aqueça o óleo e a manteiga por 30 segundos, depois adicione a abóbora e a cebola; tempere com sal e pimenta. Cozinhe por 5 minutos, mexendo várias vezes, até a abóbora começar a amaciar.

3
Enquanto a abóbora cozinha, fatie fino o alho e rale o gengibre. Corte a pimenta-verde ao meio pelo comprimento, deixando-a unida pelo cabo. Se a pimenta não for muito ardida, elimine as sementes e pique-a.

QUANTO A PIMENTA É ARDIDA? Dependendo da variedade, as pimentas mais "magras" tendem a ser as mais ardidas, enquanto as mais "gordas" são mais suaves. Por isso, nessa receita, em que estamos usando a pimenta-verde, uma variedade mais ardida, o fato de apenas cortá-la ao meio permite que o alimento não fique ardido demais. Se fosse uma pimenta mais suave, poderíamos eliminar as sementes, picá-la e adicionar à preparação. Como o grau de ardência varia muito de uma pimenta para outra, em caso de dúvida corte uma pequena fatia na parte final da pimenta, toque o corte com a ponta do dedo e apoie-o na ponta da língua: se for mais ardida do que você imaginava, vá devagar. Se, ao contrário, for mais suave, pique-a, com ou sem as sementes, e adicione a quantidade que achar conveniente.

Jantares Rápidos

4

Acrescente à frigideira o alho, o gengibre, a pimenta-verde, as especiarias e as folhas de curry (se for usá-las). Misture bem e cozinhe por 2 minutos, até que os temperos desenvolvam seu aroma. Enquanto isso, coloque 1¾ xícara (chá) de água numa panela pequena e leve para ferver.

5

Junte a lentilha e a água fervente, mexa bem e tampe a frigideira. Cozinhe por 10 minutos em fogo baixo, mexendo de vez em quando.

6

Preaqueça o forno a 175°C. Pique grosso o tomate e adicione-o à frigideira, junto com o grão-de-bico. Mexa, tampe novamente e continue o cozimento por mais 10 minutos, mexendo uma ou duas vezes. A lentilha deve estar macia, mas, para ter certeza, amasse uma contra a borda da frigideira. Tempere com sal e pimenta.

7

Torre as castanhas de caju: espalhe-as numa assadeira e leve ao forno por 5 minutos ou até que fiquem douradas.

8

Para finalizar o prato, espalhe por cima as folhas de espinafre e as castanhas: o calor da preparação fará com que o espinafre murche. Sirva acompanhado de arroz ou pão e o seu chutney preferido.

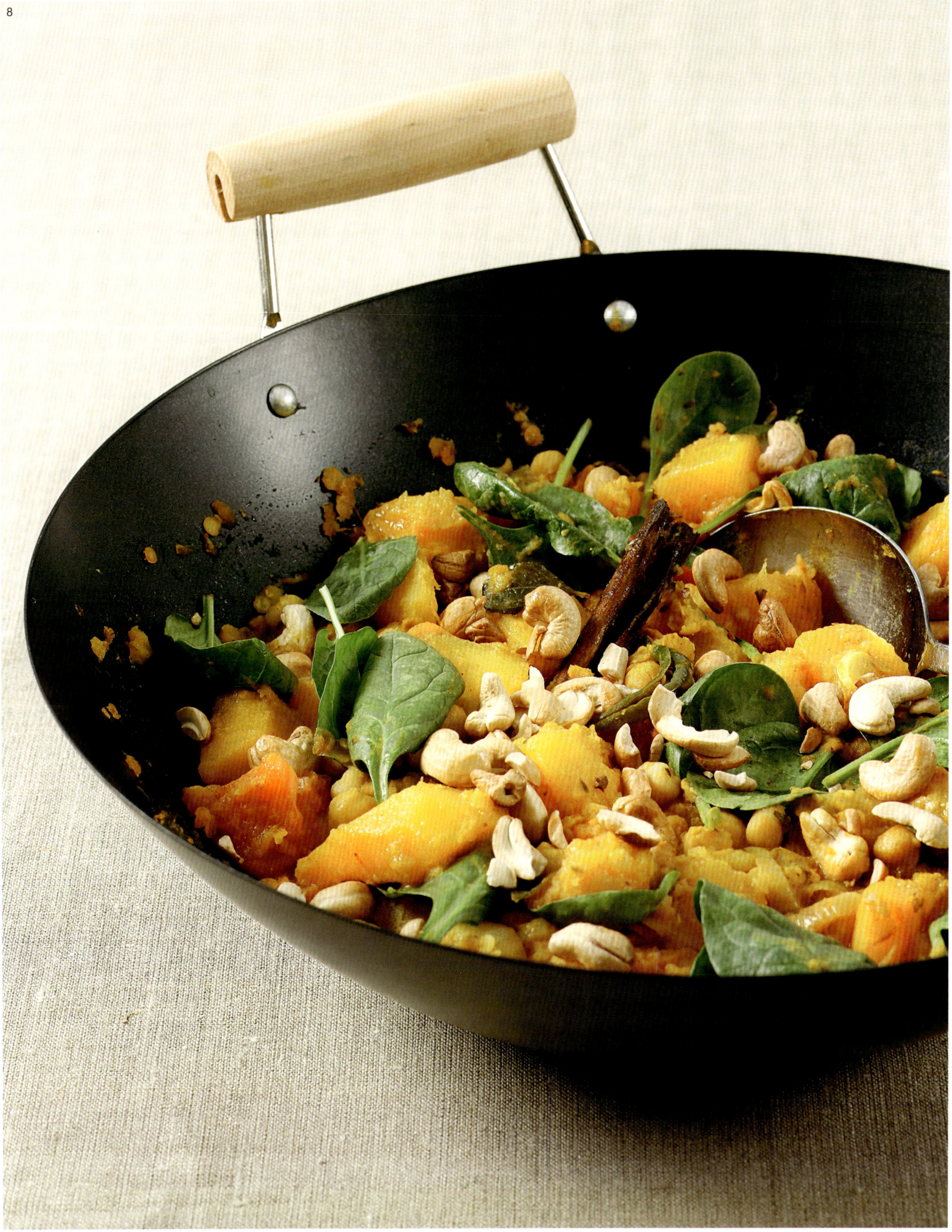

Cheesebúrguer

Tempo de preparo: 20 minutos
Tempo de cozimento: 11-15 minutos
Rende 4 (é fácil de dividir)

O principal ingrediente, que fará a diferença, é a carne moída, por isso use carne de boa qualidade. Eu costumo adicionar à carne pepino em conserva picado, mas, se não gostar, dispense-o. As coberturas sugeridas são apenas ideias e não regras. Você pode substituí-las por queijo gorgonzola, bacon frito, maionese, ketchup, molho mexicano (conhecido como *salsa*) ou qualquer outro ingrediente que seja de seu agrado. Os Gomos de batata ao forno (página 312) são um ótimo acompanhamento.

---

1 cebola
5 pepinos pequenos em conserva suave
½ kg de carne moída de boa qualidade
1 colher (chá) de mostarda de Dijon
1 ovo
½ colher (chá) de sal kosher
¼ colher (chá) de pimenta-do-reino preta
2 tomates grandes
1 cebola roxa
½ pé de alface lisa
4 pães com gergelim para hambúrguer
4 fatias de queijo pasteurizado (ou gouda ou gruyère)

1
Preaqueça o grill. Pique fino a cebola e o pepino e coloque-os numa tigela grande. Acrescente a carne moída, a mostarda, o ovo, sal e pimenta a gosto.

COMO ESCOLHER A CARNE MOÍDA
Para que os hambúrgueres fiquem suculentos, escolha carne com 20% de gordura. O tipo de cozimento ideal, melhor do que fritar ou grelhar, é colocá-los debaixo do grill, de modo que parte da gordura possa escorrer, mas ainda assim eles ficarão suculentos. Uma carne com menos gordura é mais saudável, mas o hambúrguer ficará mais seco. Compre coxão mole ou patinho, pois os cortes mais econômicos contêm mais água e encolhem muito durante o cozimento.

2
Misture muito bem, amassando com as mãos: esse é o sistema que dá melhor resultado.

3
Ainda dentro da tigela, divida a mistura em 4 partes. Umedeça as mãos para facilitar a operação de enrolar 4 bolas e depois achatá-las, formando hambúrgueres com cerca de 10 cm de diâmetro e 2 cm de espessura. Conforme forem ficando prontos, coloque-os numa tábua.

4
Arrume os hambúrgueres em uma grelha colocada sobre uma assadeira e leve-os debaixo do grill por 10 minutos, virando na metade do tempo de cozimento, ou até que estejam bem dourados. Os hambúrgueres estarão ligeiramente rosados no centro, mas, se você prefere a carne bem passada, aumente o tempo de cozimento mais 2 minutos de cada lado.

5
Enquanto os hambúrgueres assam, corte os tomates e a cebola roxa em fatias. Separe as folhas de alface, lave e enxugue (ver página 70). Corte os pães ao meio.

6
Quando os hambúrgueres estiverem prontos, puxe-os para um canto da grelha e arrume os pães lado a lado, a parte cortada virada para cima. Coloque uma fatia de queijo sobre cada hambúrguer e leve a assadeira de volta ao grill por mais 30 segundos a 1 minuto, ou até que o queijo comece a derreter e os pães estejam ligeiramente torrados.

7
Arrume um pouco de alface e tomate sobre a metade inferior do pão, coloque o hambúrguer por cima e termine com alguns anéis de cebola. Sirva imediatamente.

FAÇA ANTES
Os hambúrgueres podem ser preparados no dia anterior até o passo 3. Ainda crus, proteja-os com filme plástico e mantenha na geladeira. Para congelar, separe-os com folhas de papel-manteiga, coloque em embalagem adequada (sacos plásticos ou recipientes herméticos, próprios para congelamento) e leve ao freezer. Conservam-se por até um mês.

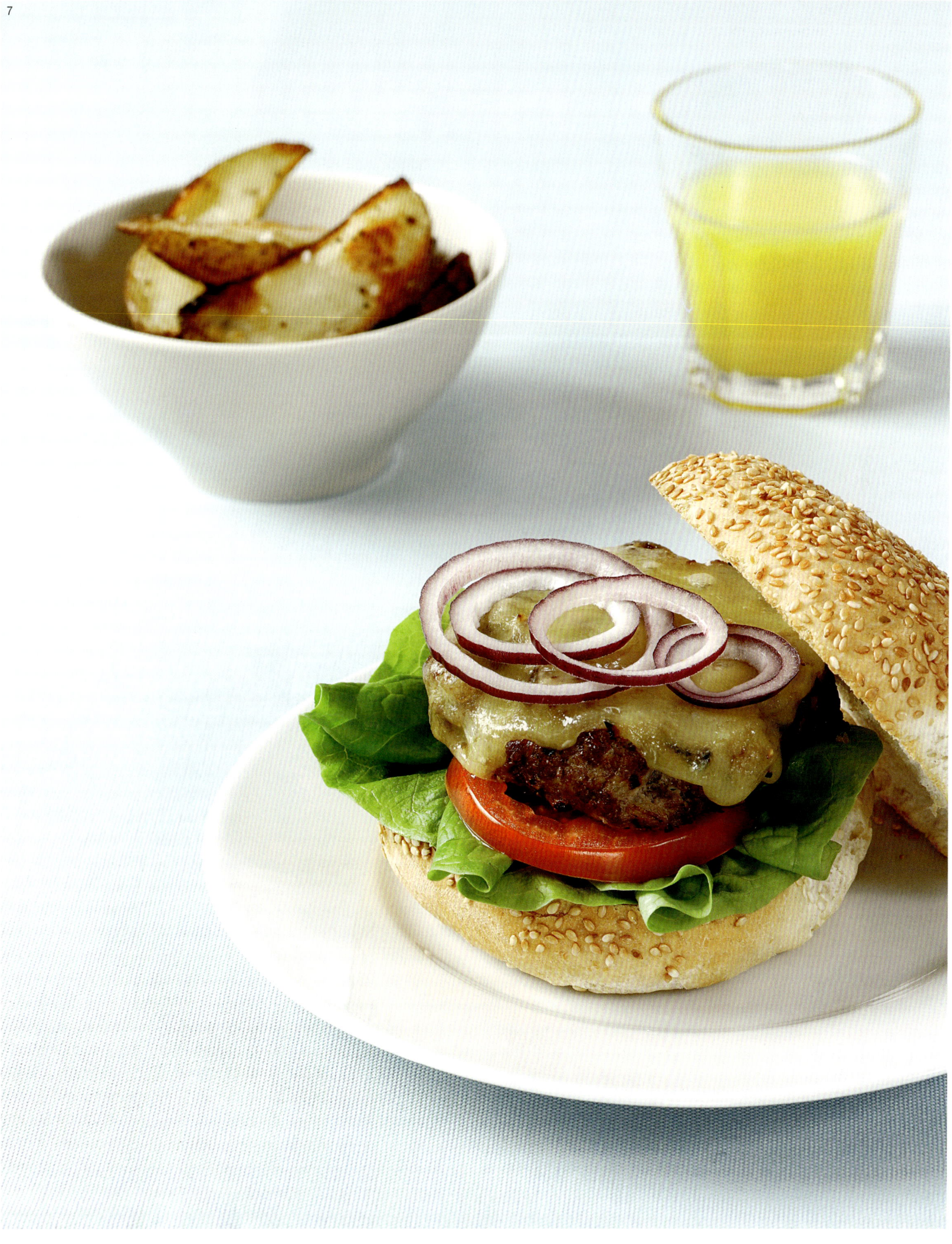

Frango salteado à chinesa

Tempo de preparo: 15 minutos
Tempo de cozimento: 10 minutos
Serve 4 (é fácil de dividir)

Para saltear é preciso um pouco de arte, mas esta receita é tão fácil que é uma ótima opção para começar. Os vegetais crocantes e o peito de frango levam menos de 30 minutos para ficar prontos, mais rápido do que pedir pelo telefone. Sirva com arroz branco.

---

2 colheres (chá) de amido de milho
¼ xícara (chá) de molho de soja (shoyu)
4 filés de frango, sem osso nem pele
1 pimentão vermelho
1 pimentão amarelo
7-8 talos de cebolinha
1 pedaço de 3 cm de gengibre
2 dentes de alho
2 limões
¼ xícara (chá) de mel
2 colheres (sopa) de óleo vegetal
3 xícaras (chá) de ervilha-torta
½ colher (chá) de pimenta calabresa seca em flocos
1 colher (sopa) de saquê (ou xerez seco)

1
Numa tigela média, misture 1 colher (chá) de amido de milho e 1 colher (chá) de molho de soja. Corte os filés de frango em tiras do tamanho de um dedo, coloque na tigela e mexa bem para temperar por igual. Deixe descansar por 10 minutos, enquanto prepara os legumes. Marinar o frango com o amido e o molho de soja deixa a carne suculenta e macia.

2
Corte os pimentões ao meio e elimine as sementes; corte-os em tiras de 1 cm de largura. Pique a cebolinha. Rale fino o gengibre e pique fino o alho.

3
Prepare o molho: esprema o suco dos limões e coloque em uma tigela. Adicione o mel, o amido e o molho de soja restantes e mexa bem.

Jantares Rápidos

4
Leve ao fogo alto uma wok ou frigideira grande e aqueça 1 colher (sopa) do óleo. Junte o frango e frite por 1 minuto, sem mexer. Continue o cozimento por mais 3 minutos, mexendo de vez em quando. Quando as tiras de frango começarem a dourar nas beiradas, passe-as para um prato e limpe a frigideira com toalhas de papel.

5
Adicione a colher (sopa) de óleo restante à frigideira e junte os pimentões. Frite por 1 minuto, acrescente a ervilha-torta e cozinhe por mais 1 minuto, mexendo sempre. Os legumes deverão ficar levemente amolecidos. Junte então o alho, o gengibre, a pimenta e metade da cebolinha. Cozinhe por mais 1 minuto.

6
Acrescente o saquê (vai borbulhar e evaporar rapidamente), recoloque as tirinhas de frango na frigideira e adicione também o molho reservado. Quando levantar fervura, continue cozinhando e mexendo por mais 1 minuto ou até a carne aquecer bem e o molho ter engrossado. Salpique a cebolinha restante por cima.

7
Sirva em tigelas, com arroz branco.

DICAS PARA SALTEAR
Apesar do nome, é importante deixar o alimento cozinhar sossegado, pois o fato de mexer em excesso aumenta o tempo de cozimento. Corte os ingredientes do mesmo tamanho para que o cozimento seja uniforme e coloque na frigideira primeiro os alimentos mais firmes. Use a maior frigideira que tiver, não a encha demais e mantenha em fogo alto. Cozinhe a carne primeiro, retire da frigideira e acrescente somente no final do cozimento, pois isso evitará que resseque.

Frango salteado à chinesa

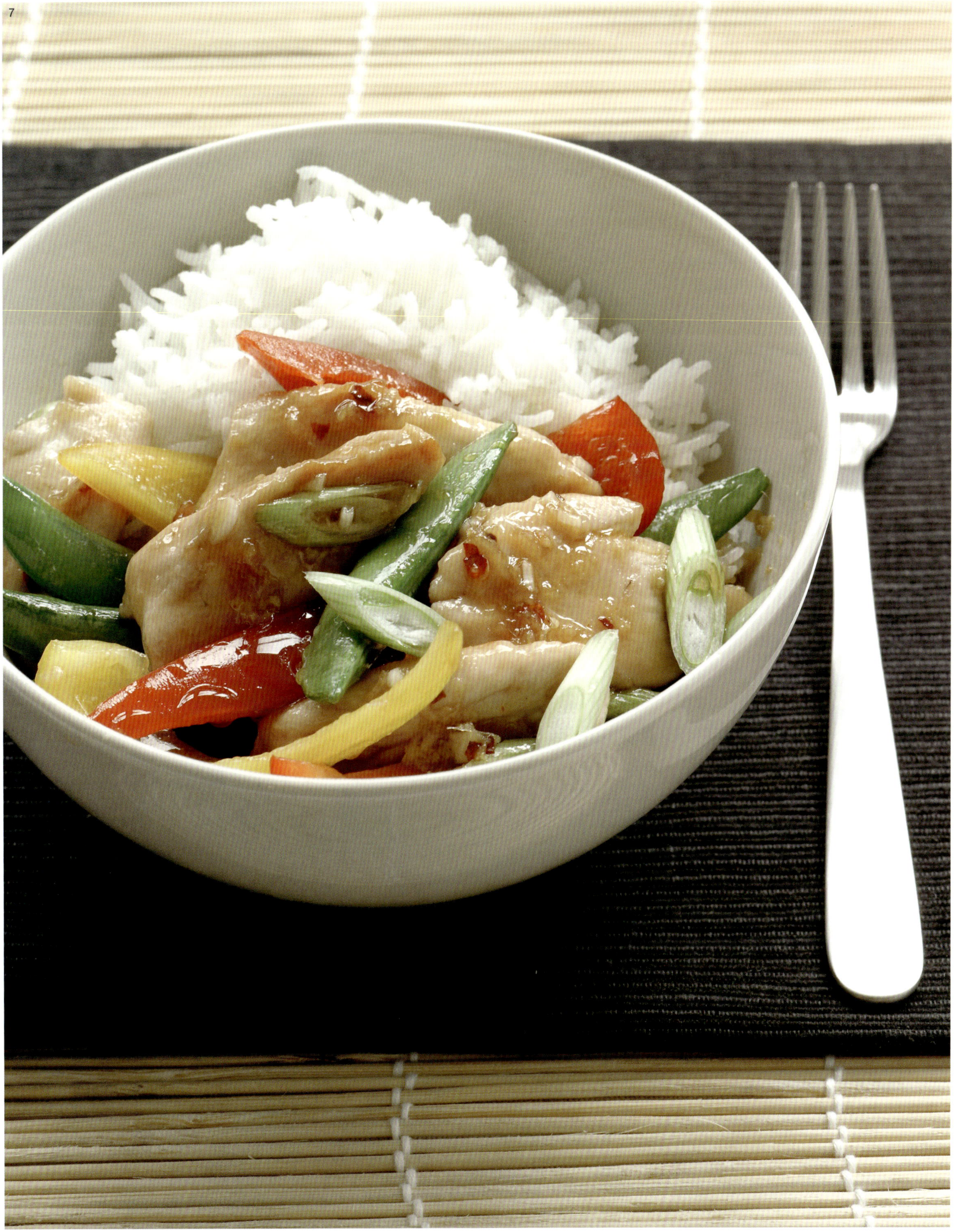

Risoto de cogumelo

Tempo de preparo: 25 minutos
Tempo de cozimento: 20 minutos
Serve 4

Uma tigela de risoto é um verdadeiro mimo, embora seja tão fácil de preparar. Com exceção do cogumelo fresco, provavelmente você já tem na sua despensa todos os ingredientes necessários. Como cogumelo fresco, você pode usar champignon ou uma mistura que inclua outros tipos, como o shimeji e o caetetuba, também conhecido por hiratake. Se tiver sorte de encontrar algum cogumelo diferente, aproveite a chance e compre-o, para dar aquele paladar especial ao seu risoto.

---

35 g de funghi porcini seco
1 cebola
2 dentes de alho
1 colher (sopa) de azeite de oliva suave
6 colheres (sopa) de manteiga
5 xícaras (chá) de caldo de galinha
2 xícaras (chá) de arroz para risoto (ver página 118)
pouco menos de ½ xícara (chá) de vinho branco seco
⅔ xícara (chá) de queijo parmesão ralado
300 g de cogumelo fresco (cerca de 3½ xícaras, depois de picado)
sal e pimenta-do-reino

1
Coloque ⅔ xícara (chá) de água fervente em uma jarra medidora de vidro refratário. Junte o funghi porcini seco e mexa para recobri-lo. Deixe descansar por 15 minutos. O cogumelo começará a inchar.

O QUE SÃO FUNGHI PORCINI? Porcini (ou cèpes, em francês) é um tipo de cogumelo muito saboroso, bastante usado na culinária italiana. Aqui no Brasil, raramente encontra-se o tipo fresco, congelado, mas o seco pode muito bem substituí-lo e é mais acessível. Após ter sido hidratado, pode ser adicionado a um molho, carne ou macarrão para dar aquele aroma especial.

2
Enquanto isso, pique fino a cebola e amasse o alho. Numa frigideira alta ou panela, aqueça o azeite e 4 colheres (sopa) de manteiga em fogo baixo. Junte a cebola e o alho e cozinhe em fogo baixo por 10 minutos, mexendo de vez em quando, até a cebola ficar macia e transparente.

3
Retire o funghi porcini da água, esprema-o e coloque sobre uma tábua. Coe o líquido da demolha com uma peneira fina e coloque-o em outra panela. Junte à panela o caldo de galinha e leve ao fogo médio até começar a ferver. Mantenha-o quente, mas sem ebulição.

4
Pique grosso o funghi porcini e adicione-o à panela com a cebola. Junte o arroz e frite por 2 minutos, mexendo sempre, até que fique translúcido e envolvido na manteiga. Regue com o vinho e espere evaporar. Essa operação é relativamente rápida.

Jantares Rápidos

5
Acrescente uma concha de caldo e mexa até que tenha sido absorvido. O fogo não pode ser forte, pois nesse caso o caldo evaporará em vez de ser absorvido pelo arroz; por isso, deixe o fogo bem baixo.

6
Continue adicionando o caldo uma concha por vez, mexendo sempre, até que o arroz tenha engrossado, esteja al dente e cremoso. Prove uns grãos: deverão estar macios, mas ainda pegar de leve nos dentes. Não tente apressar o processo de cozimento: para o risoto ficar pronto leva cerca de 20 minutos.

7
Depois de usar todo o caldo, retire do fogo. Rale o parmesão e junte metade ao risoto. Mexa bem e coloque por cima metade da manteiga restante, aos pedacinhos

8
Tampe e deixe descansar por 5 minutos. Enquanto isso, fatie grosso o cogumelo fresco, deixando os pequenos inteiros. Derreta a manteiga restante numa frigideira em fogo forte. Junte o cogumelo, tempere com sal e pimenta e cozinhe por 2-3 minutos, mexendo sempre.

9
Sirva o risoto em pratos fundos. Coloque por cima uma colherada do cogumelo fresco e um pouco do parmesão ralado restante.

ARROZ PARA RISOTO
Existem três tipos de arroz para risoto: arborio, carnaroli e vialone nano. Para o cozinheiro inexperiente, o carnaroli é a melhor escolha, pois o arborio pode passar do ponto mais facilmente, apesar de ser o tipo mais vendido; o vialone demora mais para cozinhar e é o menos difundido.

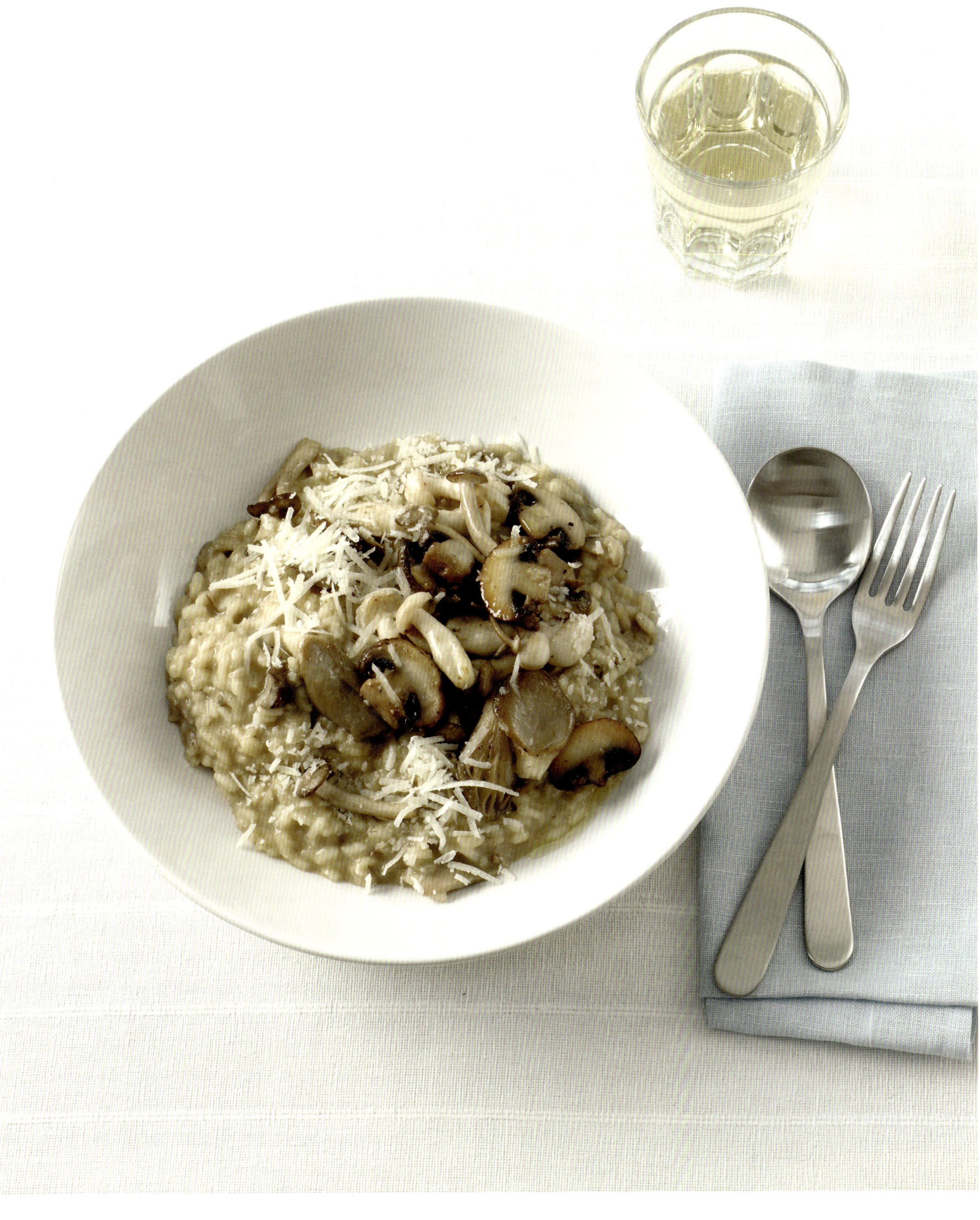

Caçarola de frango e chorizo

Tempo de preparo: 15 minutos
Tempo de cozimento: 35 minutos
Serve 4 (é fácil de dividir)

Esse é um prato substancioso, para os dias mais frios. Se não tiver grão-de-bico disponível na sua despensa, pode usar feijão-branco que ficará igualmente delicioso.

---

1 kg de sobrecoxa de frango, sem osso e sem pele
150 g de chorizo (ver a nota da página ao lado)
1 colher (sopa) de azeite de oliva
sal e pimenta-do-reino
1 cebola
2 dentes de alho
1 pimentão vermelho
1 colher (chá) de canela em pó
2 colheres (chá) de páprica doce (defumada, de preferência)
1 colher (chá) de tomilho seco
3 colheres (sopa) de vinho branco seco ou xerez seco
1 lata (400 g) de tomate pelado, picado
cerca de 1 xícara (chá) de caldo de galinha
1 lata (400 g) de grão-de-bico escorrido
1 punhado de salsa
1 colher (sopa) de azeite de oliva extravirgem, para servir (opcional)
pão italiano, para acompanhar (opcional)

1
Pique as sobrecoxas em cubos médios e o chorizo em rodelas finas. Numa frigideira larga e pesada, ou numa caçarola não muito funda, aqueça o azeite em fogo médio-alto por 30 segundos e junte o chorizo. Frite-o por 3 minutos, mexendo de vez em quando, até que comece a ficar crocante e tenha soltado parte da gordura avermelhada.

O CHORIZO ESPANHOL
O chorizo é uma linguiça de origem espanhola, bem temperada com alho e páprica. Basicamente, existem dois tipos: um, usado para cozinhar, que é macio como uma linguiça comum, e outro, curado e firme, que é comido cru, como salame. Ambos são adequados para essa receita, mas, se possível, prefira o tipo macio, próprio para cozinhar.

2
Transfira o chorizo para um prato e reserve. Coloque o frango na frigideira, tempere-o com sal e pimenta, e frite por 5 minutos, mexendo várias vezes até que esteja dourado.

3
Enquanto o frango frita, corte a cebola e o alho em fatias finas, elimine as sementes do pimentão e corte-o em tiras. Junte-os à frigideira e diminua o fogo. Cozinhe em fogo brando por 10 minutos, mexendo com frequência.

4
Adicione a canela, a páprica e o tomilho e cozinhe por mais 1 minuto, até ficar bem aromático.

5
Passe o fogo para médio e regue com o vinho – entrará em ebulição a seguir e evaporará rapidamente. Acrescente então o tomate e o caldo. Mexa bem e deixe cozinhar em fogo baixo por 15 minutos, até o frango ficar macio e o molho, mais encorpado.

6
Acrescente o grão-de-bico e o chorizo, misture e cozinhe, em fogo médio, por mais 2 minutos, até que esteja tudo bem quente.

7
Pique grosseiramente a salsa e misture-a. Prove e acerte o sal e a pimenta. Regue com o azeite extravirgem, se for usá-lo. Sirva com pão italiano fresco.

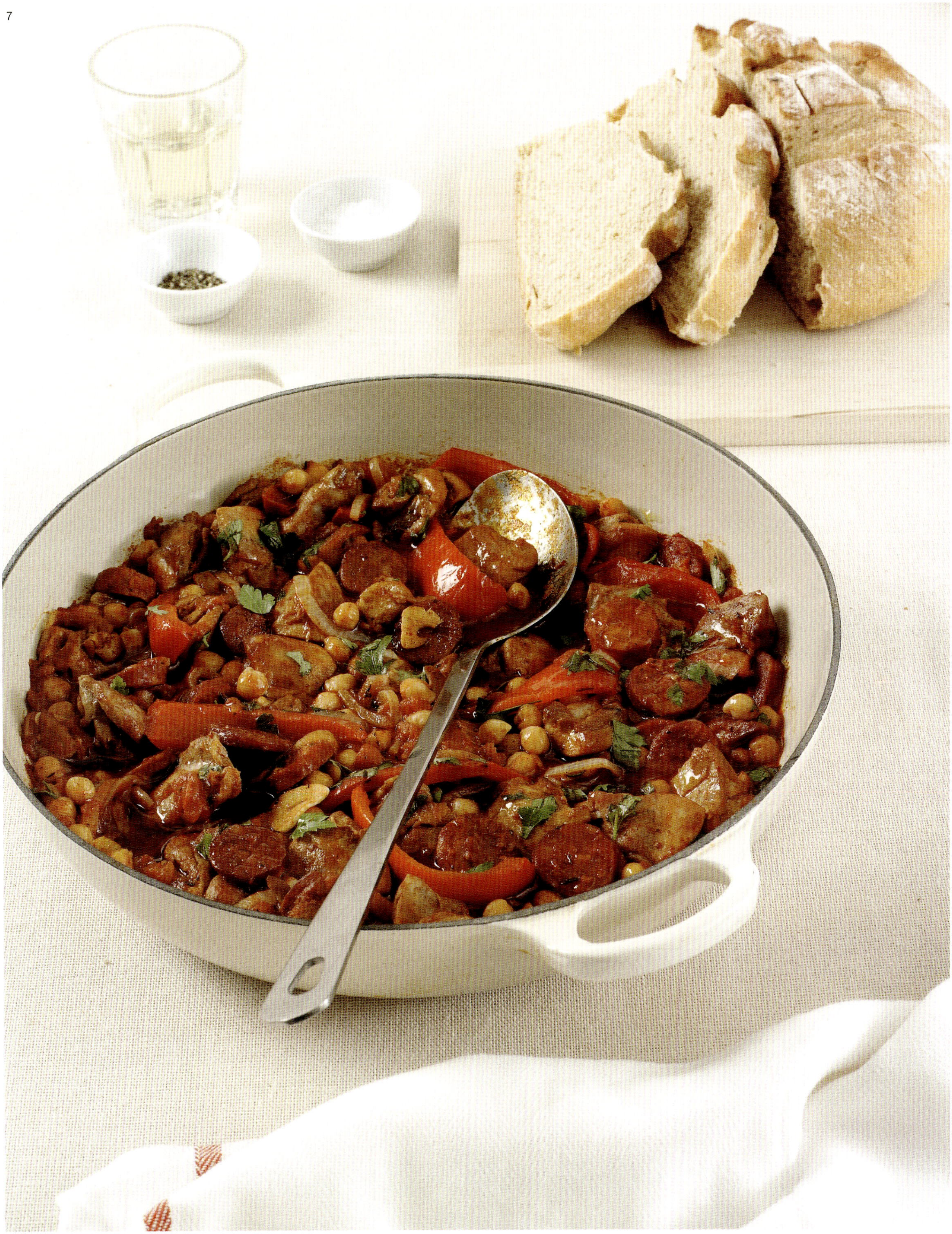

Peixe empanado com molho tártaro

Tempo de preparo: 20 minutos
Tempo de cozimento: 12-15 minutos
Serve 4 (é fácil de dividir)

O peixe empanado em casa é muito mais saboroso que aquele comprado pronto, congelado, em filés ou palitos. Para uma ocasião especial, substitua metade da maionese do molho tártaro por creme de leite; para as crianças, sirva o peixe somente com ketchup.

---

4 fatias (200 g) de pão branco amanhecido

1 punhado de salsa

2 colheres (sopa) de azeite de oliva suave

50 g de queijo parmesão

1 limão

sal e pimenta-do-reino

700 g de filés de pescada ou merluza

3 colheres (sopa) de farinha de trigo

1 ovo grande

2 colheres (chá) de alcaparras

5 pepinos em conserva

½ xícara (chá) de maionese de boa qualidade

salada verde, para acompanhar

1
Preaqueça o forno a 220°C. Elimine a casca das fatias de pão. Coloque o miolo do pão no processador de alimentos com metade da salsa, incluindo os talos, e o azeite de oliva.

2
Pulse várias vezes, até o pão se transformar em migalhas. Rale fino o parmesão e a casca do limão, adicione-os às migalhas de pão e tempere com sal e pimenta. Pulse mais um pouco, somente para misturar os ingredientes, e transfira para uma tigela.

MIGALHAS AROMÁTICAS CONGELADAS
Se você tiver pão branco sobrando, em vez de deixar estragar e ter de jogá-lo fora, prepare migalhas de pão aromáticas, conforme explicado acima, e congele. Quando quiser fazer um empanado, descongele-as de um dia para o outro e use conforme explicado a seguir.

3
Corte os filés de peixe em tiras de 10 cm x 3 cm de largura.

Jantares Rápidos 125

4
Coloque a farinha num prato e tempere com sal e pimenta. Quebre o ovo numa tigela, tempere com sal e pimenta e bata. Passe um pedaço de peixe primeiro pela farinha, depois mergulhe-o no ovo, deixando escorrer o excesso dentro da tigela, e, por último, nas migalhas aromáticas, verificando se está recoberto por igual.

5
Repita com os demais pedaços de peixe, arrumando-os em uma assadeira antiaderente. Como os dedos acabam ficando com ingredientes grudados, é bom lavar e enxugar, conforme for preciso.

6
Asse o peixe por 12-15 minutos, até que fique dourado e crocante. Enquanto isso, prepare o molho tártaro: corte o limão ao meio, esprema uma das metades e corte a outra em 6 gomos. Pique fino a salsa restante, as alcaparras e o pepino e coloque tudo em uma tigela. Adicione a maionese e 1 colher (sopa) do suco de limão. Tempere com sal e pimenta.

7
Sirva o peixe com o molho tártaro, um gomo de limão e salada verde.

COMPRANDO O PEIXE
É difícil dizer se os filés de peixe estão frescos, principalmente quando já vêm embalados. Por isso, é melhor comprá-los no balcão. Os filés de peixe frescos devem ter uma cor clara e não acinzentada; ter aparência rija e não mole; a superfície deve ser brilhante e parecer seca: se estiver meio melada, recuse-os. O cheiro tem de ser fresco e gostoso, cheiro de mar. Se estiver muito forte ou, pior ainda, com um fundo de amônia, nem pense em comprá-los.

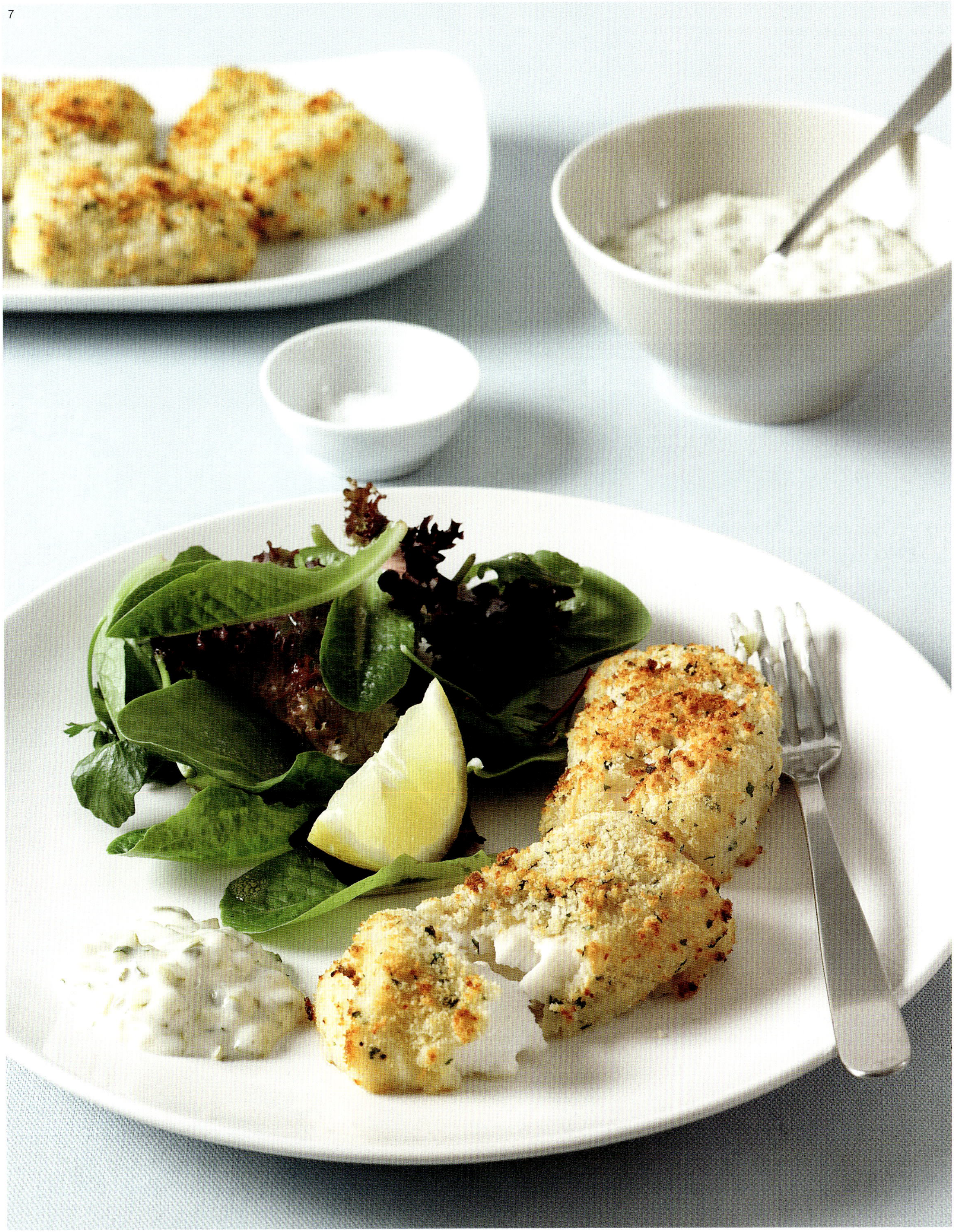

Macarrão gratinado com queijo

Tempo de preparo: 25 minutos
Tempo de cozimento: 30 minutos
Serve 4 (é fácil de dividir)

Não há quem não aprecie esse prato cheiroso e reconfortante de macarrão, principalmente a criançada! Algumas rodelas de tomate decoram alegremente a superfície.

---

1 cebola
1 folha de louro
3 xícaras (chá) de leite
1 colher (chá) de sal kosher
300 g de macarrão tipo tubete ou penne
200 g de queijo cheddar curado ou provolone
50 g de queijo parmesão
¼ xícara (chá) de manteiga
cerca de ½ xícara (chá) de farinha de trigo
2 colheres (chá) de mostarda de Dijon
noz-moscada para ralar (opcional)
sal e pimenta-do-reino
4 tomates-cereja maduros

1
Leve ao fogo uma panela grande com bastante água para cozinhar o macarrão. Enquanto a água esquenta, prepare o molho. Corte a cebola em pedaços e coloque numa panela com a folha de louro e o leite. Leve ao fogo médio e, quando começar a aparecer bolhas ao redor da borda, tire a panela do fogo. Deixe em infusão por, no mínimo, 10 minutos. Isso vai dar ao molho de queijo um sabor mais acentuado.

2
Coloque sal na água fervente e, depois, junte o macarrão. Mexa bem, deixe levantar fervura novamente e cozinhe por 8 minutos. Retire do fogo a massa que deverá estar al dente, escorra e reserve 1 xícara (chá) da água do cozimento.

3
Rale os queijos cheddar e parmesão. Preaqueça o forno a 175°C. Depois que o leite tomou o gosto da cebola e do louro, retire-os com uma escumadeira e descarte. Adicione ao leite a manteiga e a farinha, deixando-a cair de uma peneira e batendo rapidamente o leite com o batedor de arame.

Jantares Rápidos

4
Cozinhe esse molho por 5 minutos, batendo sempre com o batedor de arame para que não encaroce, até que fique espesso, liso e comece a ferver.

5
Adicione ao molho a mostarda, ¼ colher (chá) de noz-moscada ralada (se for usá-la), o queijo parmesão e ⅔ do cheddar ralado. Tempere a gosto com sal e pimenta. Se a massa grudou um pouco durante a espera, despeje sobre ela, dentro do escorredor, a xícara da água do cozimento reservada, mexa um pouco e escorra. Passe o macarrão para uma fôrma refratária. Despeje o molho por cima e misture bem.

6
Polvilhe sobre a massa o restante do cheddar ralado, corte os tomates em rodelas e distribua por cima. Polvilhe sal e pimenta.

7
Asse por 30 minutos, até que esteja dourado e borbulhante. Sirva imediatamente.

FAÇA ANTES
O molho pode ser preparado com até 2 dias de antecedência. Cubra a superfície com filme plástico para não formar película, deixe esfriar e conserve na geladeira. Na hora de usar, aqueça-o em fogo médio e despeje sobre a massa, conforme explicado no final do passo 5. Esse prato não pode ser preparado totalmente com antecedência, pois durante o tempo de espera a massa vai absorver o molho e, depois de pronta, ficará seca.

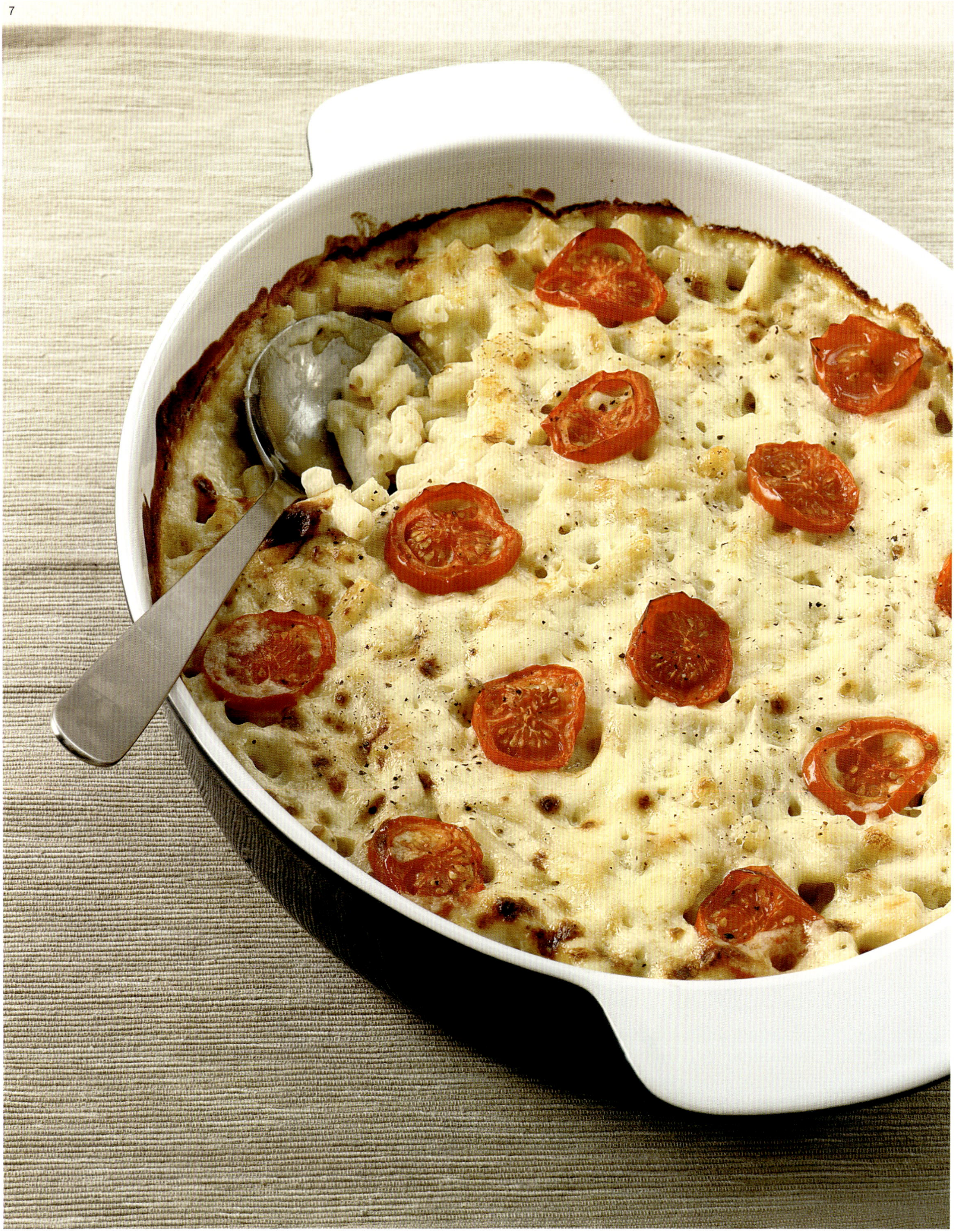

Costeletas de cabrito com salada

Tempo de preparo: 20 minutos, mais o tempo para a marinada
Tempo de cozimento: 8-10 minutos
Serve 2 (é fácil de multiplicar)

Esse prato é ótimo para uma refeição rápida, mas também é bonito o suficiente para fazer brilhar os olhos de uma visita. Sirva com pão fresco e crocante para absorver os molhos.

---

1 limão
2 colheres (sopa) de azeite de oliva extravirgem
1 colher (chá) de açúcar
1 colher (sopa) de alcaparras
1 dente de alho
2 colheres (chá) de óleo vegetal
sal e pimenta do reino
4 costeletas, bistecas ou fatias de pernil de cabrito em temperatura ambiente
1 lata (400 g) de feijão-branco escorrido ou 1¼ xícara (chá) de feijão-branco cozido
½ cebola roxa
alguns tomates-cereja
1 punhado de hortelã fresca

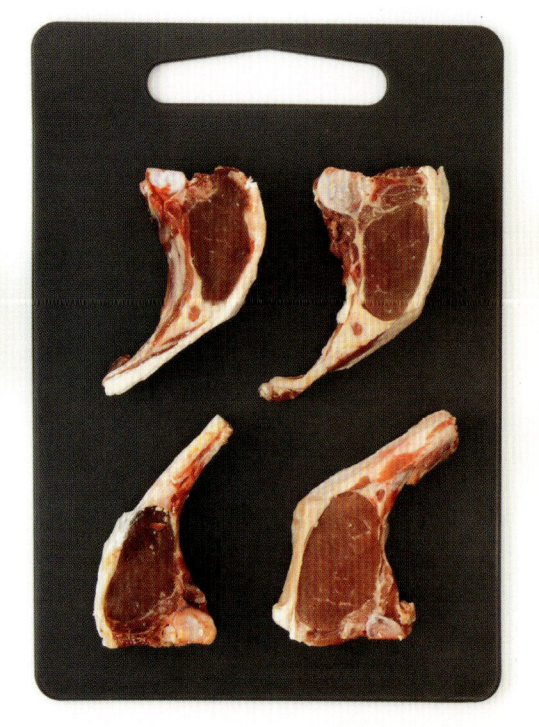

1
Esprema metade do limão, coloque o suco numa tigela pequena, adicione o azeite extravirgem, o açúcar e as alcaparras. Misture e reserve.

2
Amasse o alho e coloque-o numa tigela pequena. Rale fino a casca do limão, junte-a ao alho e acrescente 1 colher (chá) do óleo. Tempere com sal e pimenta e esfregue essa mistura nas costeletas. Dependendo do tempo disponível, deixe a carne marinar nesse tempero por 5 minutos, no mínimo, até várias horas. Se o tempo da marinada for demorado, conserve a carne na geladeira, mas lembre-se de retirá-la e deixar que volte à temperatura ambiente antes de cozinhar.

Jantares Rápidos

3
Leve ao fogo médio uma frigideira com 1 colher (chá) de óleo, deixe aquecer por 30 segundos e adicione a carne. A primeira costeleta deverá fritar de imediato, quando posta na frigideira. Se isso não acontecer, retire-a e espere mais um pouco para que a frigideira fique mais quente. Frite as costeletas por 6 minutos, virando-as uma vez na metade do tempo. A carne ficará ao ponto (suculenta e rosada por dentro). Cozinhe por mais 2 minutos, se prefere carne bem passada.

4
Transfira a carne para um prato e cubra-a com papel-alumínio, sem apertar, para mantê-la aquecida. Reserve também a frigideira. Para preparar a salada, coloque o feijão numa tigela grande. Fatie fino a cebola e corte ao meio os tomates-cereja. Retire as folhas de hortelã dos ramos e rasgue-as com as mãos. Coloque a hortelã, a cebola e o tomate na tigela, junto com o feijão. Tempere com sal e pimenta e misture bem.

5
Volte a frigideira ao fogo médio e junte a mistura de limão e alcaparra, explicada no passo 1. Raspe as partículas grudadas no fundo e nos lados da frigideira e adicione o suco que escorreu no prato das costeletas.

6
Divida a salada entre os pratos e arrume as costeletas por cima. Regue com o molho quente de alcaparra e sirva imediatamente.

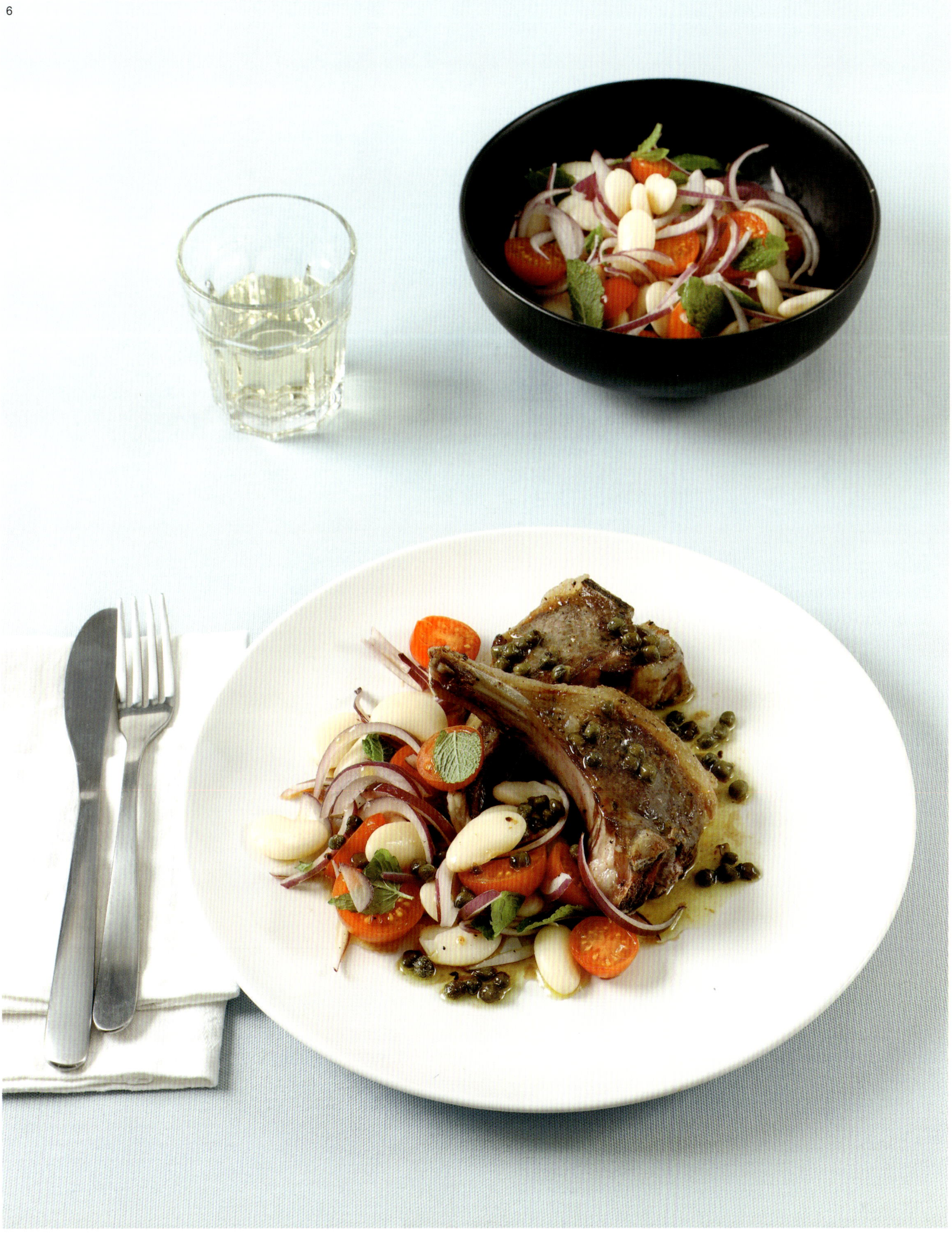

Linguiça acebolada com purê

Tempo de preparo: 15 minutos
Tempo de cozimento: 30 minutos
Serve 4 (é fácil de dividir)

Prato antigo, mas com a opção do toque moderno do vinagre balsâmico para revitalizar o molho. Sirva com mostarda de Dijon.

---

1 colher (sopa) de azeite de oliva
8 linguiças de porco de boa qualidade
2 cebolas
2 colheres (sopa) de manteiga
1 ramo de tomilho fresco
1 kg de batata de tamanho médio
1 colher (chá) de sal kosher
½ colher (chá) de açúcar
1 colher (sopa) de farinha de trigo
2 colheres (chá) de vinagre balsâmico (opcional)
2 xícaras (chá) de caldo de carne
½ xícara (chá) de leite
sal e pimenta-do-reino

1

Preaqueça o forno a 175°C. Aqueça uma frigideira grande em fogo baixo. Acrescente o azeite e a linguiça e frite-as por 5 minutos, virando-as a cada minuto. Quando estiverem bem douradas, retire do fogo. Transfira as linguiças para uma assadeira e termine o cozimento no forno por 25 minutos.

2

Enquanto isso, prepare o molho: corte as cebolas ao meio e depois em fatias finas. Volte a frigideira ao fogo e adicione 1 colher (sopa) de manteiga ao resíduo da fritura da linguiça. Quando começar a espumar, junte a cebola e as folhas do tomilho. Frite por cerca de 15 minutos, mexendo com uma colher de pau, até a cebola ficar macia e começar a dourar.

3

Enquanto a cebola frita, descasque as batatas e corte-as em pedaços. Coloque numa panela grande, cubra com água fria, adicione o sal e leve ao fogo. Quando levantar fervura, diminua o fogo e cozinhe por 15 minutos, até que a batata esteja macia. Para cozinhar batatas, coloque-as sempre em água fria e deixe levantar fervura em fogo forte, nunca as coloque diretamente na água fervente.

4

Depois que a cebola ficar macia, aumente o fogo, acrescente o açúcar e cozinhe por 2-3 minutos, mexendo, até que ela fique marrom, pegajosa e tenha um cheiro adocicado.

5

Junte a farinha e mexa até o branco desaparecer completamente. Cozinhe por mais 2 minutos até sentir, ao mexer com a colher de pau, que a farinha adquire consistência de areia.

Jantares Rápidos

6
Acrescente o vinagre balsâmico, se for usá-lo, e ⅓ do caldo de carne. No início, o molho terá alguns grumos, mas continue mexendo que logo irão desaparecer e o molho ficará grosso.

7
Adicione o caldo restante aos poucos, até o molho afinar e ficar liso. Quando voltar a ferver, ficará mais encorpado. Retire a frigideira do fogo e reserve.

8
Verifique a linguiça: ela deverá estar bem dourada e borbulhante. Desligue o forno. Passe a batata para o escorredor. Na mesma panela, coloque a manteiga restante e o leite e leve ao fogo. Quando o leite começar a ferver, junte a batata e tire a panela do fogo.

9
Com o instrumento próprio, amasse a batata dentro da panela. É importante amassar enquanto a batata ainda está quente, pois quando começar a amornar, ela ficará pegajosa e a operação se torna impossível. Se for preciso, reaqueça o leite.

10
Divida o purê entre os pratos e coloque 2 linguiças em cada um. Espalhe por cima o molho de cebola e sirva imediatamente.

AMASSADOR DE BATATA
O amassador de batata que aparece no passo 9 é constituído por uma haste que termina em uma espécie de serpentina, cuja função é esmagar a batata diretamente na panela, até obter um purê liso e macio. Se não tiver um amassador, utilize o espremedor, mas lembre-se de que a batata cozida deve estar ainda quente.

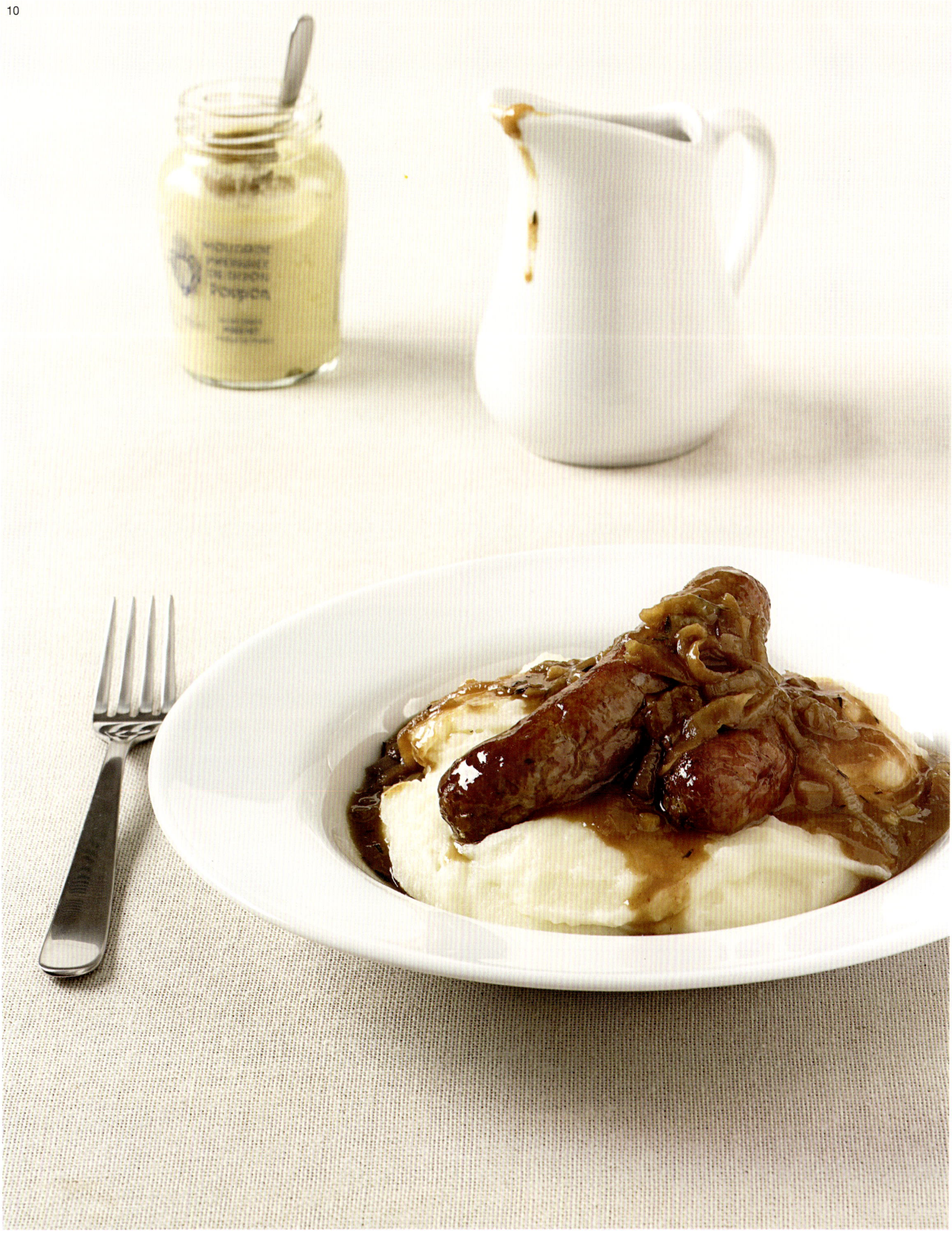

Penne com molho de tomate

Tempo de preparo: 10 minutos
Tempo de cozimento: 12 minutos
Serve 2 (é fácil de multiplicar)

A receita de um bom molho de tomate é indispensável. Além de econômica, ela é extremamente versátil e se presta a infinitas variações: veja algumas sugestões na página 142.

---

1 colher (chá) de sal kosher

200 g de macarrão tipo penne

2 dentes de alho

alguns ramos de manjericão fresco

2 colheres (sopa) de azeite de oliva

1 lata (400 g) de tomate pelado, picado

½ colher (chá) de açúcar

25 g de queijo parmesão

½ xícara (chá) de azeitona preta sem caroço (compre 100 g se quiser descaroçá-la você mesmo)

sal e pimenta-do-reino

1

Coloque uma panela grande com bastante água em fogo forte. Quando ferver, junte o sal e o macarrão e mexa. Espere levantar fervura novamente, diminua o fogo e deixe cozinhar por 10-12 minutos (ver as instruções na embalagem) ou até a massa ficar al dente.

SERÁ QUE A MASSA ESTÁ COZIDA?

A melhor maneira de saber se a massa está cozida consiste em retirar um pedaço da água e mordê-lo. Para estar al dente, a massa deverá estar macia por fora, mas ainda oferecer certa resistência no centro.

2

Enquanto o macarrão cozinha, prepare o molho. Corte o alho em fatias finas e pique o manjericão. Aqueça o azeite numa frigideira em fogo baixo, acrescente o alho e o manjericão e frite-os por 3 minutos, até amaciar.

APROVEITANDO BEM AS ERVAS AROMÁTICAS

Ao longo deste livro, além das folhas, usamos também os ramos mais macios de certas ervas aromáticas – tais como a salsa, o manjericão e a sálvia – porque, depois de picados e adicionados à preparação desde o início, eles amolecem e impregnam o alimento com seu aroma. A adição de algumas folhas antes de servir proporciona frescor ao prato.

3

Aumente o fogo para médio e adicione o tomate. Junte o açúcar e cozinhe, sempre em fogo médio, até que tenha encorpado ligeiramente.

Jantares Rápidos

4

Rale fino o parmesão. Reserve algumas folhas de manjericão e, com as mãos, rasgue as restantes e adicione ao molho. Pique grosso a azeitona e acrescente também ao molho. Junte metade do parmesão ralado e tempere com sal e pimenta.

DESCAROÇANDO AZEITONAS
Existem azeitonas pretas que soltam o caroço facilmente, outras não. Tente colocá-las sobre uma tábua e esmagar com a lâmina da faca de cozinha. Se o caroço não soltar desta forma, use um descaroçador.

5

Quando a massa estiver cozida, coloque no escorredor e reserve 1 xícara (chá) da água do cozimento.

6

Despeje sobre o molho a massa e 2 colheres (sopa) da água do cozimento reservada. Se achar necessário, acrescente mais um pouco do líquido.

7

Mexa bem e divida o macarrão entre pratos fundos. Espalhe por cima o restante do parmesão e as folhas de manjericão reservadas e sirva imediatamente.

VARIAÇÕES
Para quem gosta de molho apimentado, acrescente pimenta calabresa junto com o alho. Para um molho à putanesca, acrescente ao alho, no início da preparação, 2 filés de anchova picados e substitua o manjericão por salsa. Se preferir um molho cremoso, adicione umas colheradas de cream cheese ou creme de leite. Para preparar peixe ou frango, é só colocar os filés diretamente no molho, deixando o peixe cozinhar por 10 minutos e o frango por 15-20 minutos.

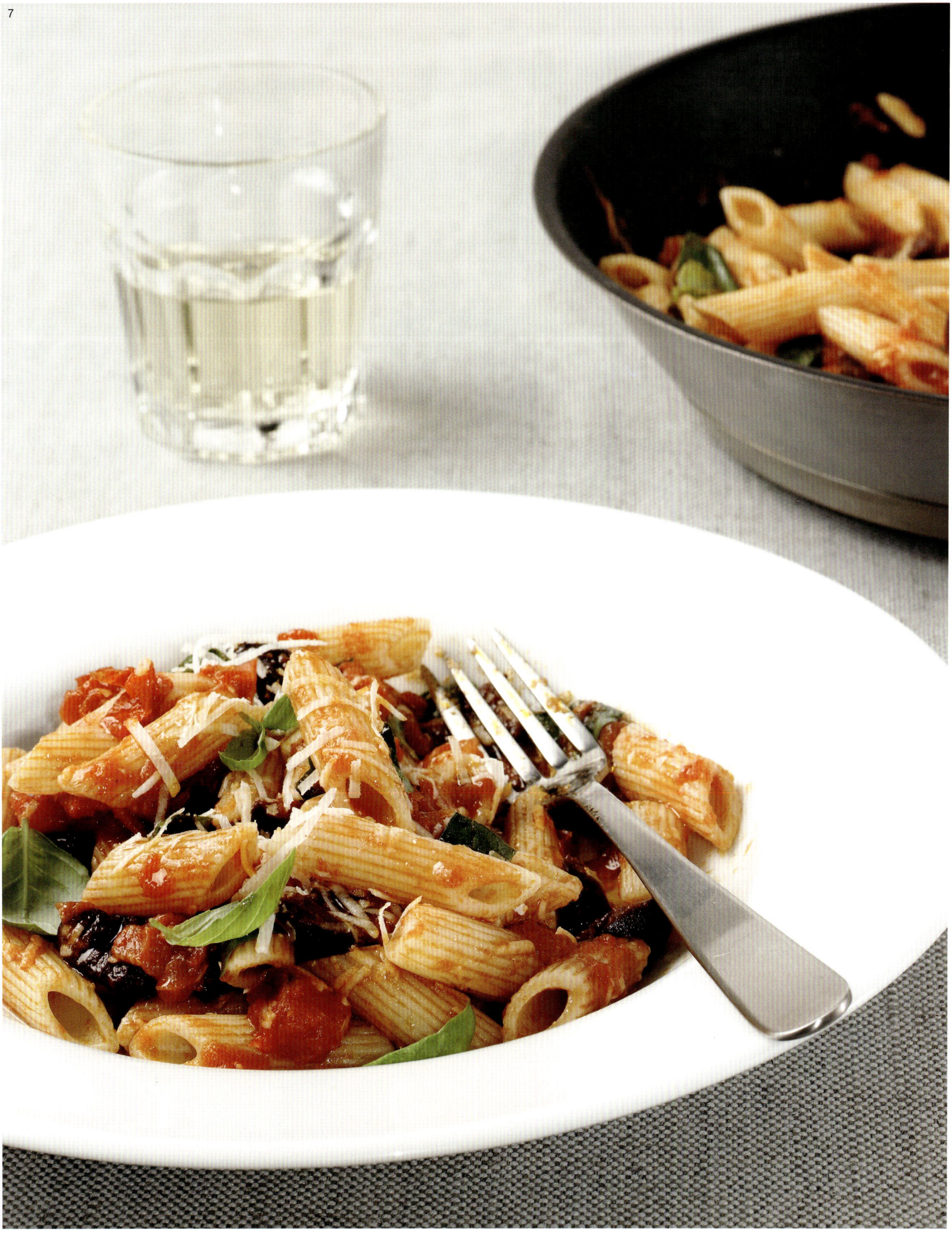

Salmão picante com verdura e arroz

Tempo de preparo: 15 minutos
Tempo de cozimento: 20 minutos
Serve 2

Eis um prato rápido que vai repor as energias de uma alma cansada. Se tiver uma panela própria para cozinhar no vapor, está na hora de usá-la. Se não tiver, improvise com uma frigideira grande, um prato e uma tampa.

¾ xícara (chá) de arroz basmati

1 pimenta vermelha grande

1 dente de alho grande

1 pedaço de 4 cm de gengibre

2 pés de repolho-chinês (bok choy)

2 filés de salmão, sem a pele

2 colheres (sopa) de molho de soja (shoyu) e, se quiser, mais para servir

1 colher (chá) de óleo de gergelim torrado

sal

1

Primeiro prepare o arroz. Coloque-o numa panela média e cubra com água fria. Mexa bem com a mão para que o arroz solte o amido grudado nos grãos e escorra a água com cuidado. Repita essa operação até a água ficar transparente. Se preferir, use o escorredor de arroz.

POR QUE LAVAR O ARROZ
Os grãos de arroz são, por sua própria natureza, recobertos por uma fina camada de amido. Ao serem cozidos, o amido faz com que os grãos grudem uns nos outros. Em certos pratos, como o risoto, é importante que essa característica seja mantida, mas, quando se quer um arroz soltinho, essa lavagem é fundamental.

2

Cubra o arroz com água que seja o dobro de seu volume, cerca de 1¼ xícara (chá) ou o suficiente para recobri-lo até 1-1,5 cm acima da superfície. Tempere com sal e leve ao fogo alto até levantar fervura. Diminua o fogo para o mínimo, mexa bem e tampe a panela. Deixe cozinhar por 10 minutos. Enquanto isso, prepare a verdura.

QUER AUMENTAR O ARROZ?
Se quiser aumentar a quantidade de arroz, é muito fácil. Basta calcular ⅓ xícara (chá) de arroz (cerca de 80 g) por pessoa e o dobro de água, ou seja, ⅓ xícara (chá) de arroz e ⅔ xícara (chá) de água. O tempo de cozimento permanece sempre o mesmo.

3

Corte a pimenta vermelha ao meio pelo comprimento, elimine as sementes e pique em tirinhas. Corte o alho em fatias finas e rale fino o gengibre. Separe a parte verde dos repolhos-chineses da parte branca. Corte a parte branca ao meio, pelo comprimento.

Jantares Rápidos 145

4
Se tiver uma panela para cozinhar no vapor, coloque um prato na parte superior. Encha a parte inferior com água pela metade e acomode por cima a parte superior (com o prato dentro). Leve ao fogo até levantar fervura. Arrume no prato o salmão e os talos do repolho-chinês e salpique com a pimenta vermelha, o alho e o gengibre. Regue tudo com o molho de soja. Tampe a panela e cozinhe por 5 minutos. Coloque por cima do peixe as folhas do repolho-chinês, tampe novamente e cozinhe por mais 5 minutos.

Caso não tenha uma panela para cozinhar no vapor, improvise uma colocando o prato dentro de uma frigideira grande e adicionando água, que deve ficar abaixo da borda do prato. Continue o preparo da receita conforme explicado acima.

5
Enquanto isso, verifique o arroz. Terminado o tempo de cozimento, retire a panela do fogo e, sem destampar, deixe descansar por 10 minutos (ou mais). O arroz ficará cozido e fofo.

6
Quando as folhas do repolho--chinês tiverem murchado, os talos estiverem tenros e o salmão partir facilmente no centro ao ser mexido com um garfo, o prato estará pronto. Regue com o óleo de gergelim.

7
Retire o salmão e a verdura da panela e divida entre dois pratos aquecidos. Regue com o molho que se formou durante o cozimento e acrescente mais um pouco de molho de soja, se quiser. Afofe o arroz com um garfo e divida-o entre os pratos.

146 Salmão picante com verdura e arroz

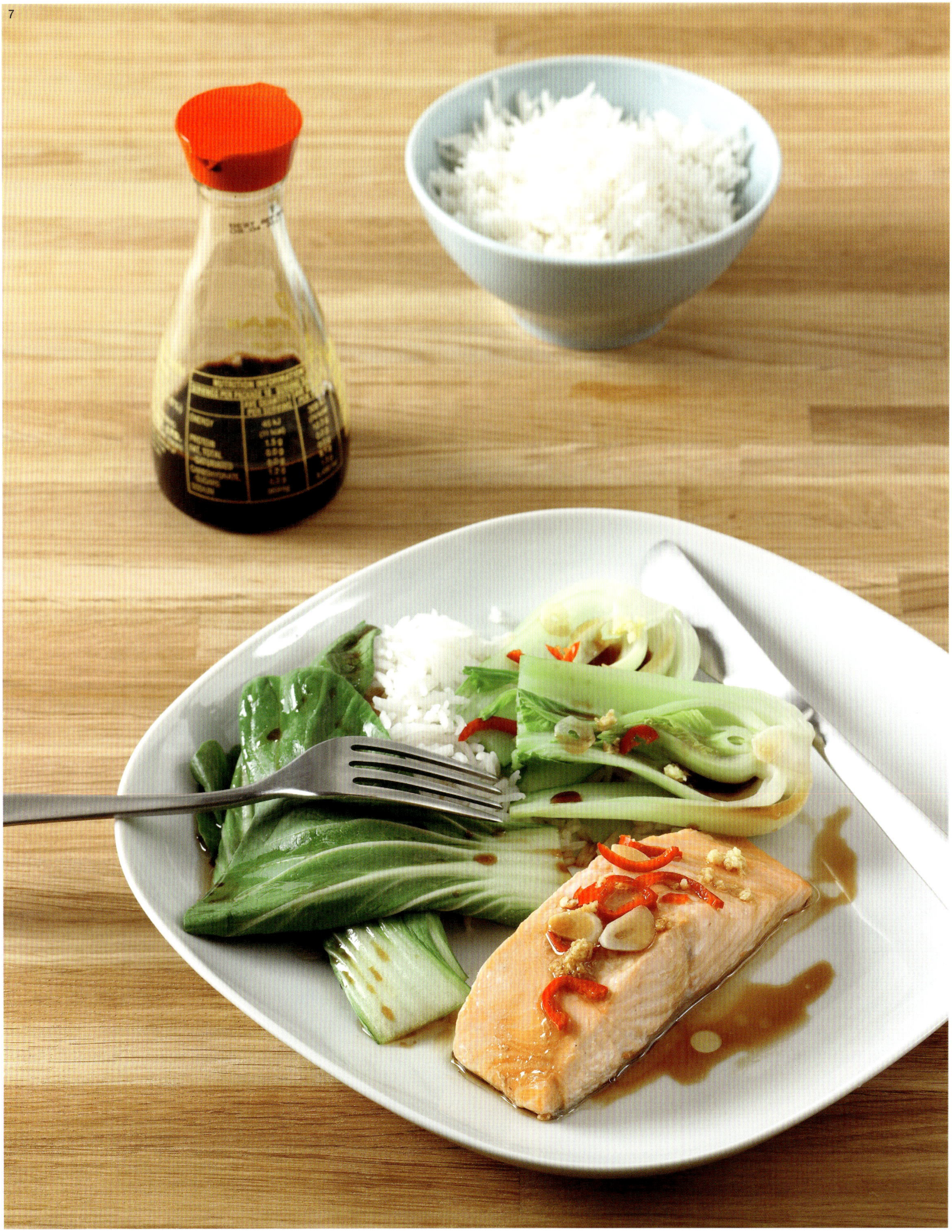

Espaguete ao pesto

Tempo de preparo: 10 minutos
Tempo de cozimento: 10 minutos
Serve 4

Com certeza não se pode comparar o aroma delicioso do pesto feito em casa com os industrializados. Apesar de ser melhor quando consumido fresco, o que sobrar pode ser guardado em um vidro, recoberto com azeite, por até uma semana.

½ colher (chá) de sal kosher

400 g de espaguete (ou qualquer outro tipo de macarrão)

¼ xícara (chá) de pinole

1 dente de alho

1 maço grande de manjericão

⅔ xícara (chá) de azeite de oliva extravirgem

50 g de queijo parmesão, mais um pouco para servir

sal e pimenta-do-reino

1
Coloque uma panela grande com bastante água no fogo alto e deixe levantar fervura. Acrescente o sal e o macarrão, mexa bem e espere levantar fervura novamente. Dê mais uma mexida, diminua o fogo e cozinhe por 10 minutos ou até o macarrão ficar macio (ver as instruções na embalagem). Veja na página 141 como saber se o macarrão está cozido. Enquanto isso, prepare o pesto. Aqueça uma frigideira em fogo médio, junte o pinole e doure-o por 3 minutos, mexendo sempre, até ficarem dourados e exalar um aroma de nozes. Coloque-os num prato e deixe amornar por alguns minutos.

2
Pique grosso o alho e as folhas, mais parte dos talos, do manjericão e coloque-os no processador ou no liquidificador. Adicione o pinole, o azeite, sal e pimenta.

3
Dê alguns pulsos até formar um molho grosso de cor verde brilhante. Rale o queijo e adicione-o ao molho, pulsando apenas duas vezes.

4
Reserve 1 xícara (chá) da água do cozimento do espaguete e escorra-o. Recoloque a massa na panela. Despeje por cima metade do molho e duas colheradas do líquido de cozimento. Misture bem, revolvendo o espaguete e, se parecer seco, acrescente mais um pouco da água reservada.

5
Sirva imediatamente, colocando por cima algumas lascas de parmesão, cortadas com o descascador de legumes.

Jantares Rápidos

Frango com molho de abacaxi

Tempo de preparo: 30 minutos, mais o tempo para marinar (opcional)
Tempo de cozimento: 12 minutos
Serve 4

Nada melhor para iluminar o seu jantar que essa preparação saudável, de cores vibrantes. A mistura aromática usada para temperar a carne tem origem cajun (típica da Luisiana, sul dos Estados Unidos). Não é picante, mas pode-se acrescentar uma pitada de pimenta-de-caiena, sendo ótima também em bistecas de porco, bifes ou até filés de peixe.

Para o frango

4 filés de frango, sem osso nem pele
2 dentes de alho
2 colheres (chá) de tomilho seco
2 colheres (chá) de páprica
1 colher (chá) de pimenta-do-reino moída
2 colheres (chá) de pimenta-da--jamaica
1 colher (sopa) de óleo vegetal
sal e pimenta-do-reino
arroz branco (ver página 145), para acompanhar (opcional)

Para o molho de abacaxi

1 abacaxi médio maduro
1 cebola roxa pequena
1 pimenta-verde
½ pimentão vermelho
1 maço de coentro fresco
1 limão, mais gomos para servir, se quiser

1
Primeiro prepare o frango. Preaqueça o grill. Com uma faca bem afiada, faça 3 cortes nos filés, alcançando cerca de ⅓ da espessura da carne.

2
Esprema o alho numa tigela pequena e adicione o tomilho, a páprica, a pimenta-do-reino, a pimenta-da-jamaica e o óleo. Tempere com sal a gosto e misture bem.

3
Passe essa mistura nos filés de frango, esfregando-os bem, inclusive dentro dos cortes. Se você desejar, o frango pode marinar, na geladeira, por até 24 horas. Na hora de cozinhar, arrume os filés em uma grade colocada sobre uma assadeira e leve-a debaixo do grill por 12 minutos, virando os filés uma ou duas vezes durante o cozimento.

4
Enquanto o frango cozinha, prepare o molho. Elimine as extremidades do abacaxi e corte-o em 4 gomos, no sentido do comprimento. Retire a parte central que é dura e fibrosa.

COMO ESCOLHER UM ABACAXI MADURO
O abacaxi, quando está maduro e suculento, tem um cheiro adocicado e bem aromático. Puxe uma das folhas centrais e, se esta se desprender com facilidade, o abacaxi estará no ponto certo de amadurecimento.

5
Com uma faca afiada, faça cortes cruzados em cada quarto de abacaxi, com uma largura de 1 cm, descendo até a casca. Em seguida, para soltar os cubinhos, separe a polpa da casca cortando a cerca de 1,5 cm de distância da casca. Coloque os cubinhos numa tigela.

6
Pique fino a cebola. Elimine as sementes da pimenta-verde e do pimentão e pique-os fino. Junte tudo ao abacaxi e mexa. Pique as folhas de coentro, esprema o limão e acrescente-os também à tigela. Tempere com sal e pimenta e misture tudo muito bem.

7
Após 12 minutos de cozimento, o frango deverá estar bem dourado – até chamuscado, em certos pontos – e cozido. Se você não tiver terminado de preparar o molho, não se preocupe: cubra o frango com papel-alumínio, sem apertar, para que mantenha o calor. Ele ficará ainda mais suculento, se descansar por alguns minutos.

O FRANGO ESTÁ COZIDO?
Os cortes feitos nos filés antes de cozinhá-los ajudam o calor a penetrar na carne. Enfie uma faca afiada na parte mais espessa do filé. Ao retirá-la, verifique se o líquido que sai é transparente ou se tem algo de rosado. Confira também se a ponta da faca está quente. Se o líquido for ligeiramente rosado e a ponta da faca morna, volte os filés para debaixo do grill por mais alguns minutos e, em seguida, repita o teste.

8
Sirva o frango com algumas colheradas do molho de abacaxi, um gomo de limão e arroz branco, se desejar.

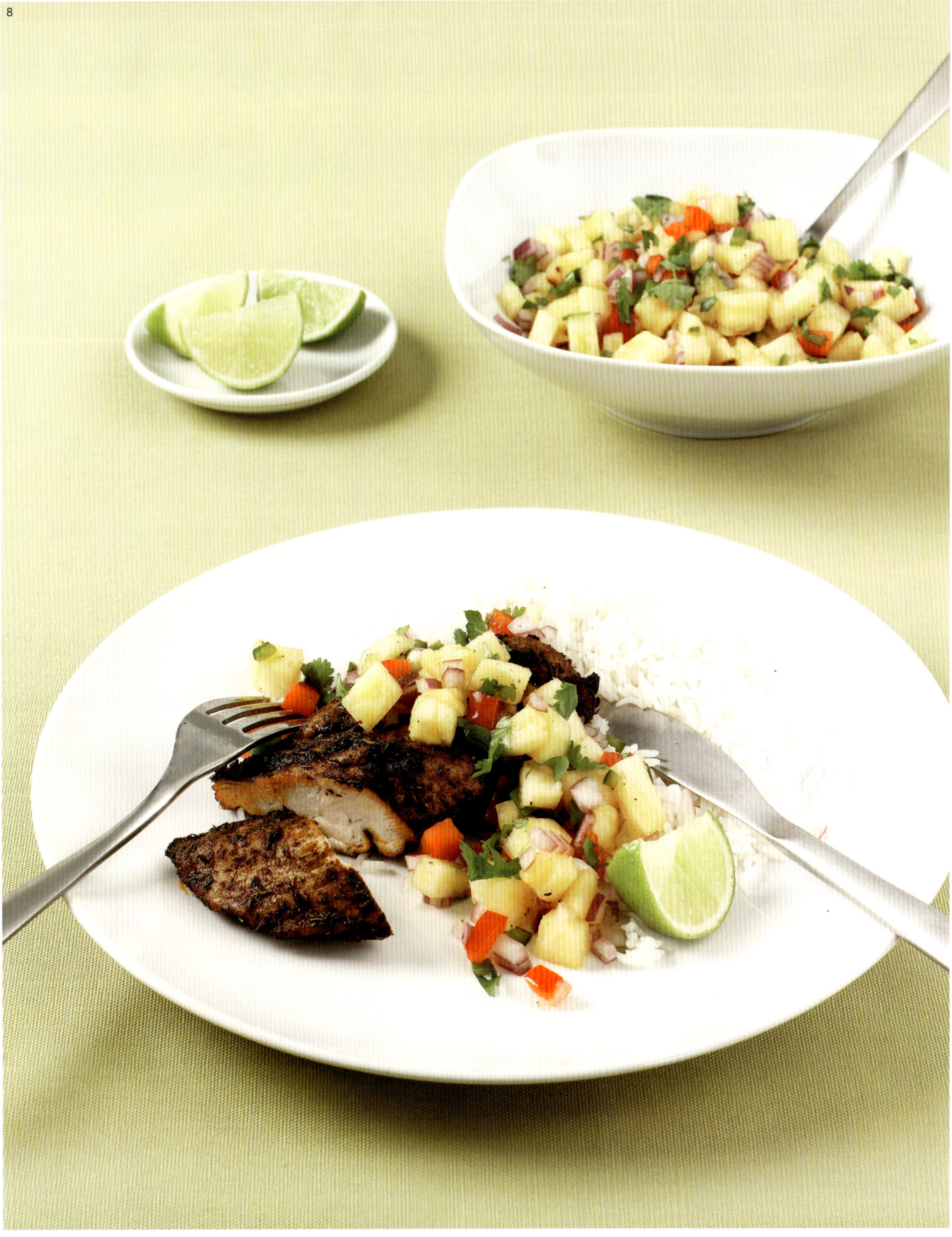

Peito de frango recheado com queijo

Tempo de preparo: 20 minutos
Tempo de cozimento: 25 minutos
Serve 4 (é fácil de dividir)

Leve essa refeição à mesa diretamente na caçarola onde foi preparada, não somente porque tem uma bela apresentação, mas também porque, após ter saboreado o frango, nela restará um molho delicioso, ótimo para ser degustado com pão fresco.

---

2 ramos de alecrim
4 filés de frango, sem osso nem pele
100 g de queijo de cabra fresco (ou outro queijo cremoso)
8 fatias finas de bacon
1 colher (sopa) de óleo vegetal
4 tomates grandes maduros
1 dente de alho
2 colheres (sopa) de azeite de oliva extravirgem
100 g de rúcula ou outras folhas para salada
½ limão
sal e pimenta-do-reino

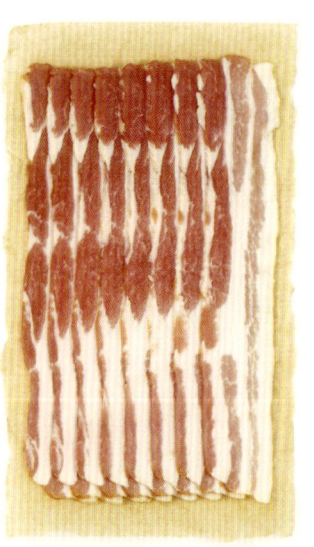

1
Preaqueça o forno a 200°C. Separe as folhas do alecrim e pique-as fino. Apoie cada filé de frango sobre uma tábua e, com uma faca bem afiada, faça um corte na parte mais espessa, formando um bolso. Com os dedos e a ajuda de uma colher, divida o queijo entre esses bolsos, fechando-os em seguida.

2
Polvilhe o frango com sal, pimenta e metade do alecrim picado. Enrole 2 fatias de bacon em cada filé, apertando bem e prendendo a parte final com um palito, de modo que não se soltem durante o cozimento.

3
Leve ao fogo forte uma caçarola rasa, que possa ir ao forno. Junte o óleo e, após 30 segundos, adicione o frango. Frite por 2 minutos de cada lado, no mínimo, até o bacon começar a dourar. Para virar os filés, o ideal é o uso de um pegador de cozinha.

4
Enquanto isso, corte os tomates em fatias grossas e o alho em fatias finas. Arrume as rodelas de tomate sobre o frango e espalhe por cima o alho e o restante do alecrim picado. Tempere com sal e pimenta e regue com ½ colher (sopa) do azeite extravirgem. Leve a caçarola ao forno e asse o frango por 25 minutos.

Retire a caçarola do forno e deixe o frango descansar por cerca de 2 minutos. Você vai ver que a carne e o tomate formaram um molho delicioso.

5
Coloque a rúcula numa tigela grande. Esprema o suco de limão sobre ela e regue-a com o azeite extravirgem restante. Tempere com sal e pimenta.

6
Sirva o frango com a salada, regando cada porção com um pouco do molho quente.

Peito de frango recheado com queijo

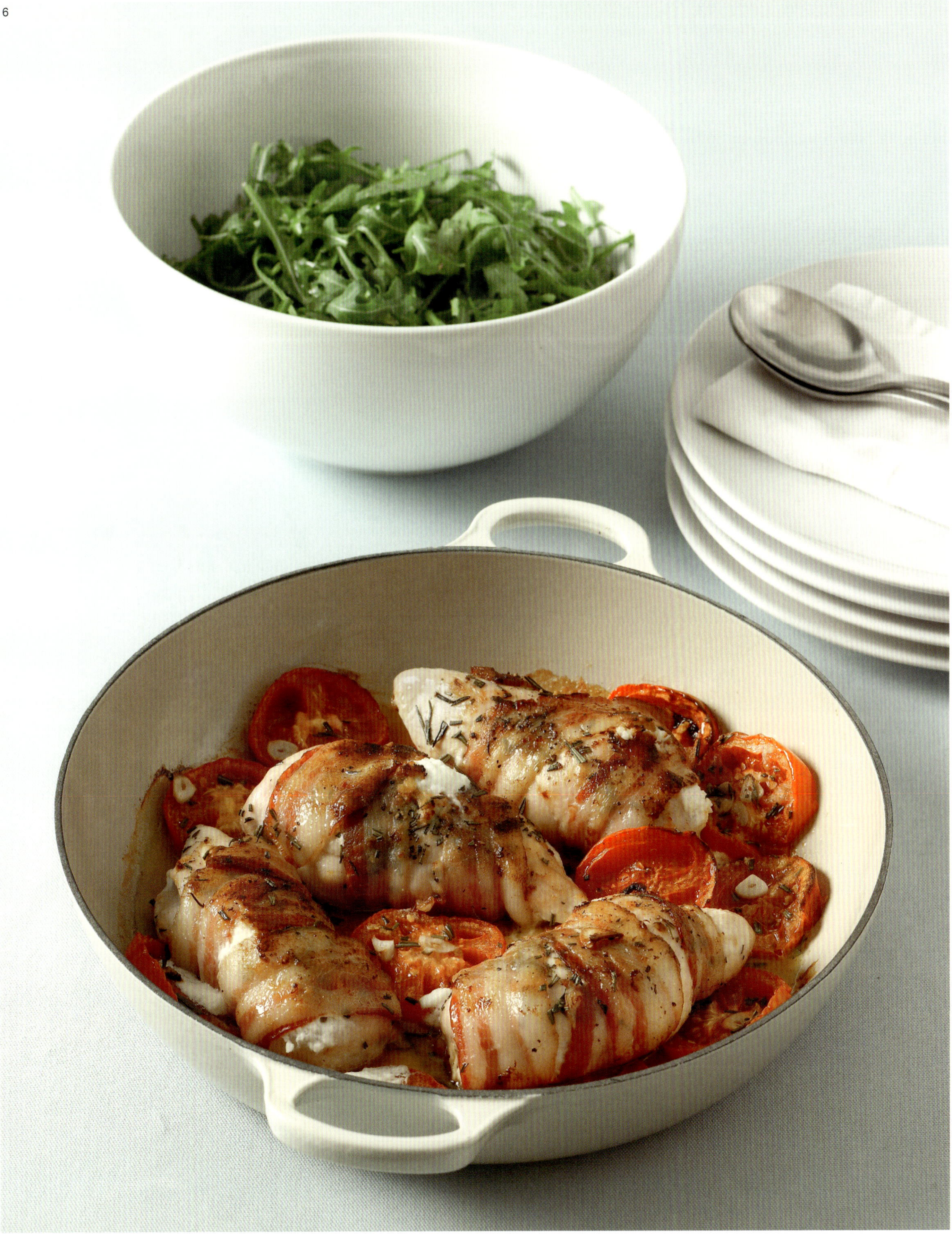

Contrafilé com manteiga de alho

Tempo de preparo: 15 minutos, mais 10 minutos de geladeira
Tempo de cozimento: 5-7 minutos
Serve 2

É superfácil preparar um saboroso contrafilé, basta seguir algumas regras básicas e o resultado será surpreendente. A receita de manteiga com alho dá uma porção generosa – o que sobrar pode ser guardado na geladeira por até uma semana ou no freezer por até um mês. Sirva com Gomos de batata ao forno (ver página 312).

---

1 dente de alho
1 punhado de salsa fresca
4 colheres (sopa) de manteiga sem sal amolecida
¼ colher (chá) de sal kosher
2 bifes de contrafilé com cerca de 2 cm de espessura, na temperatura ambiente
1 colher (chá) de óleo vegetal
sal e pimenta-do-reino

1
Prepare a manteiga de alho: amasse o alho, pique a salsa e coloque-os numa tigela pequena. Junte a manteiga e tempere com o sal e pimenta a gosto. Misture bem com um garfo.

2
Abra uma folha de plástico sobre uma superfície de trabalho e coloque a manteiga, formando um retângulo. Enrole-o com o plástico, dando o formato de uma linguiça, e retorça as extremidades como se estivesse fechando uma bala. Leve o pacote ao congelador por 10 minutos, até ficar firme.

3
Enquanto isso, elimine parte da gordura dos bifes (em excesso, só produz mais fumaça!), deixando somente uma borda de 0,5 cm. Para evitar que os bifes enrolem durante o cozimento, dê uns piques com uma tesoura ao longo dessa gordura.

4
Besunte os bifes com o óleo e, depois, tempere-os generosamente com sal e pimenta. Leve ao fogo médio uma chapa canelada ou uma frigideira até que esteja bem quente, mas não soltando fumaça. Apoie os bifes na chapa e deixe cozinhar por 2 minutos sem mexer. Quando a carne tocar a chapa, começará a fritar fazendo muito barulho: se isso não acontecer, significa que a chapa não estava quente o suficiente. Espere mais 1 minuto para aquecer bem e tente novamente. Para que fiquem bem dourados, aperte os bifes algumas vezes com uma espátula ou com a parte chata do pegador.

Jantares Rápidos

5
Vire os bifes e deixe fritar por 2 minutos do outro lado para que fiquem ao ponto – rosados por dentro. Pressione mais algumas vezes a superfície da carne. Após 4 minutos de cozimento, pressione a carne e, se oferecer resistência, é porque está no ponto. Se preferir carne menos rosada, frite-a por 3 minutos de cada lado. Para que a gordura também fique dourada, segure o bife com o pegador e apoie a gordura diretamente sobre a chapa por cerca de 30 segundos.

6
Coloque os bifes em um prato aquecido e tire a chapa do fogo. Cubra a carne com papel-alumínio, sem apertar, e deixe descansar por 2 minutos. Aqueça o grill.

7
Coloque os bifes de volta na chapa e regue com o suco que escorreu no prato. Desembrulhe a manteiga, corte 2 rodelas grossas e coloque-as sobre os bifes.

8
Coloque a carne debaixo do grill por 30 segundos ou até a manteiga começar a derreter.

9
Sirva a carne imediatamente com o delicioso molho que se formou.

REGRAS BÁSICAS
Retire a carne da geladeira 1 hora antes de preparar. A espessura é mais importante que o peso: um bife fino cozinhará mais rápido que um grosso. Esteja atento aos tempos de cozimento, pois você não pode voltar atrás se a carne passou do ponto, mas sempre poderá colocá-la debaixo do grill por mais alguns minutos, caso ainda não esteja cozida no ponto que você gosta.

160 Contrafilé com manteiga de alho

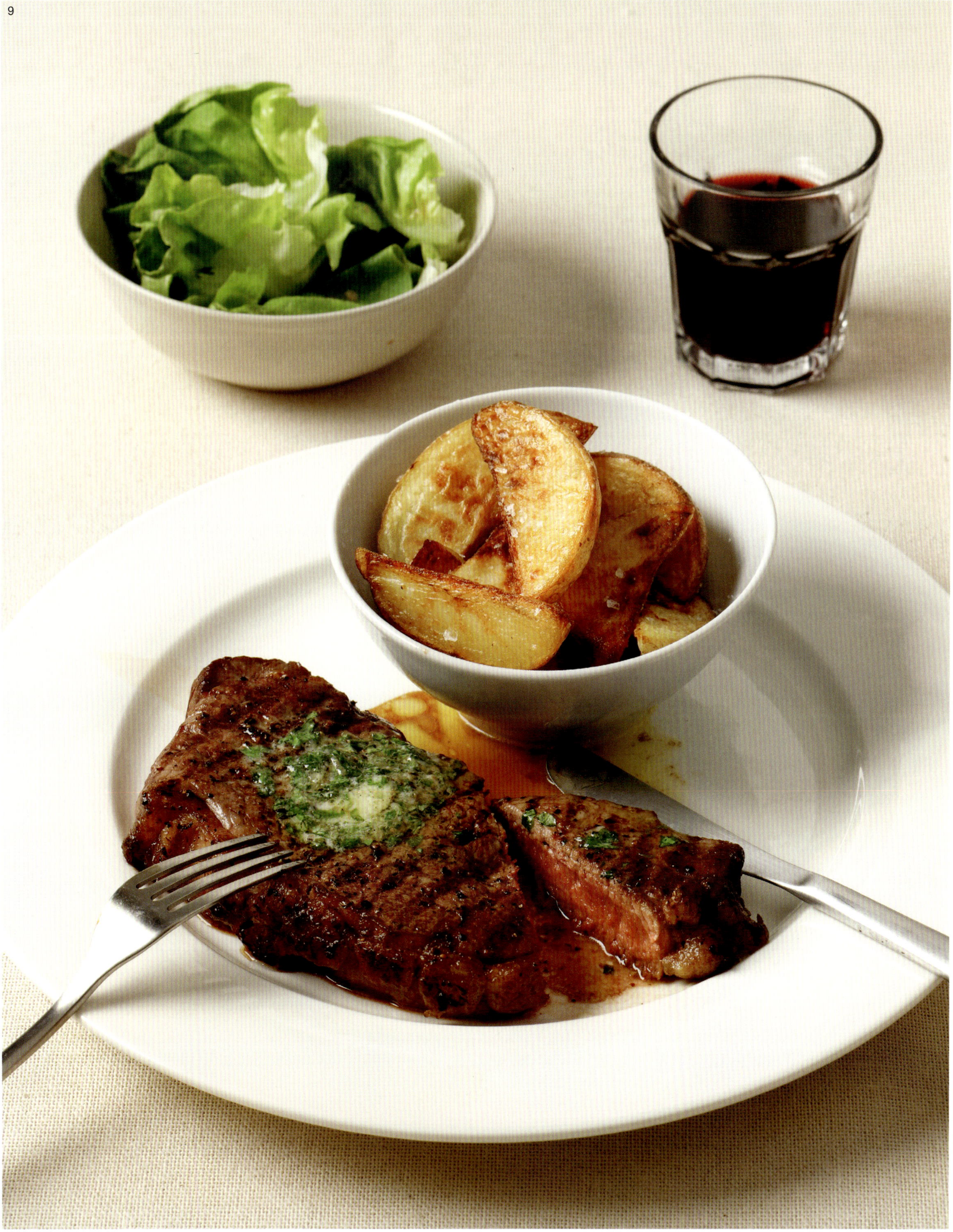

Espaguete à carbonara

Tempo de preparo: 10 minutos
Tempo de cozimento: 10-12 minutos
Serve 2 (é fácil de multiplicar)

Somente seis ingredientes são necessários para preparar esse prato rápido e delicioso. A receita original leva pancetta, barriga de porco curada no sal, não defumada, mas, se não encontrar, você pode substituí-la por bacon. Para dar um toque extra, acrescente duas colheradas de creme de leite à mistura de parmesão e ovos, antes de adicioná-la à massa.

---

1 colher (chá) de sal kosher

200 g de espaguete

1 dente de alho

100 g de pancetta ou 4 fatias de bacon

1 colher (sopa) de azeite de oliva suave

½ xícara (chá) de queijo parmesão ralado (50 g)

3 ovos grandes

sal e pimenta-do-reino

1
Leve ao fogo alto uma panela grande com bastante água. Quando levantar fervura, junte o sal e depois a massa. Espere ferver novamente, mexa, diminua o fogo e deixe cozinhar por 10 minutos ou até a massa ficar al dente (ver página 141).

2
Enquanto isso, prepare o molho. Amasse ligeiramente o alho, deixando a casca. Corte a pancetta em tirinhas. Aqueça uma frigideira grande em fogo médio. Junte o azeite e espere 30 segundos antes de adicionar a pancetta e o dente de alho. Deixe fritar por 8-10 minutos, até a pancetta ficar dourada e ter soltado a gordura. Elimine o alho e retire do fogo.

3
Enquanto a pancetta frita, rale o queijo e bata os ovos com um garfo dentro de um recipiente refratário. Junte metade do queijo ralado e tempere com sal e pimenta.

4
Quando o espaguete estiver cozido, reserve 1 xícara (chá) da água do cozimento e despeje no escorredor. Coloque a massa na frigideira com a pancetta e junte 2 colheres (sopa) da água reservada. Despeje por cima a mistura de ovo e mexa bem, usando dois garfos. O calor residual do espaguete e da frigideira será suficiente para cozinhar os ovos e formar um molho cremoso, o que levará cerca de 1 minuto.

5
Divida a massa entre duas tigelas aquecidas, polvilhe o parmesão restante e mais um pouco de pimenta e sirva imediatamente.

Jantares Rápidos

Talharim com camarão à tailandesa

Tempo de preparo: 15 minutos
Tempo de cozimento: 10 minutos
Serve 4

O tofu aparece aqui nesta receita tailandesa rápida. Você pode adicionar também sobras de frango assado frio.

---

400 g de talharim de arroz largo

350 g de tofu firme

3 dentes grandes de alho

1 maço de cebolinha

alguns ramos de coentro

1 colher (sopa) de óleo vegetal

3 colheres (sopa) de pasta de tamarindo (opcional)

3 colheres (sopa) de molho de pimenta-doce

3 colheres (sopa) de molho de peixe (nam pla)

1½ colher (sopa) de açúcar

1 punhado de amendoim torrado (opcional)

4 ovos grandes

200 g de camarão, descascado e limpo

½ colher (chá) de pimenta calabresa seca em flocos (ou mais, se gostar)

2 limões

100 g de broto de feijão (moyashi)

1
Coloque o talharim numa tigela grande e cubra-o com água fervente. Mexa e deixe descansar até o passo 8.

SE O TALHARIM GRUDAR
Às vezes, o talharim gruda durante a demolha. Neste caso, coloque-o no escorredor de macarrão e este sob água corrente fria. Separe os fios com os dedos.

2
Corte o tofu em cubos de 2 cm de lado. Amasse o alho e corte fino a cebolinha. Retire as folhas dos ramos de coentro.

3
Leve uma wok ou frigideira grande ao fogo médio-alto. Adicione o óleo e o tofu. Frite por 6 minutos, mexendo várias vezes, até o tofu ficar dourado por igual. Retire-o com uma escumadeira e coloque sobre papel absorvente.

4
Prepare o molho, misturando a pasta de tamarindo (se for usá-la), o molho de pimenta-doce, o molho de peixe e o açúcar. Reserve. Pique grosso o amendoim, se for usá-lo, e reserve. Quebre os ovos numa tigela e bata ligeiramente com um garfo. Reserve.

PASTA DE TAMARINDO
Essa pasta, feita a partir da vagem do tamarindo, tem consistência ligeiramente fluida e sabor doce-azedo. É muito usada em pratos asiáticos, mas se não conseguir encontrá-la em lojas especializadas em produtos orientais, aumente a quantidade de suco de limão.

5

Coloque novamente a wok em fogo alto: não há necessidade de pôr mais óleo. Adicione o camarão e frite-o por 2 minutos, até ficar rosado. Junte o alho, os flocos de pimenta e metade da cebolinha. Cozinhe por mais 1 minuto, mexendo, até o alho e a cebolinha soltarem o aroma.

6

Passe o camarão para um prato e despeje os ovos batidos na wok. Cozinhe por 30 segundos a 1 minuto, mexendo um pouco só no começo, até obter uma omelete.

7

Retire a wok do fogo e coloque a omelete sobre uma tábua. Enrole, corte em tiras e reserve.

8

Volte a wok ao fogo, escorra o talharim da água e coloque-o na panela. Acrescente o molho reservado, quase todo o coentro, as tiras de omelete, o tofu frito, o camarão, o restante da cebolinha e um pouco de suco de limão. Mexa tudo muito bem.

COMO MISTURAR MAIS FÁCIL
Para misturar com maior facilidade os vários ingredientes desse prato, use um pegador de cozinha. Se você não tiver, experimente utilizar duas colheres de pau, manuseando-as como se fossem talheres para salada.

9

Para dar mais autenticidade, sirva o amendoim e o broto de feijão no prato, ao lado do talharim com tofu, camarão e omelete. Espalhe por cima algumas folhas de coentro e coloque ao lado um gomo de limão.

166 Talharim com camarão à tailandesa

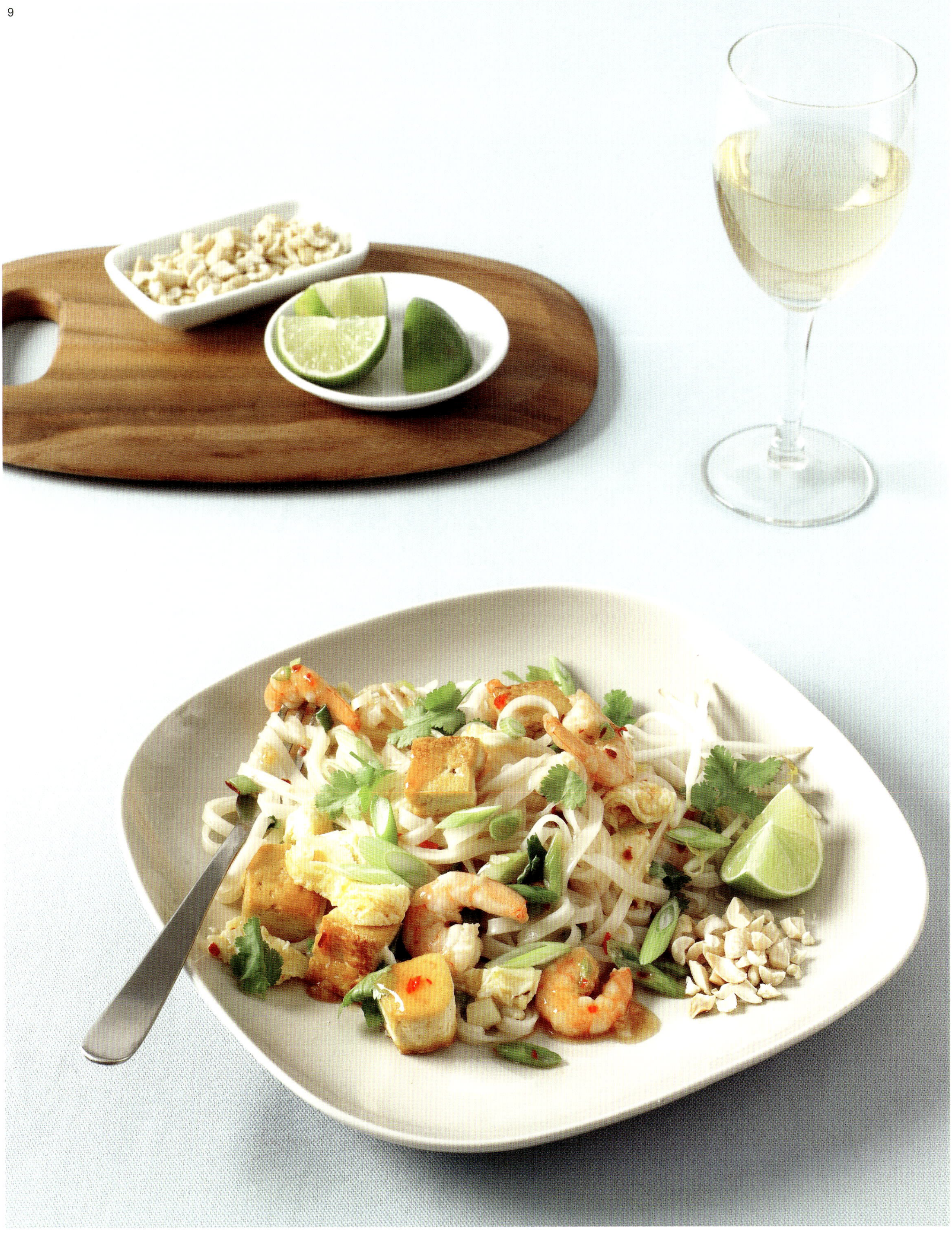

Curry de carne ao leite de coco

Tempo de preparo: 15 minutos
Tempo de cozimento: 16 minutos
Serve 2 (é fácil de multiplicar)

Aguce o seu paladar com essa iguaria tailandesa, tão fácil de ser preparada que nem vale a pena encomendá-la num restaurante. Se quiser substituir a carne por frango ou camarão, ver instruções na página 170. Para acompanhar esse prato com arroz basmati, ver página 145.

---

1 colher (chá) de lascas de gengibre seco
2 dentes grandes de alho
1 pedaço de 3 cm de gengibre fresco
300 g de contrafilé ou baby beef
1 xícara (chá) de vagem
5 berinjelas pequenas (ou 1 grande)
2 colheres (sopa) de óleo vegetal
1½ colher (sopa) de pasta de curry tailandesa
400 ml de leite de coco (se quiser, use o light)
4 folhas de limão kaffir secas (opcional)
1 pimenta vermelha grande
alguns ramos de coentro fresco
2 colheres (sopa) de molho de peixe (nam pla)
1 limão
arroz branco, para acompanhar (opcional)

1
Coloque as lascas de gengibre seco de molho em água. Amasse o alho e rale fino o gengibre fresco. Elimine a gordura da carne e corte em tirinhas. Para que a carne fique mais macia, corte as tiras no sentido contrário das fibras. Elimine as extremidades das vagens e corte-as ao meio. Corte as berinjelas em rodelas grossas.

2
Leve ao fogo alto uma frigideira grande e adicione o óleo. Após 30 segundos, acrescente o alho, o gengibre fresco ralado e as tiras de carne. Frite por 2 minutos, até a carne perder a cor vermelha. Transfira somente a carne para um prato, deixando o alho e o gengibre na frigideira.

3
Diminua o fogo e coloque a pasta de curry na frigideira. Mexa por 2 minutos, até que frite e exale seu aroma.

Jantares Rápidos

4
Adicione o leite de coco, cerca de ½ xícara (chá) de água, a vagem, a berinjela, as folhas de limão kaffir (se for usá-las) e as lascas de gengibre escorridas. Cozinhe por 10 minutos em fogo médio, até os legumes ficarem macios, mas ainda crocantes.

FOLHAS DE LIMÃO KAFFIR
A adição dessas folhas confere ao prato aroma e sabor intenso de limão. Se não conseguir encontrá-las, substitua por casca de limão ralada fino.

5
Enquanto isso, corte a pimenta vermelha em rodelas finas e retire as folhas de coentro dos talos. Quando os legumes estiverem cozidos, junte à frigideira o molho de peixe e o suco do limão. Mexa bem e prove o molho: o sabor deve estar perfeitamente balanceado entre o doce e o salgado, o picante e o azedo, sem que nenhum deles sobressaia. Coloque a carne de volta na frigideira e deixe aquecer por cerca de 1 minuto.

6
Espalhe na frigideira as rodelas de pimenta e as folhas de coentro.

7
Divida entre os pratos e sirva, acompanhado de arroz branco.

VARIAÇÕES
Se preferir usar frango, corte 2 filés de peito em tirinhas e frite-as como a carne, no passo 2. Recoloque o frango na frigideira na metade do passo 4. Se a sua opção for camarão, siga a receita até o final do passo 5. Adicione então 300 g de camarão limpo, sem casca, e cozinhe por alguns minutos, até que fique rosado e macio.

Curry de carne ao leite de coco

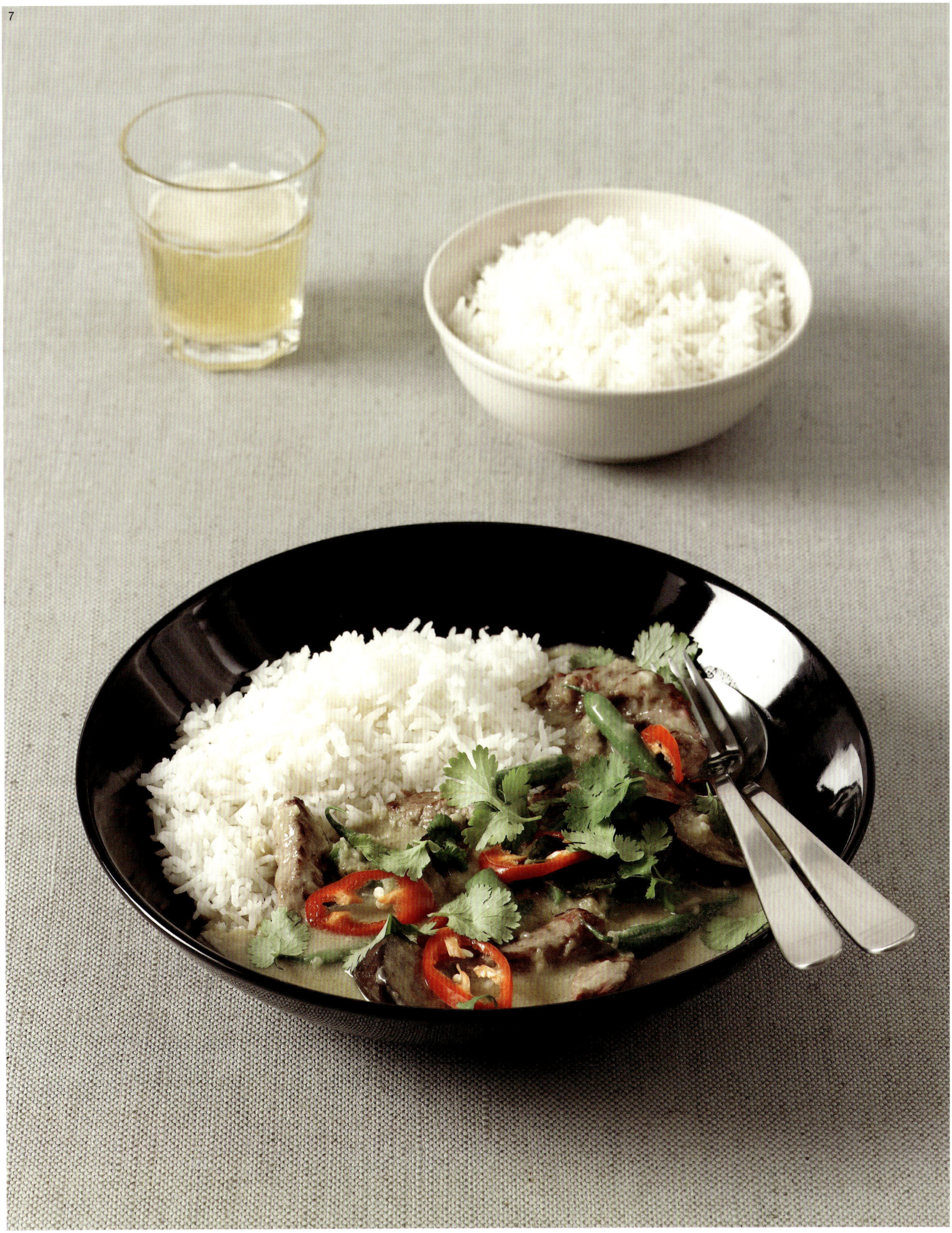

PARA COMER

JUNTOS

Costela de porco agridoce

Tempo de preparo: 10 minutos,
mais 1 hora para marinar
Tempo de cozimento: 2½ horas
Serve 6

Nada mais fácil do que preparar uma deliciosa marinada para essas costelinhas de porco. Depois, é só deixar que elas cozinhem devagar por umas horas dentro do forno e o resultado será surpreendente. Ao comprar as costelas, procure as que sejam bem carnudas.

---

1 dente de alho
3 colheres (sopa) de extrato de tomate
6 colheres (sopa) de molho de soja (shoyu)
3 colheres (sopa) de mel
2 colheres (sopa) de vinagre de vinho tinto
2 colheres (sopa) de açúcar mascavo
½ colher (chá) de sal kosher
½ colher (chá) de pimenta-do-reino
½ colher (chá) de páprica
½ colher (chá) de molho de pimenta
2 colheres (sopa) de molho inglês
18 costelas de porco carnudas (cerca de 2 kg)

1
Amasse bem o alho e coloque-o numa tigela grande. Adicione os ingredientes restantes, com exceção das costelas, e misture tudo muito bem. Acrescente as costelas e mexa até que fiquem completamente envolvidas pelo tempero. Deixe marinar por 1 hora em temperatura ambiente ou, dentro da geladeira, por até 24 horas.

2
Preaqueça o forno a 175°C. Coloque as costelas e toda a marinada em uma assadeira grande, espalhando-as bem. Sele a assadeira com papel-alumínio e asse por 1½ hora. Retire o papel e asse por mais 1 hora, virando as costelas a cada 20 minutos com o auxílio de uma pinça de cozinha.

3
Depois de assadas, as costelinhas deverão estar supermacias e recobertas por um molho escuro e pegajoso. Sirva-as assim, sem acompanhamentos, mas coloque muitos guardanapos e uma tigela com água para cada convidado lavar os dedos.

Asas com dip de gorgonzola

Tempo de preparo: 15 minutos
Tempo de cozimento: 40 minutos
Serve 6 (é fácil de multiplicar)

As asas de frango são muito saborosas e quase todo mundo gosta. Nessa receita, asas crocantes são misturadas com molho de pimenta e servidas com um delicioso dip de queijo gorgonzola e palitos crocantes de salsão que, por si sós, representam uma dupla imbatível.

---

1 kg de asas de frango
¼ colher (chá) de sal kosher
¼ colher (chá) de pimenta-do-reino
¼ colher (chá) de pimenta-de-caiena
80 g de queijo gorgonzola
5 colheres (sopa) de iogurte natural
¼ xícara (chá) de maionese de boa qualidade
1 pé de salsão
cerca de ½ xícara (chá) de molho de pimenta

1
Preaqueça o forno a 200°C. Se as asas ainda tiverem as pontas, elimine-as usando uma tesoura de cozinha. Em seguida, com o auxílio de uma faca bem afiada, divida cada asa em duas partes, pelas juntas.

2
Coloque as asas em uma assadeira grande, que possa contê-las sem sobrepor, e esfregue-as com sal, pimenta-do-reino e pimenta-de-caiena.

3
Leve as asas ao forno e asse por 40 minutos ou até que estejam douradas e crocantes, virando-as uma vez durante o cozimento. Enquanto isso, prepare o dip de gorgonzola. Coloque o queijo numa tigela e amasse-o com um garfo. Junte o iogurte e a maionese, tempere com sal e pimenta e misture muito bem. Conserve na geladeira até a hora de servir.

Para Comer Juntos

4
Elimine a base do salsão e separe os talos. Elimine todas as folhas e corte os talos em palitos de 10-12 cm de comprimento e um dedo de largura.

5
Quando as asas estiverem macias e douradas, despeje por cima o molho de pimenta e mexa para que fiquem bem envolvidas.

6
Sirva as asas com o dip de queijo e os palitos de salsão, além de muitos guardanapos para limpar os dedos.

Asas com dip de gongonzola

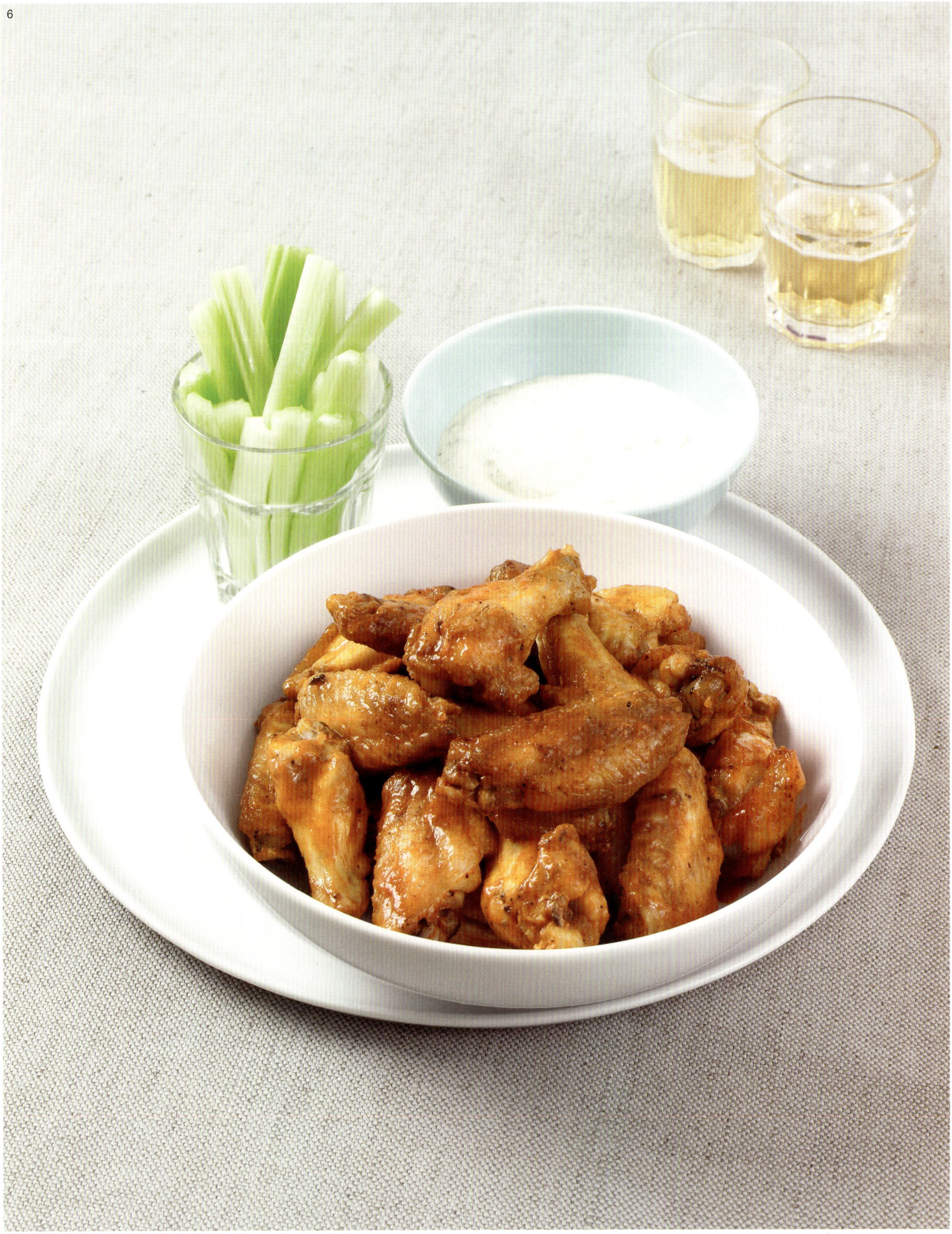

Antepastos com bruschetta e tapenade

Tempo de preparo: 35 minutos
Tempo de cozimento: 4 minutos
Serve 6

Servir como entrada frios e picles, assim como a bruschetta, torrada crocante coberta com tomate, é uma maneira bem italiana de começar uma refeição. A tapenade, porém, é uma pasta tipicamente francesa, mas combina maravilhosamente bem com os outros elementos. Compartilhá-los com os amigos vai ser muito prazeroso.

¾ xícara (chá) de azeitona preta de boa qualidade
2 colheres (sopa) de alcaparras na salmoura
2 filés de anchova em óleo, escorridos
3 ramos de tomilho fresco
2 colheres (sopa) de azeite de oliva extravirgem, mais um pouco para servir
½ limão
3 tomates maduros (250 g)
1 punhado de manjericão fresco
400 g de pão italiano cortado em fatias
1 dente de alho
sal e pimenta-do-reino
frios da sua preferência (presunto cru, salame etc.)
pepino, frutos da alcaparreira e corações de alcachofra em conserva, para servir

1
Para preparar a tapenade, coloque a azeitona, a alcaparra, a anchova, as folhas do tomilho e o azeite no processador de alimentos. Esprema o ½ limão e adicione o suco.

2
Pulse até obter uma pasta grossa, desligando o aparelho para limpar as paredes do recipiente várias vezes durante esse processo.

3
Para as bruschettas, pique grosso os tomates e o manjericão e coloque numa tigela. Tempere com sal, pimenta e um pouco do azeite, mexa bem e reserve.

APROVEITANDO AO MÁXIMO OS TOMATES
O tomate tem um sabor muito melhor se não estiver gelado, mas em temperatura ambiente. Quando não exposto diretamente ao sol ou em ambientes quentes, o tomate se conserva por vários dias e fica mais maduro e mais vermelho. Se a sua cozinha for muito quente, é melhor guardá-lo na geladeira, mas não se esqueça de retirá-lo algumas horas antes de servir, para que volte à temperatura ambiente.

4
Dependendo do tamanho, corte cada fatia de pão em 2 ou 3 pedaços. Preaqueça o grill. Arrume o pão numa assadeira grande e coloque-o debaixo do grill por 2 minutos de cada lado, até que esteja crocante e dourado.

5
Corte o dente de alho ao meio e esfregue o lado cortado sobre cada pedaço de pão, mas de um lado só. Respingue gotas de azeite sobre esse lado onde esfregou o alho.

6
Sirva o pão sobre uma tábua grande, junto com os frios escolhidos, os pepinos, os frutos da alcaparreira, os corações de alcachofra, o tomate picado e a tapenade, para que cada um possa se servir a seu gosto. Para preparar a bruschetta é só pôr um pouco do tomate sobre um pedaço de pão com alho ou, se preferir, espalhe um pouco de tapenade.

182 Antepastos com bruschetta e tapenade

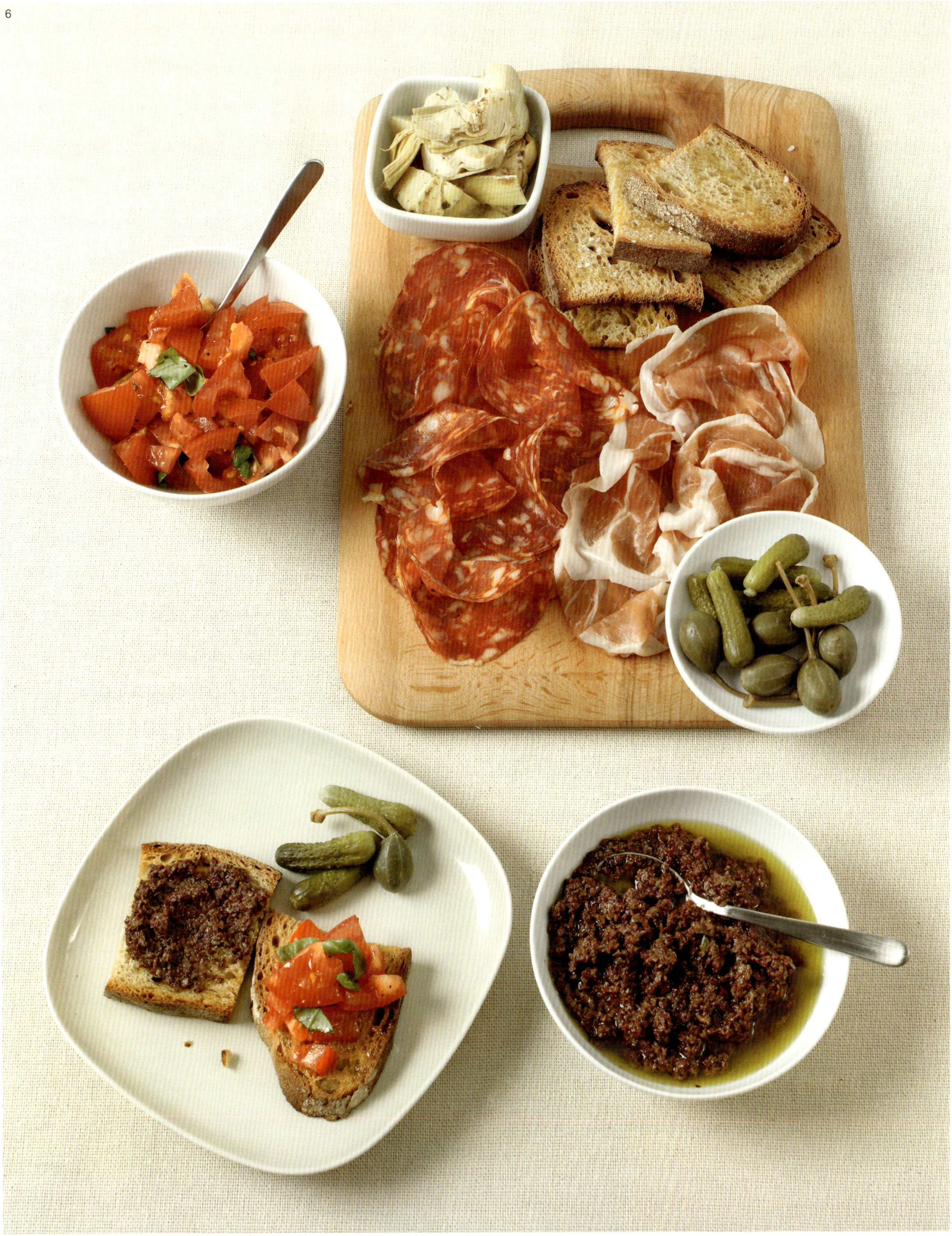

Triângulos de milho com guacamole

Tempo de preparo: 30 minutos
Tempo de cozimento: 7 minutos
Serve 6

Todo mundo adora esse prato, principalmente a garotada e os vegetarianos. Ao montar as camadas, coloque sobre todos os salgadinhos alguma coisa para ser saboreada. Se não encontrar creme de leite azedo, use a mesma medida de creme de leite fresco misturado com 1 colher (sopa) de suco de limão. Espere 10 minutos antes de utilizar.

---

1 dente de alho

3 colheres (sopa) de azeite de oliva

1 lata (400 g) de tomate pelado, picado

3 abacates pequenos

alguns ramos de coentro fresco

1 cebola roxa

1 tomate maduro

2 limões

230 g de queijo cheddar curado ralado grosso

400 g de triângulos crocantes de milho

1 lata (400 g) de feijão-preto escorrido ou 1¼ xícara (chá) de feijão-preto cozido e escorrido

1 punhado de fatias de pimenta jalapeña em conserva, escorridas

¾ xícara (chá) de creme de leite azedo

sal e pimenta-do-reino

1
Prepare o molho de tomate. Corte o alho em fatias finas. Leve uma panela ao fogo baixo com 2 colheres (sopa) de azeite. Após 30 segundos, junte o alho e deixe que frite bem devagar por 2 minutos; não deixe dourar.

2
Aumente o fogo e acrescente o tomate enlatado. Deixe cozinhar em fogo baixo por 15 minutos, até que o molho fique reduzido a um terço do volume original. Tempere com sal e pimenta e deixe esfriar. Esse molho pode ser preparado com bastante antecedência ou até congelado.

3
Para o guacamole, corte cada abacate ao meio. Com o auxílio de uma colher, elimine primeiro o caroço e, em seguida, retire toda a polpa, colocando-a em uma tigela.

ESCOLHENDO E CORTANDO O ABACATE
Para saber se o abacate está maduro, aperte-o delicadamente perto do cabo. Se ceder ligeiramente, estará no ponto. Se ceder muito, significa que está maduro demais.

Para abrir o abacate, faça um corte até alcançar o caroço. Sempre com a lâmina da faca encostada no caroço, dê a volta toda no abacate. Retire a faca e, torcendo as duas metades para lados opostos, separe-as.

4
Amasse o abacate com um garfo dentro da tigela. Pique fino a parte tenra dos talos do coentro e pique meio grosso quase todas as folhas (reserve algumas para decorar). Pique fino a cebola e pique o tomate fresco em cubinhos. Junte todos esses ingredientes ao abacate, acrescentando também o restante do azeite. Esprema os limões e junte o suco à mistura de abacate, mexendo tudo muito bem. Tempere com sal e pimenta. Você pode preparar o guacamole com até 24 horas de antecedência, conservando-o coberto na geladeira.

5
Preaqueça o forno a 200°C. Rale o queijo. Coloque metade dos salgadinhos de milho em 2 fôrmas refratárias grandes. Respingue parte do molho de tomate, espalhe um pouco do feijão, algumas fatias de pimenta jalapeña e um pouco do queijo ralado. Repita formando várias camadas e terminando com o queijo ralado.

6
Leve as fôrmas ao forno e asse por 7 minutos ou até o queijo derreter. Para servir, coloque por cima as últimas fatias de pimenta, um pouco de guacamole e de creme de leite azedo e as folhas de coentro reservadas. Sirva acompanhado pelo guacamole e o creme de leite azedo restantes.

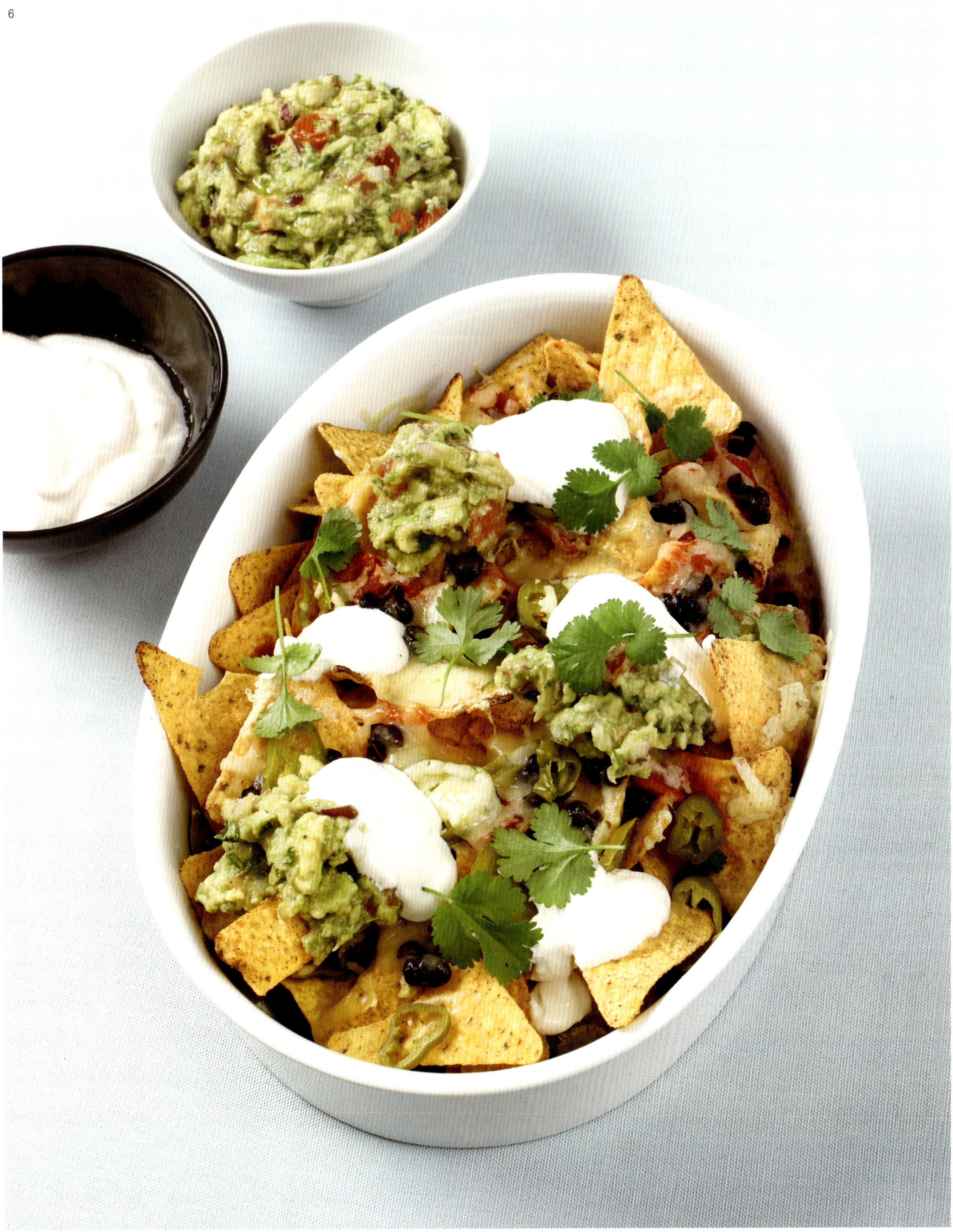

Pizza margherita

Tempo de preparo: 25 minutos, mais 1 hora de crescimento
Tempo de cozimento: 30 minutos
Serve 6 (rende 2 pizzas)

Usando purê de tomate pronto e quase não precisando trabalhar a massa, essa pizza fica pronta rapidinho. A criançada vai adorar ajudar no preparo e vai gostar ainda mais de comer essa delícia!

2½ xícaras (chá) de farinha de trigo, mais o necessário para trabalhar a massa
1 colher (chá) de sal kosher
1 colher (chá) de fermento biológico seco instantâneo
2 colheres (sopa) de azeite de oliva extravirgem, mais o necessário para untar e regar
1 dente de alho
1 punhado de manjericão fresco
½ xícara (chá) de purê de tomate
1 colher (chá) de orégano seco
sal e pimenta-do-reino
1 punhado de tomate-cereja
120 g de queijo muçarela fresco, bem escorrido
40 g de queijo parmesão (cerca de ½ xícara depois de ralado)

1

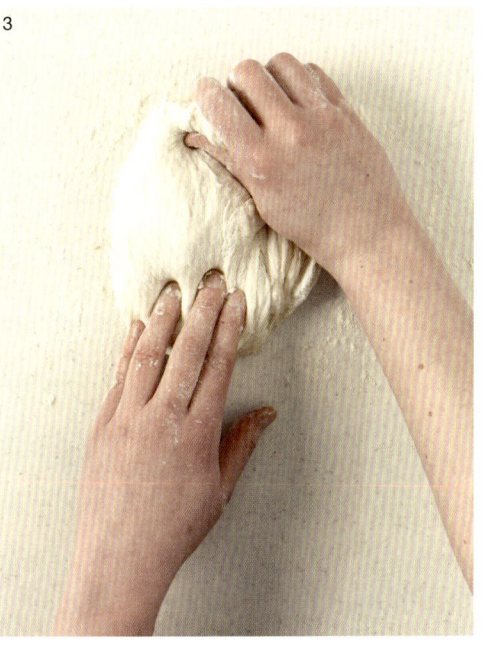

Primeiro prepare a massa. Numa tigela grande, coloque a farinha, o sal e o fermento e misture bem. Meça 1 xícara (chá) de água morna e retire 2 colheres (sopa). No lugar dela, adicione o azeite.

2

Despeje essa mistura de água e azeite na tigela com os ingredientes secos e mexa até obter uma massa pegajosa. Cubra e deixe descansar por 10 minutos.

3

Polvilhe farinha sobre a superfície de trabalho e passe um pouco de farinha também em suas mãos. Vire a massa sobre a superfície e trabalhe-a por cerca de 1 minuto, até que esteja lisa e elástica. Devido ao descanso, essa operação levará pouco mais de 30 segundos.

COMO AMASSAR
Segure a parte de baixo da massa com uma mão e, com a outra pegue a parte de cima, puxando-a para longe de você e, ao mesmo tempo, achatando-a com a palma da mão. Rebata essa parte esticada sobre si mesma, dê uma volta de 90 graus na massa e repita essa operação quantas vezes forem necessárias para a massa ficar lisa e elástica. Se a massa grudar, utilize mais um pouco de farinha.

4

Forme uma bola com a massa.

5

Unte levemente a tigela e coloque a massa. Unte também uma folha de plástico e apoie sobre a tigela, a parte untada para baixo. Deixe crescer em lugar abrigado e morno (não quente) por cerca de 1 hora ou até dobrar de volume.

Para Comer Juntos

6
Enquanto a massa cresce, prepare o molho. Amasse o alho e coloque numa tigela. Reserve as folhas menores do manjericão para decorar, pique grosso as restantes e coloque na tigela. Adicione o purê de tomate, o orégano e tempere com sal e pimenta. Misture bem.

7
Corte os tomates-cereja ao meio, a muçarela em fatias finas e rale o parmesão.

8
Quando a massa estiver crescida, preaqueça o forno a 250°C. Polvilhe farinha sobre a superfície de trabalho e despeje a massa: ela estará cheia de bolhas na parte de baixo. Corte-a ao meio.

9
Polvilhe farinha em 2 assadeiras grandes e coloque um pedaço de massa em uma delas. Com as mãos, abra um disco com 35 cm de diâmetro, pressionando e esticando a massa. Essa operação é um pouco demorada, pois a massa, por ser elástica, tende a voltar. Repita com a outra massa.

10
Divida o molho de tomate entre as 2 pizzas e espalhe-o, deixando uma borda livre em toda a volta. Arrume por cima a muçarela e o tomate-cereja, polvilhe o parmesão e regue com azeite. Tempere com sal e pimenta. Se desejar, prepare as pizzas até esse ponto com até 2 horas de antecedência e guarde-as na geladeira.

11
Asse uma pizza por vez por 12-15 minutos ou até a borda ficar dourada e crocante e o queijo borbulhante. Espalhe por cima as folhas de manjericão e sirva.

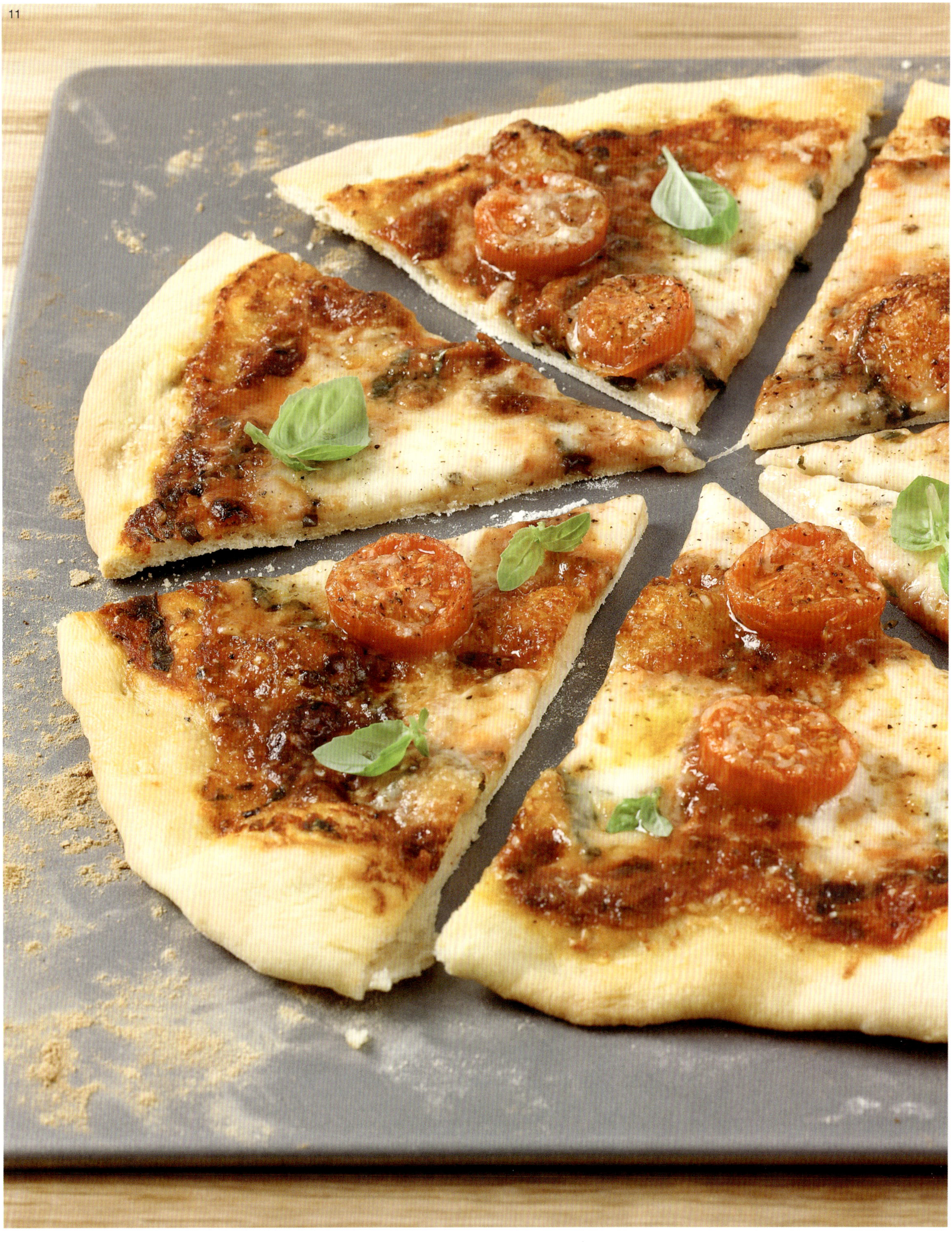

Homus & azeitona marinada

Tempo de preparo: 20 minutos
Tempo de cozimento: 2 minutos
Serve 6

Mezze é o nome dado aos petiscos que acompanham o aperitivo na Grécia e no Oriente Médio. Azeitonas preparadas no capricho e uma pasta de grão-de-bico bem temperada com tahine e azeite, servidas com pão sírio, são um bom começo para qualquer refeição.

---

2 xícaras (chá) de azeitonas mistas (sem caroço, se preferir)

1 pimenta vermelha grande

2 limões

230 g de queijo feta

1 colher (chá) de vinagre de vinho tinto ou branco

6 colheres (sopa) de azeite de oliva extravirgem

1 punhado de salsa fresca

3 dentes de alho

2 latas (400 g cada) de grão-de-bico escorrido

1 colher (chá) de sal kosher

3 colheres (sopa) de tahine (ver a nota da página ao lado)

6 pães sírios, para servir

1 pitada de pimenta-de-caiena ou de páprica picante, para polvilhar

1

Coloque a azeitona numa tigela. Elimine as sementes da pimenta vermelha e pique fino. Rale a casca de 1 limão. Corte o queijo feta em cubinhos e adicione-os à azeitona. Junte o vinagre, a pimenta picada, a casca de limão ralada e 2 colheres (sopa) do azeite e misture bem. Pique as folhas da salsa e acrescente à tigela, volte a mexer e deixe marinar para pegar gosto.

2

Para o homus, pique grosso o alho. Esprema o suco dos 2 limões: você deverá obter cerca de 6 colheres (sopa) de suco. Reserve 2 colheres (sopa) do grão-de-bico e coloque o restante no processador de alimentos. Adicione o alho, o suco de limão, 3 colheres (sopa) do azeite, o sal e o tahine.

O QUE É TAHINE?

Tahine é uma pasta feita de sementes de gergelim, muito usada na culinária dos países do Oriente Médio. Com a adição do tahine, o homus ganha textura sedosa e um acentuado sabor de nozes torradas.

3
Pulse o processador até obter um homus liso. Durante essa operação você vai ter de desligar várias vezes o aparelho para limpar as paredes do copo. Se a pasta ficar muito grossa, adicione um pouco de água, começando com 2 colheres (sopa). Prove o sabor e, se achar necessário, tempere com mais sal e pimenta.

4
Quando a azeitona e o homus estiverem prontos, aqueça o pão sírio. Preaqueça o grill. Arrume os pães em uma assadeira e coloque debaixo do grill por 1 minuto de cada lado. Corte-os em tiras largas.

5
Para servir, coloque o homus numa tigela, espalhe por cima o grão-de-bico reservado e 1 colher (sopa) do azeite e polvilhe uma pitada de pimenta-de-caiena ou de páprica. Sirva ao lado a azeitona marinada e as tiras de pão.

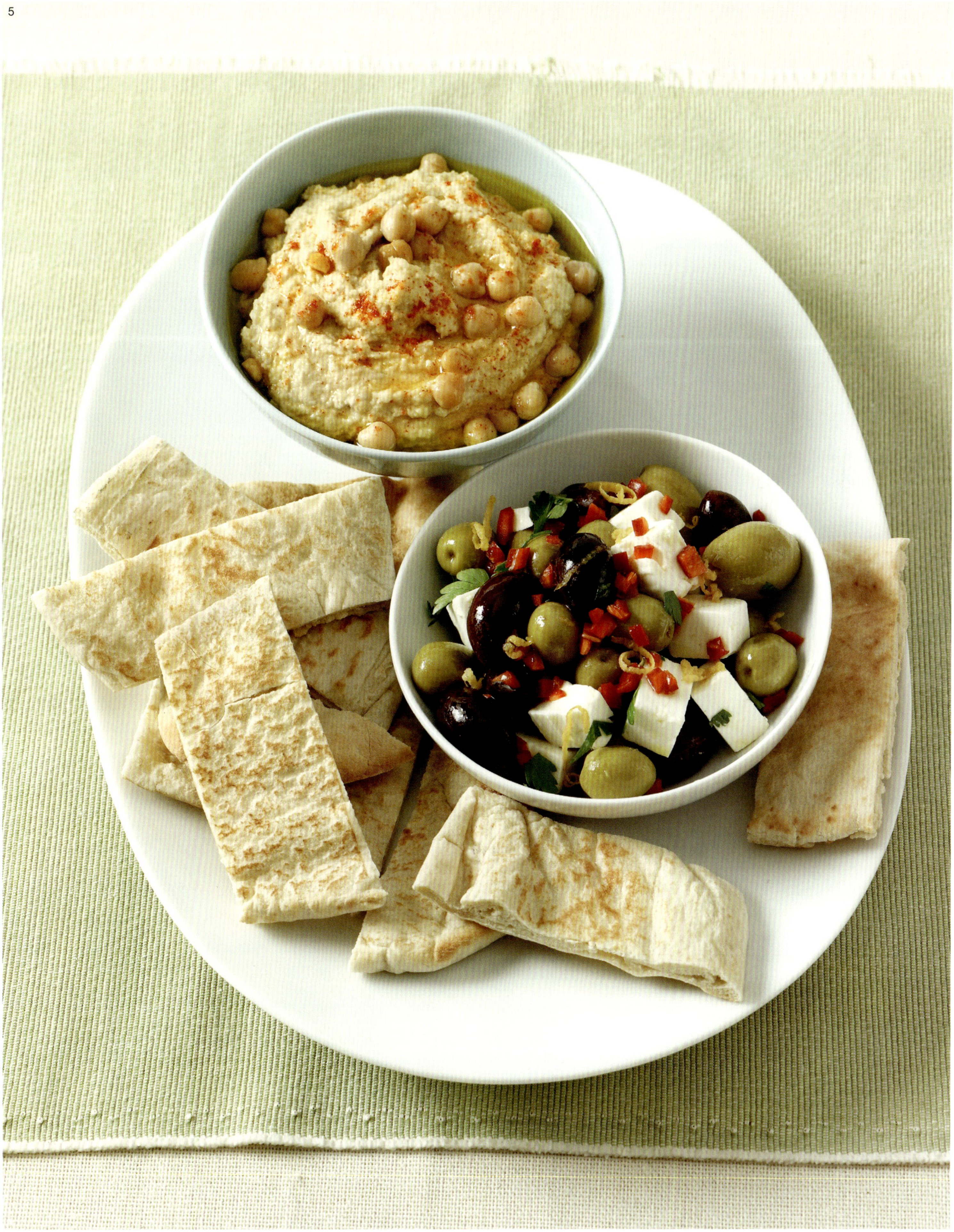

Panquecas de pato à chinesa

Tempo de preparo: 20 minutos
Tempo de cozimento: 1½ hora
Serve 6 (é fácil de multiplicar)

O preparo desse prato clássico da cozinha chinesa não tem segredos – tudo o que você precisa é ter paciência de esperar que o pato cozinhe lentamente até ficar com a carne bem macia e a pele crocante. O tempero chinês chamado de "cinco especiarias" é composto por anis-estrelado, erva-doce, cravo-da-índia, canela e pimenta szechuan. O hoisin é um molho escuro, denso, ligeiramente adocicado, mas com um toque de acidez, usado tanto para cozinhar quanto para mergulhar nele certos alimentos. Ambos podem ser encontrados em casas de produtos orientais.

---

2 colheres (chá) do tempero cinco especiarias

2 colheres (chá) de sal kosher

½ colher (chá) de pimenta-do-reino

4 coxas e sobrecoxas de pato

1 pepino grande

2 maços de cebolinha

24 panquecas chinesas (ver nota na página 198)

½ xícara (chá) de molho hoisin

1
Preaqueça o forno a 170°C. Misture o tempero "cinco especiarias" com o sal e a pimenta. Coloque as coxas e sobrecoxas de pato numa assadeira e espalhe por cima a mistura de temperos, esfregando bem.

2
Asse por 1½ hora até a pele ficar crocante e bem dourada e a carne, extremamente macia. Durante o cozimento, a gordura da pele terá derretido e escorrido.

3
Enquanto o pato assa, corte o pepino em palitos, dispensando o miolo com as sementes. Elimine a parte verde da cebolinha (reserve-a para outro uso). Corte a parte branca em tiras finas, usando a ponta de uma faca bem afiada.

4
Cubra as panquecas com papel-alumínio e leve ao forno por 10 minutos para que fiquem mornas. Quando o pato estiver cozido, use 2 garfos para retirar a pele e separar a carne dos ossos, o que deve ser fácil devido à maciez da carne. Desfie a pele e a carne com os garfos. Coloque num prato e deixe no forno para conservar quente, porém sem cobrir com papel-alumínio, para a pele não amolecer.

5
Coloque o molho hoisin numa tigelinha rasa. Sirva separadamente o molho, o pato desfiado, os palitos de pepino, a cebolinha e as panquecas para que cada convidado monte o seu próprio prato. Para isso, ele vai espalhar cerca de 1 colher (chá) de molho hoisin sobre uma panqueca. Na parte central, sobre o molho, colocará um pouco da carne, uns dois palitos de pepino e umas tiras de cebolinha. Em seguida, deverá dobrar a panqueca sobre o recheio e enrolar, deixando a parte superior aberta.

PANQUECAS CHINESAS
Se você não encontrar as panquecas chinesas à venda nas lojas especializadas em produtos orientais, substitua por tortilhas compradas prontas ou faça em casa as Tortilhas de farinha de trigo (ver receita na página 46), reduzindo o diâmetro para 12 cm.

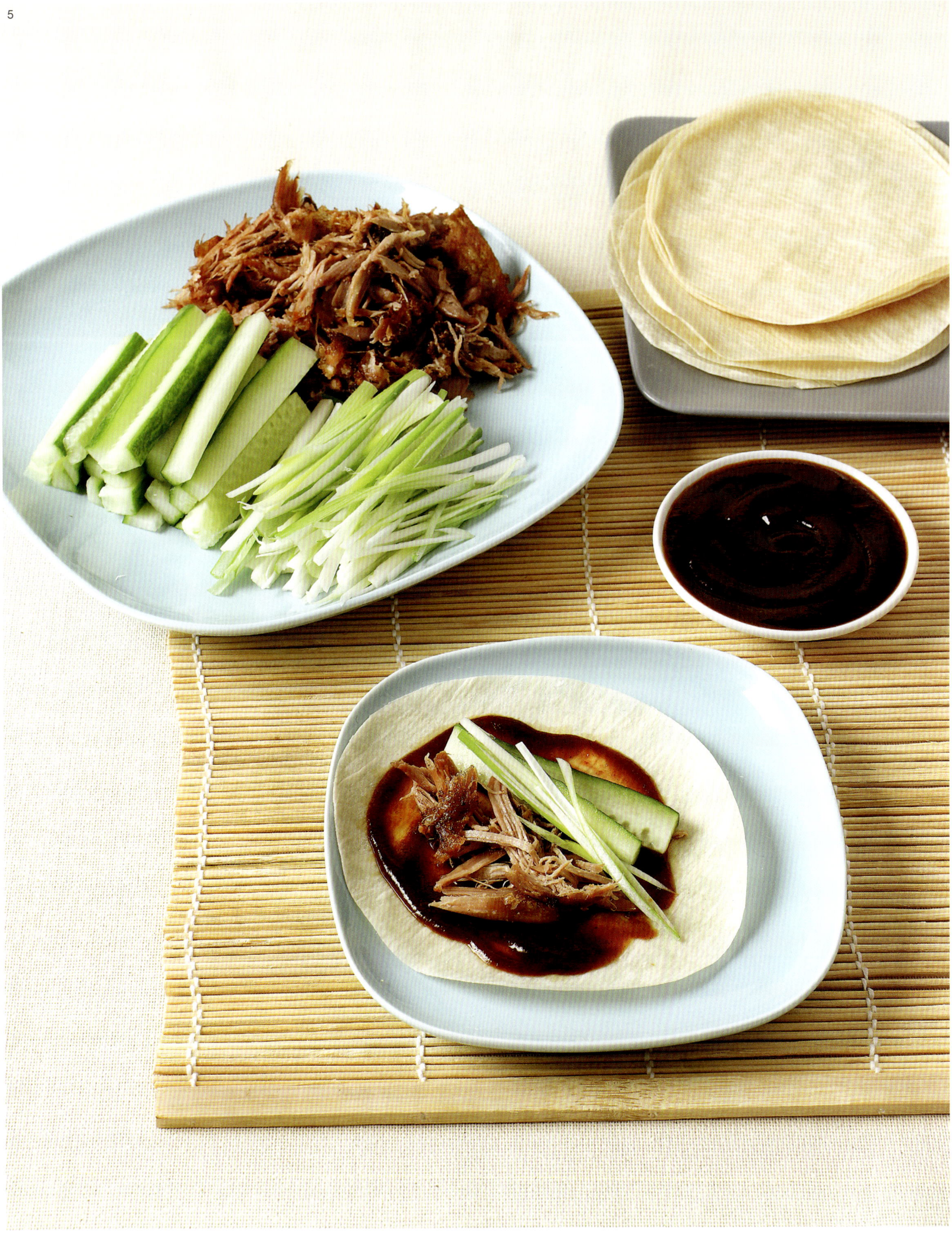

Frango com molho de amendoim

Tempo de preparo: 20 minutos, mais 30 minutos, no mínimo, para marinar
Tempo de cozimento: 7 minutos
Serve 6

Provavelmente nem todo vendedor de comida de rua, na Tailândia, usa manteiga de amendoim, mas para nós é uma maneira de conferir aquele toque de "autenticidade" aos nossos pratos tailandeses! Se você não encontrar, faça em casa: nada mais fácil (ver página ao lado). Para que o seu frango fique realmente suculento e com sabor de amendoim, deixe-o marinar por várias horas.

---

4 filés de frango, sem osso nem pele
1 pedaço de 3 cm de gengibre fresco
1 colher (chá) de cúrcuma em pó
1 colher (chá) de coentro em pó
2 colheres (sopa) de molho de peixe (nam pla)
2 colheres (sopa) de açúcar
1½ colher (chá) de cominho em pó
¼ xícara (chá) de leite de coco
1 pimenta-verde grande
1 cebola
2 dentes de alho
1 talo de erva-cidreira (capim-santo)
2 colheres (sopa) de óleo vegetal
4 colheres (sopa) cheias de manteiga de amendoim
1 punhado de coentro fresco, para servir
20 espetinhos de madeira ou de metal

1

Corte cada filé de frango em 5 longas tiras, pelo comprimento.

2

Rale fino o gengibre e coloque-o numa tigela grande. Junte a cúrcuma, o coentro em pó, 1 colher (sopa) do molho de peixe, 1 colher (sopa) do açúcar, 1 colher (chá) do cominho em pó e 1 colher (sopa) do leite de coco. Misture bem e adicione as tiras de frango. Mexa novamente, cubra e deixe marinar em temperatura ambiente por 30 minutos, no mínimo, ou até 24 horas, na geladeira.

3

Se pretende utilizar espetinhos de madeira, deixe-os de molho por 30 minutos, antes de usá-los. Isso evitará que queimem quando colocados debaixo do grill. Prepare o molho de amendoim. Elimine as sementes da pimenta-verde e pique grosso. Pique grosso também a cebola, o alho e o talo de erva-cidreira. Coloque tudo no processador de alimentos e junte o restante do cominho, do açúcar, 1 colher (sopa) do óleo e 2 colheres (sopa) de água.

MANTEIGA DE AMENDOIM
Torre no forno 1 xícara (chá) de amendoim sem pele, mexendo de vez em quando, até que comece a dourar. Espere esfriar, coloque no liquidificador e adicione 1 colher (sopa) de açúcar, 1 pitada de sal e 3 colheres (sopa) de óleo de amendoim ou de girassol. Vá batendo até obter uma pasta, desligando o aparelho de vez em quando para raspar os lados do copo com uma espátula de borracha. Se for necessário para obter a consistência ideal, acrescente mais um pouquinho de óleo, no máximo mais 1 colher. Conserve num recipiente com tampa, na geladeira, por até 3 semanas. Mexa bem antes de usar.

Para Comer Juntos

4
Processe esses ingredientes até obter uma pasta lisa. Aqueça o óleo restante numa panela, acrescente a pasta e frite-a em fogo alto por 4 minutos, mexendo sempre, até que exale seu aroma.

5
Adicione à panela a manteiga de amendoim e cerca de ½ xícara (chá) de água. O molho começará a ferver e engrossar rapidamente. Tempere-o com o restante do molho de peixe. Retire do fogo e reserve enquanto assa o frango (se começar a ficar grosso demais, adicione um pouco de água quente).

FAÇA ANTES
O molho de amendoim pode ser preparado com antecedência e conservado, em recipiente fechado, na geladeira. Uma vez que ele engrossa à medida que esfria, ao aquecê-lo para servir junte um pouco de água para que volte à consistência ideal.

6
Espete cada tira de frango em um espetinho e arrume-os em uma assadeira grande, deixando espaço entre um e outro. Preaqueça o grill.

7
Asse os espetinhos por 7 minutos, virando-os uma vez na metade do cozimento, até que a carne esteja macia e comece a dourar. Durante o cozimento, pincele-os com o leite de coco que restou. Divida-os em pratos e espalhe por cima mais leite de coco e as folhas do coentro. Sirva com o molho de amendoim ao lado para que cada convidado possa mergulhar nele o seu espetinho.

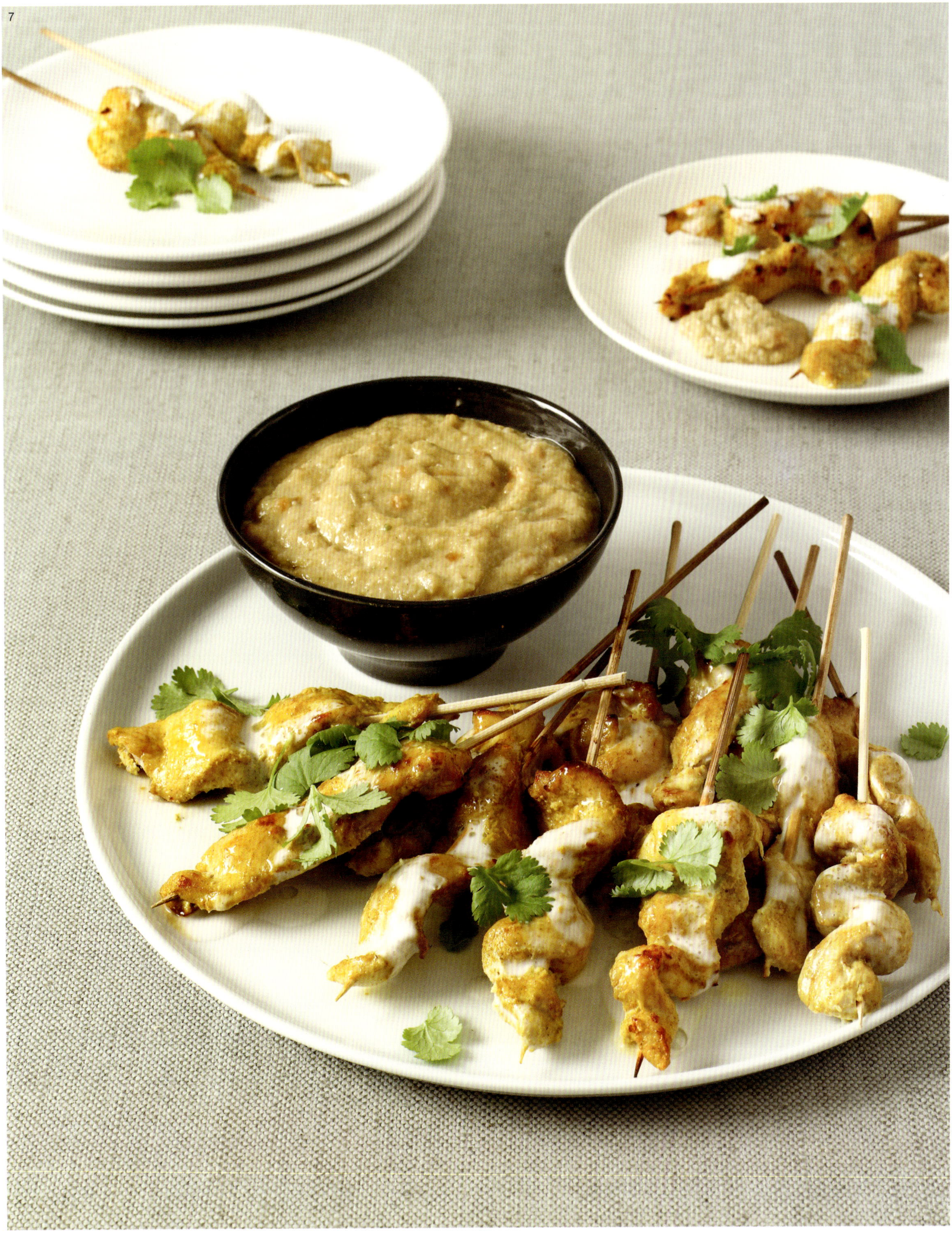

Frango à indiana com raita

Tempo de preparo: 20 minutos, mais 30 minutos de marinada
Tempo de cozimento: 15 minutos
Serve 6

Esses aromáticos bocadinhos de frango podem ser servidos como entrada em uma refeição temática indiana. O garam masala usado na marinada é uma mistura de especiarias, geralmente pimenta-do-reino, coentro, cravo-da-índia, cominho, cardamomo, louro e canela. Você pode usar essa marinada também para temperar pedaços maiores de frango ou de cabrito; coloque-os em espetos e asse na churrasqueira. O molho indiano de iogurte e pepino, conhecido como raita, é um ótimo e refrescante acompanhamento.

2½ xícaras (chá) de coalhada fresca (ou iogurte natural)
3 dentes de alho
1 pedaço de 3 cm de gengibre fresco
1 limão
½ colher (chá) de garam masala
¼-½ colher (chá) de pimenta chili em pó (a gosto)
½ colher (chá) de cúrcuma em pó
1 colher (chá) de sal kosher
1 colher (sopa) de extrato de tomate
6 sobrecoxas de frango, sem pele
1 cebola roxa
½ pepino
alguns ramos de hortelã fresca
2 corações de alface lisa
sal e pimenta-do-reino

1

Coloque ¾ xícara (chá) da coalhada em uma tigela grande. Amasse o alho, pique fino o gengibre e esprema o suco de limão. Acrescente à tigela esses ingredientes, as especiarias, o sal e o extrato de tomate.

2

Misture bem essa marinada. Corte o frango em bocados, coloque-os na marinada e mexa bem. Deixe descansar por 30 minutos, no mínimo, em temperatura ambiente ou por até 4 horas, na geladeira.

3

Enquanto isso, prepare o raita. Pique fino a cebola. Descasque e elimine as sementes do pepino (ver página 79) e, em seguida, rale-o grosso. Pique as folhas de hortelã. Misture numa tigela a cebola, o pepino ralado e a hortelã picada. Acrescente 1¾ xícara (chá) de coalhada restante e tempere com sal e pimenta. Esse molho pode ser preparado com algumas horas de antecedência e mantido na geladeira até a hora de servir.

4

Decorrido o tempo de marinada do frango, preaqueça o grill. Forre uma assadeira com papel-alumínio ou use uma grade apoiada sobre a assadeira. Escorra os pedaços de frango da marinada e arrume-os bem espaçados na assadeira ou na grade.

5

Grelhe o frango por 15 minutos, virando uma vez, até que esteja macio, dourado e levemente chamuscado. Se desejar, na metade do cozimento, regue o frango com a marinada que restou na tigela. Arrume nos pratos as folhas de alface, coloque dentro delas um pouco de raita e, por cima, um bocado de frango. Sirva imediatamente.

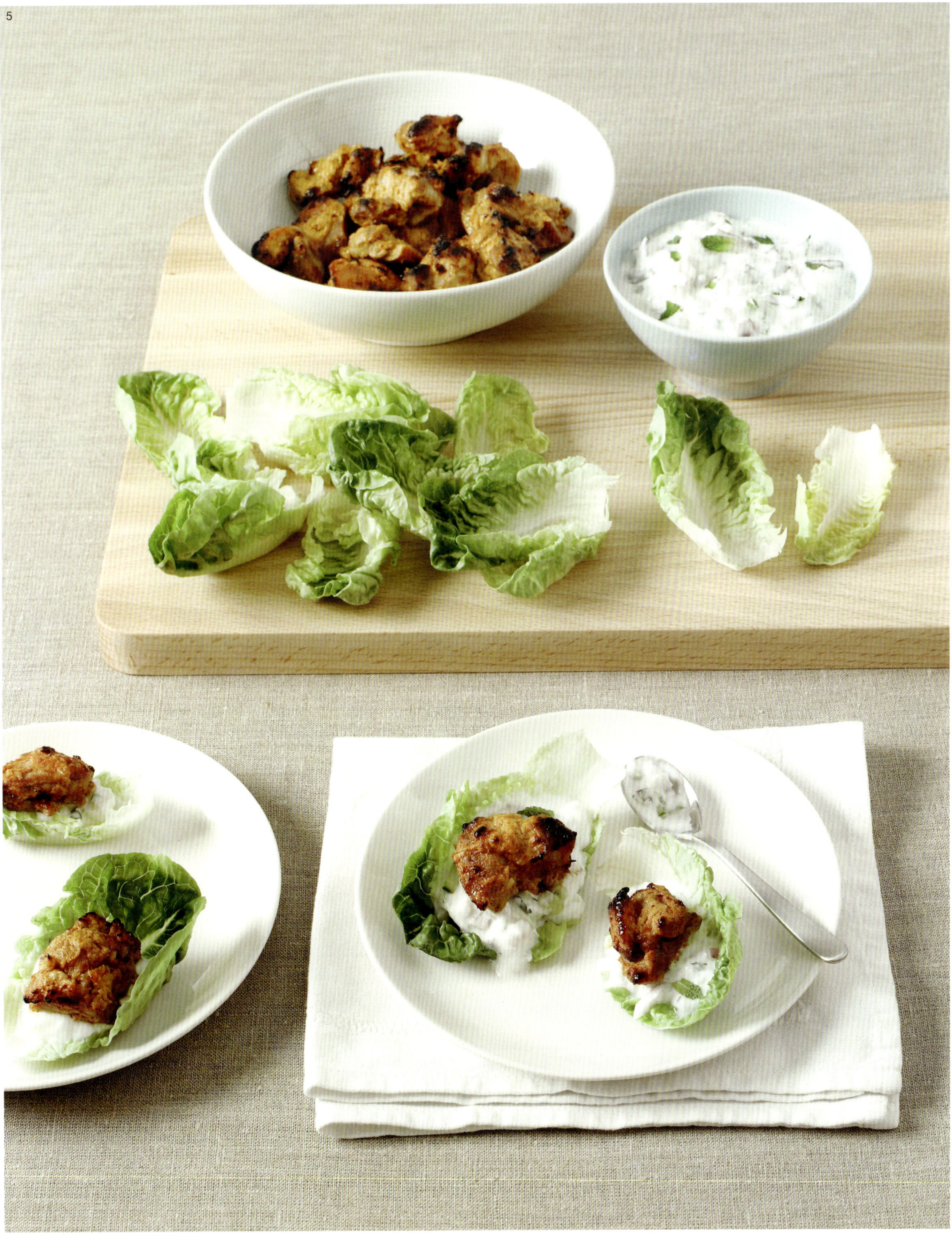
5

Batatas bravas com chorizo

Tempo de preparo: 20 minutos
Tempo de cozimento: 40 minutos
Serve 6

Esse é um prato clássico espanhol para servir como tapas (petiscos para degustar com aperitivos). Constituído por batata ao molho de tomate, tem seu sabor realçado pela adição de chorizo frito. Sirva acompanhado de azeitona, amêndoa salgada e pão fresco.

1½ kg de batata

sal e pimenta-do-reino

3 colheres (sopa) de azeite de oliva

250 g de chorizo (ver nota na página 121)

3 dentes de alho

2 ramos de tomilho fresco

½ colher (chá) de páprica, comum ou defumada

2 colheres (sopa) de xerez seco (opcional)

1 lata (400 g) de tomate pelado, picado

1 punhado de salsa fresca

1¾ xícara (chá) de azeitona (espanhola, de preferência), para servir

1½ xícara (chá) de amêndoa salgada, para servir

pão fresco e crocante, para acompanhar (opcional)

1
Preaqueça o forno a 200°C. Descasque a batata e corte-a em cubos de 3-4 cm de lado. Arrume-os numa assadeira, regue com 1 colher (sopa) do azeite, tempere com sal e pimenta e mexa bem. Asse por 40 minutos.

2
Enquanto a batata assa, prepare o molho. Corte o chorizo em fatias grossas. Leve uma frigideira grande ao fogo médio com o azeite restante. Espere 30 segundos para aquecer bem e junte o chorizo. Frite-o por 5 minutos, mexendo várias vezes, até que esteja dourado e tenha soltado a gordura, corando o azeite de vermelho. Enquanto isso, corte o alho em fatias finas. Retire o chorizo da frigideira e reserve.

3
Leve a frigideira de volta ao fogo médio-baixo e adicione o alho e as folhas do tomilho. Cozinhe por 1 minuto, até o alho amaciar e ficar ligeiramente dourado.

4
Coloque a páprica na frigideira, cozinhe por mais 1 minuto e, em seguida, acrescente o xerez (se for usá-lo) e o tomate picado. Deixe o molho cozinhar por 10 minutos ou até ficar mais encorpado. Tempere com sal e pimenta.

5
Após os 40 minutos de forno, a batata deverá estar dourada e crocante. Coloque a batata e o chorizo no molho quente e misture. Pique a salsa e salpique-a sobre a preparação.

6
Sirva imediatamente, acompanhado de azeitonas, amêndoas e pão.

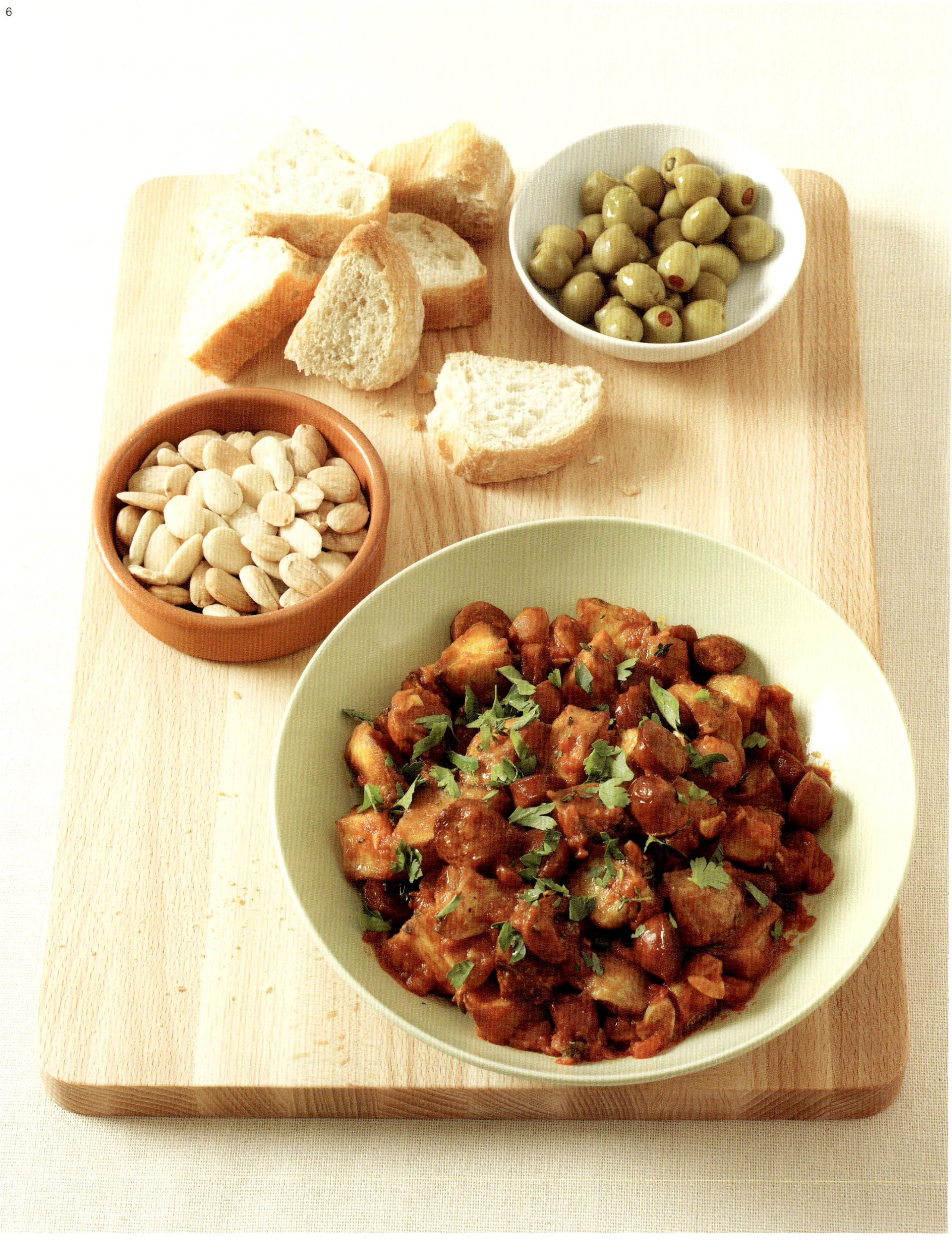

Barquinhos de batata com dip

Tempo de preparo: 1½ hora
Tempo de cozimento: 20 minutos
Serve 6

Quando chegam à mesa, esses barquinhos de batata desaparecem! Se desejar, substitua o queijo azul por outro de sabor forte, como o cheddar ou o provolone, e o creme de leite azedo por coalhada fresca.

---

2 colheres (sopa) de óleo vegetal

6 batatas grandes (230-250 g cada)

1 colher (chá) de sal kosher

6 fatias de bacon

1 xícara (chá) de creme de leite azedo (ver página 184)

1 punhado de cebolinha-francesa

1 maço de cebolinha

sal e pimenta-do-reino

150 g de queijo azul (gorgonzola, roquefort ou stilton)

1

Preaqueça o forno a 200°C. Esfregue 1 colher (chá) do óleo sobre a casca das batatas, coloque-as numa assadeira e polvilhe o sal. Asse as batatas por 1½ hora ou até que estejam douradas e crocantes, virando na metade do tempo de cozimento.

2

Enquanto isso, pique o bacon em tirinhas. Coloque uma frigideira em fogo médio e junte 2 colheres (chá) de óleo. Após 30 segundos, acrescente o bacon e frite por 10 minutos, mexendo várias vezes, até que fique dourado e crocante. Coloque-o para escorrer sobre papel absorvente.

3

Prepare o dip. Coloque o creme de leite azedo numa tigela, pique a cebolinha-francesa com uma tesoura e adicione-a ao creme. Tempere com sal e pimenta, mexa bem e leve à geladeira até a hora de servir.

4

Quando as batatas estiverem macias, retire-as do forno e espere que esfriem o suficiente para poder manuseá-las. Corte cada batata ao meio pelo comprimento. Usando uma colher, retire parte da polpa, deixando-a com cerca de 1,5 cm de espessura.

O QUE FAZER COM A POLPA?
A polpa retirada das batatas pode ser espremida e guardada na geladeira para outro uso (croquetes, purê, sopa, escondidinho etc.).

Para Comer Juntos

5
Corte cada metade de batata ao meio, pelo comprimento, formando barquinhos. Arrume-os numa assadeira, com a casca virada para baixo. Pincele o restante do óleo sobre a polpa e leve-os ao forno por 15 minutos para que fiquem dourados e crocantes. Enquanto isso, fatie fino a cebolinha e esmigalhe o queijo azul.

6
Quando os barquinhos estiverem no ponto, retire do forno e aqueça o grill. Preencha-os com a cebolinha, o queijo e as tirinhas de bacon.

7
Leve os barquinhos para debaixo do grill e grelhe por 5 minutos, até o queijo derreter e borbulhar. Sirva à parte o dip de creme de leite azedo.

FAÇA ANTES
Os barquinhos podem ser preparados até o passo 5 com 24 horas de antecedência. O dip pode ser preparado algumas horas antes. Para servir, aqueça os barquinhos debaixo do grill por alguns minutos, recheie com o queijo, o bacon e a cebolinha e termine como indicado na receita.

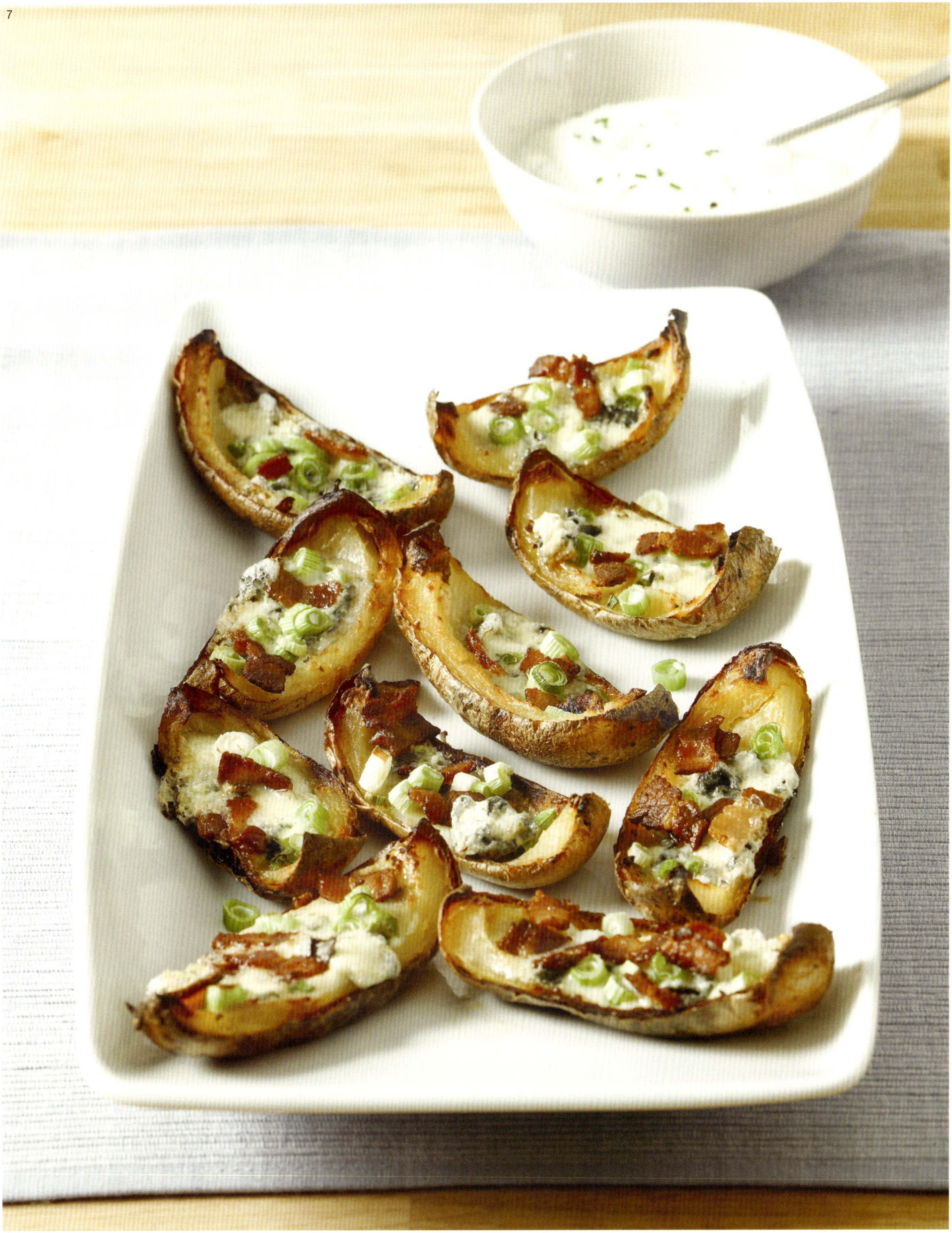

DOMINGO

COM A FAMÍLIA

Baked potato com chili

Tempo de preparo: 30 minutos
Tempo de cozimento: 1½ hora
Serve 6

Um prato forte que vale por uma refeição: batata assada e chili com carne, combinação perfeita de uma especialidade americana com uma mexicana.

---

2 cebolas

2 dentes de alho

2 pimentões vermelhos

1 colher (sopa) de azeite de oliva, mais 1 colher (chá)

½ kg de carne magra moída

½ colher (chá) de cominho em pó

½ colher (chá) de canela em pó

½ colher (chá) de coentro em pó

1-2 colheres (chá) de chili em pó, dependendo do seu gosto

1 colher (chá) de um mix de ervas secas

½ xícara (chá) de vinho tinto seco

2 latas (400 g cada) de tomate pelado, picado

2 colheres (sopa) de extrato de tomate

cerca de 1 xícara (chá) de caldo de carne

6 batatas grandes

1 colher (chá) de sal kosher

1 lata (400 g) de feijão-vermelho, escorrido

1 quadradinho de 2,5 cm de chocolate amargo

sal e pimenta-do-reino

iogurte natural ou creme de leite azedo (ver página 184), para acompanhar

1 punhado de coentro fresco, para decorar

1
Pique a cebola e o alho. Elimine as sementes do pimentão e corte em tiras não muito finas. Aqueça uma frigideira grande ou uma caçarola em fogo baixo, junte 1 colher (sopa) do azeite e, logo em seguida, os ingredientes picados.

2
Cozinhe por 10 minutos em fogo baixo, até amaciar. Transfira para um prato e limpe a caçarola com toalhas de papel.

3
Leve a panela de volta ao fogo e aumente a chama. Deixe aquecer bem e coloque a carne moída, que começará a fritar imediatamente. Mexa com a colher de pau, desfazendo os grumos.

4
Após 10 minutos, a carne terá mudado de cor: de rosada para cinza e, depois, para dourada. Mantenha o fogo alto para que a carne doure sem soltar suco.

Domingo com a Família

5
Coloque o pimentão de volta na caçarola. Adicione o cominho, a canela, o coentro, o chili e as ervas secas. Mexa bem e cozinhe por 2 minutos.

6
Acrescente o vinho, o tomate, o extrato de tomate e o caldo e misture. Tampe parcialmente a panela e deixe cozinhar em fogo bem baixo por 1½ hora, mexendo de vez em quando. Se necessário, adicione mais um pouco de caldo.

7
Enquanto isso, asse as batatas. Preaqueça o forno a 200°C. Esfregue 1 colher (chá) do azeite restante nas batatas, arrume-as numa assadeira e polvilhe o sal kosher. Asse por 1½ hora ou até as batatas ficarem douradas e crocantes. Vire-as na metade do cozimento.

8
Quando faltarem 30 minutos para terminar o cozimento da carne, acrescente o feijão. Quando ficar pronta, pouco antes de servir, junte o chocolate, espere derreter e mexa bem. Tempere com sal e pimenta.

CHILI COM CHOCOLATE?
Incorporar um pouquinho de chocolate amargo ao chili enriquece seu sabor. O chocolate deve ter alto conteúdo de cacau, 70% é o ideal – se for menos, deixará um sabor adocicado. O importante, porém, é não exagerar: 1 quadradinho é o suficiente.

9
Dê um corte na parte superior da batata, abrindo-a, e recheie com a carne. Cubra com uma colherada de iogurte ou creme de leite azedo e decore com folhas de coentro.

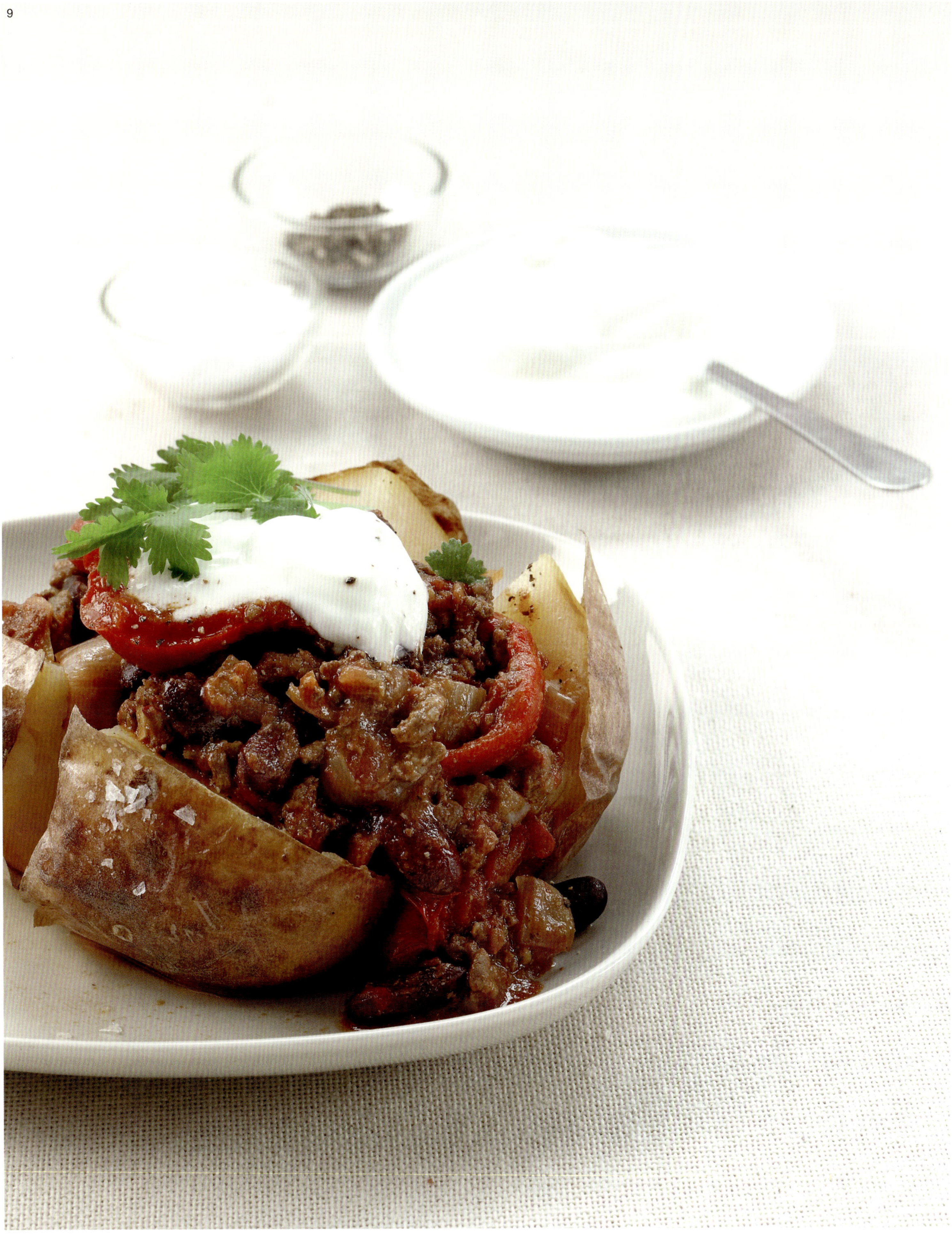

Pescada frita com molho verde

Tempo de preparo: 15 minutos
Tempo de cozimento: 30 minutos
Serve 6

Um filé de peixe com a pele crocante, servido com batata e um vibrante molho verde, é uma das refeições mais simples de preparar, tanto para familiares como para convidados. O peixe não passará do ponto se você seguir essas instruções – e desde que todos os ingredientes estejam prontos antes de começar.

---

1 dente de alho
3 filés de anchova em óleo, escorridos
1 limão
1 maço pequeno de salsa fresca
1 maço pequeno de manjericão fresco
2 colheres (sopa) de alcaparra em salmoura, escorrida
3 colheres (sopa) de azeite de oliva extravirgem
1 colher (chá) de sal kosher
1 kg de batata nova
6 filés de pescada branca, com a pele
2 colheres (sopa) de farinha de trigo
sal e pimenta-do-reino
2 colheres (sopa) de óleo vegetal
1 colher (sopa) de manteiga, mais um pouco para a batata, se quiser

1
Preaqueça o forno a 135°C. Leve ao fogo uma panela grande com bastante água e 1 colher (chá) de sal para cozinhar as batatas. Enquanto a água aquece, prepare o molho verde. Pique grosso o alho e os filés de anchova. Rale fino a casca do limão e esprema o suco. Coloque no processador de alimentos as folhas da salsa e do manjericão, a alcaparra, a anchova, o alho, a casca ralada e o suco do limão e o azeite.

2
Processe até obter um molho verde brilhante, não muito liso. Esse molho pode ser preparado com um dia de antecedência e guardado num recipiente bem fechado, na geladeira.

USANDO O PILÃO
Tradicionalmente esse molho era preparado no pilão, onde os ingredientes eram socados para que soltassem todo o aroma. Se você tiver pilão e quiser usá-lo, faça-o, mas o processador de alimentos torna essa tarefa bem mais rápida e menos trabalhosa.

3
Coloque a batata na água e cozinhe por 20 minutos. Para verificar se está cozida, espete uma delas com a ponta de uma faca e, se esta penetrar com facilidade, a batata estará cozida. Se, porém, ficar em dúvida, retire uma batata da água, corte-a e prove um pedaço.

4

Enquanto a batata cozinha, prepare o peixe. Enxugue os filés com toalhas de papel e, com uma faca bem afiada, faça 3 cortes na pele de cada um. Coloque a farinha num prato e tempere com sal e pimenta. Passe os filés na farinha e reserve. A farinha proporciona uma cobertura crocante.

COMO ESCOLHER O PEIXE
Um bom filé de peixe deve ter cheiro suave, consistência e aparência firmes. Compre sempre o peixe no dia em que vai prepará-lo ou, se preferir, compre-o congelado. Descongele na geladeira de um dia para o outro.

5

Quando a batata estiver cozida, desligue o fogo. Agora você vai fritar o peixe. Forre um prato com toalhas de papel. Leve uma frigideira antiaderente ao fogo médio-alto e aqueça metade do óleo e da manteiga. Espere 30 segundos e coloque 3 filés de peixe na frigideira, a pele virada para baixo. Deixe que frite sem mexer por 3 minutos, até a pele ficar dourada e crocante, e a carne, branca.

6

Com uma espátula, vire os filés cuidadosamente e frite por mais 30 segundos. O peixe não deverá grudar na frigideira, mas, se grudar, frite por mais alguns segundos: quando estiver pronto, ele se soltará sozinho. Passe para o prato preparado e coloque no forno para mantê-los aquecidos. Limpe a frigideira com toalhas de papel, aqueça o óleo e a manteiga restantes e frite os outros 3 filés.

7

Escorra a batata e tempere com um pouco de manteiga, se gostar. Sirva o peixe com o molho verde por cima e a batata ao lado.

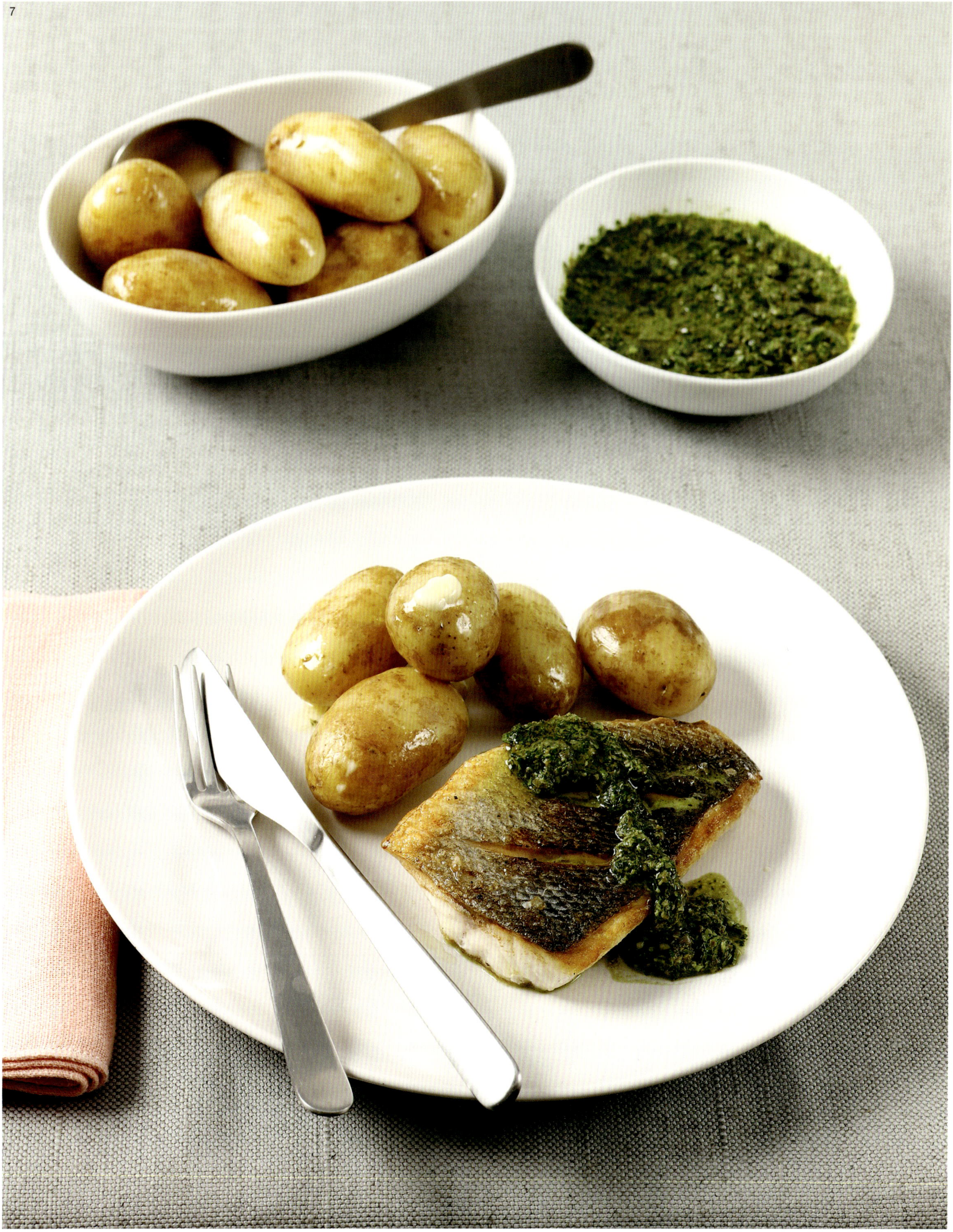

Berinjela à parmigiana

Tempo de preparo: 45 minutos
Tempo de cozimento: 30 minutos
Serve 6

Primeiro grelhada na frigideira, depois alternada em camadas com um rico molho de tomate, a berinjela é a protagonista absoluta dessa receita. Gratinado com bastante queijo, é um prato suculento que satisfaz qualquer apetite, além de ser uma deliciosa alternativa vegetariana.

---

4 berinjelas grandes (1½ kg)
cerca de ½ xícara (chá) de azeite de oliva suave
2 dentes de alho
1 colher (sopa) de extrato de tomate
2 latas (400 g cada) de tomate pelado, picado
¼ colher (chá) de açúcar
alguns ramos de orégano fresco ou 1 colher (chá) de orégano seco
1 maço pequeno de manjericão fresco
sal e pimenta-do-reino
2 fatias de pão de fôrma (100 g)
100 g de queijo parmesão
120 g de muçarela fresca

1
Corte as berinjelas em fatias de 0,5 cm de espessura. Com um pincel de cozinha, passe um pouco do azeite sobre elas.

2
Aqueça uma frigideira grande em fogo médio. Coloque várias fatias de berinjela, o lado pincelado para baixo, e frite por 5 minutos ou até que estejam douradas e macias. Pincele o lado superior com mais azeite e vire-as, deixando fritar por mais 5 minutos. Passe as fatias de berinjela para um prato e frite as restantes da mesma forma.

3
Enquanto a berinjela frita, comece a preparar o molho. Fatie fino o alho. Aqueça uma panela em fogo médio com 2 colheres (sopa) do azeite. Acrescente o alho e frite por 1 minuto, até amaciar. Junte o extrato de tomate, o tomate picado, o açúcar e metade das folhas de orégano. Adicione as folhas de manjericão rasgadas e cozinhe em fogo baixo por 10 minutos. Tempere com sal e pimenta.

4
Para a cobertura, elimine a casca das fatias de pão, parta em pedaços e coloque no processador de alimentos. Rale fino o queijo e junte somente metade ao pão. Adicione as folhas de orégano restantes.

Domingo com a Família

5
Processe até obter migalhas finas de pão salpicadas do verde do orégano.

SE NÃO TIVER PROCESSADOR DE ALIMENTOS
Para obter migalhas finas você pode ralar o pão. Pique fino o orégano e junte-o às migalhas. Adicione o queijo e misture bem.

6
Preaqueça o forno a 175°C. Numa fôrma refratária, monte camadas alternadas de berinjela, polvilhada com sal e pimenta, e molho de tomate.

7
Pique a muçarela fresca em pedaços pequenos e espalhe-os na fôrma. Polvilhe o parmesão restante e, por último, distribua uniformemente a mistura de pão. Regue com um fio de azeite.

8
Asse por 30 minutos ou até que fique dourado e borbulhante. Retire do forno e deixe descansar por 10 minutos antes de servir.

FAÇA ANTES
Esse prato pode ser preparado com até 2 dias de antecedência até o passo 7, inclusive. Cubra e conserve na geladeira. Se for assá-lo enquanto ainda estiver gelado, aumente o tempo de forno em 10 minutos e cubra com papel-alumínio, caso comece a dourar rápido demais.

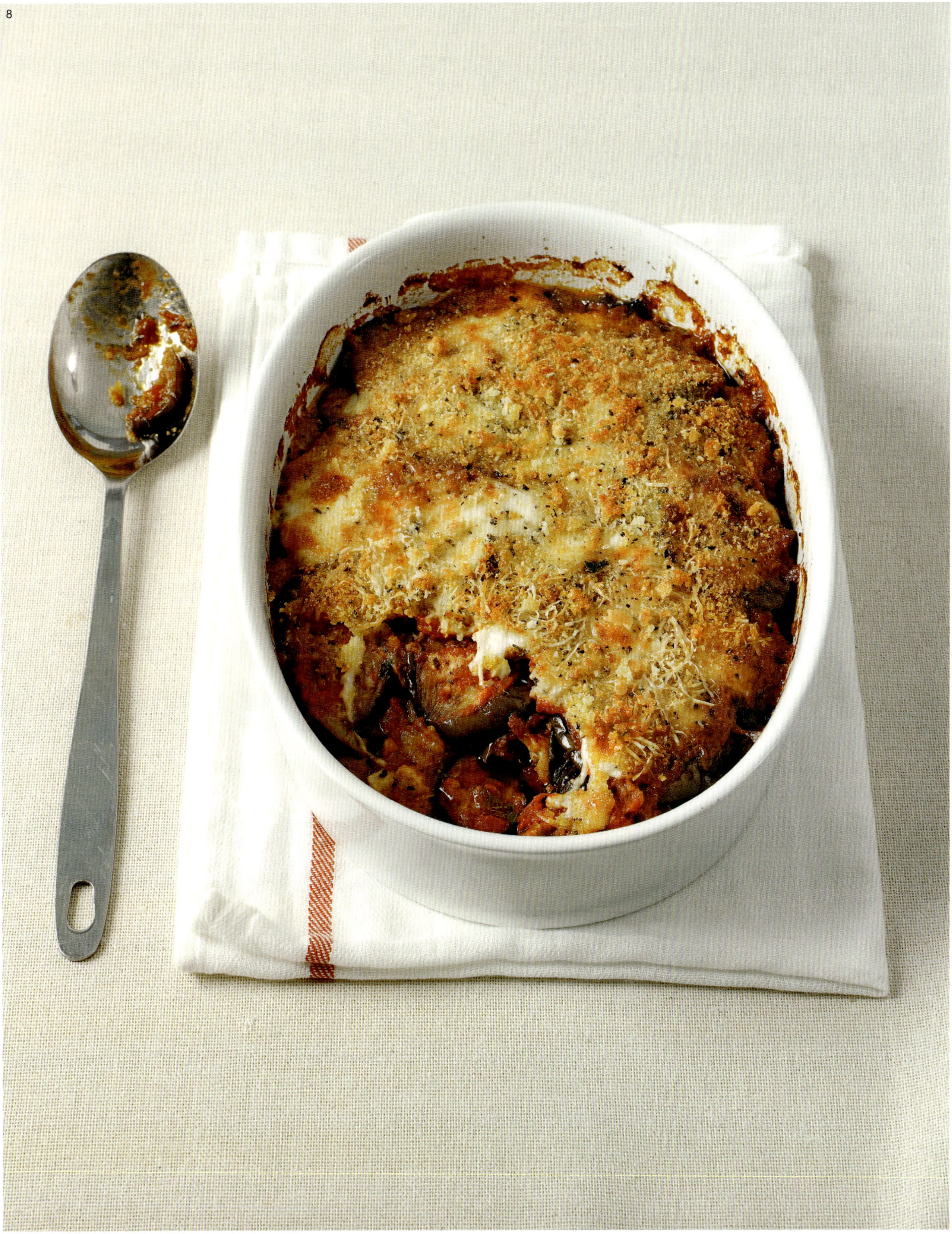

Coq au vin

Tempo de preparo: 1 hora e 10 minutos
Tempo de cozimento: 55 minutos
Serve 6

Se você tiver convidados, este frango ao vinho tinto é uma ótima escolha, pois pode ser preparado com até 24 horas de antecedência. Durante esse tempo, seu sabor apura, deixando-o ainda mais saboroso. Se preferir, tire a pele do frango, mas nesse caso não doure muito a carne. Se não encontrar cogumelo cremini, substitua por portobello ou use somente champignons.

---

18 echalotas ou cebolas pequenas (cerca de ½ kg)

2 cebolas

2 talos de salsão

3 cenouras

6 tiras de bacon

4 colheres (sopa) de azeite de oliva suave

2 dentes de alho

½ xícara (chá) de farinha de trigo, mais 1 colher (sopa)

sal e pimenta-do-reino

6 coxas e 6 sobrecoxas de frango

5 colheres (sopa) de manteiga

1⅔ xícara (chá) de vinho tinto seco encorpado

2 xícaras (chá) de caldo de galinha

300 g de cogumelo (champignon e cremini misturados)

1
Coloque as echalotas numa tigela e cubra-as com água fervente. Deixe descansar por 5 minutos, escorra, espere esfriar e descasque.

2
Fatie fino as 2 cebolas grandes e o salsão. Corte as cenouras em fatias grossas e o bacon em pedacinhos. Leve ao fogo médio uma caçarola grande que possa ir ao forno. Quando estiver quente, junte 1 colher (sopa) do azeite, as echalotas, os legumes fatiados e o bacon.

3
Frite os legumes e o bacon por 10 minutos, até ficarem macios.

4
Aumente o fogo e cozinhe mexendo por mais 10 minutos, até ficarem dourados. Enquanto isso, amasse o alho, junte-o à caçarola e frite por mais 1 minuto. Transfira tudo para uma tigela e reserve.

5
Num saco plástico para alimentos, coloque ½ xícara (chá) de farinha, sal e pimenta e os pedaços de frango. Sele o saco e agite-o para que o frango fique recoberto pela farinha temperada.

6
Na caçarola, coloque 1 colher (sopa) da manteiga e 1 colher (sopa) do azeite. Frite um terço dos pedaços de frango por 10 minutos, virando-os na metade do tempo para que dourem por igual. Depois de ter dourado o primeiro lote, elimine o excesso de gordura e coloque umas colheradas de água na caçarola. Raspe bem o fundo para soltar as partículas grudadas e despeje esse líquido saboroso sobre os legumes. Doure os pedaços restantes da mesma maneira.

Domingo com a Família

7
Depois de ter retirado todos os pedaços de frango da caçarola, despeje nela o vinho e deixe ferver por 5 minutos até reduzir um quarto.

8
Coloque de volta o frango e os legumes com todo o líquido. Adicione o caldo, tampe parcialmente a caçarola e cozinhe por 50 minutos.

9
Quando o frango estiver cozido (a carne deve se desprender do osso com facilidade), retire a carne e os legumes da panela com uma escumadeira e coloque-os numa tigela. Misture 1 colher (sopa) de farinha e 1 colher (sopa) de manteiga amolecida, amassando com um garfo até obter uma pasta. Junte-a ao molho, mexendo com um batedor de arame, e cozinhe por 5 minutos em fogo baixo.

10
Frite os cogumelos. Corte os maiores ao meio. Aqueça 1 colher (sopa) da manteiga numa frigideira e, quando a espuma abaixar, adicione os cogumelos. Frite por 2-3 minutos em fogo alto até dourar. Tempere com sal e pimenta.

11
Coloque o frango e os legumes de volta na caçarola, espalhe os cogumelos por cima e sirva. Acompanhe com Batata gratinada (ver página 320).

FAÇA ANTES
Se pretende preparar esse frango com até 2 dias de antecedência, deixe que esfrie completamente, cubra e leve à geladeira. Para servir, aqueça em fogo baixo, juntando mais caldo ou vinho para diluir o molho. Doure os cogumelos e adicione-os ao frango.

11

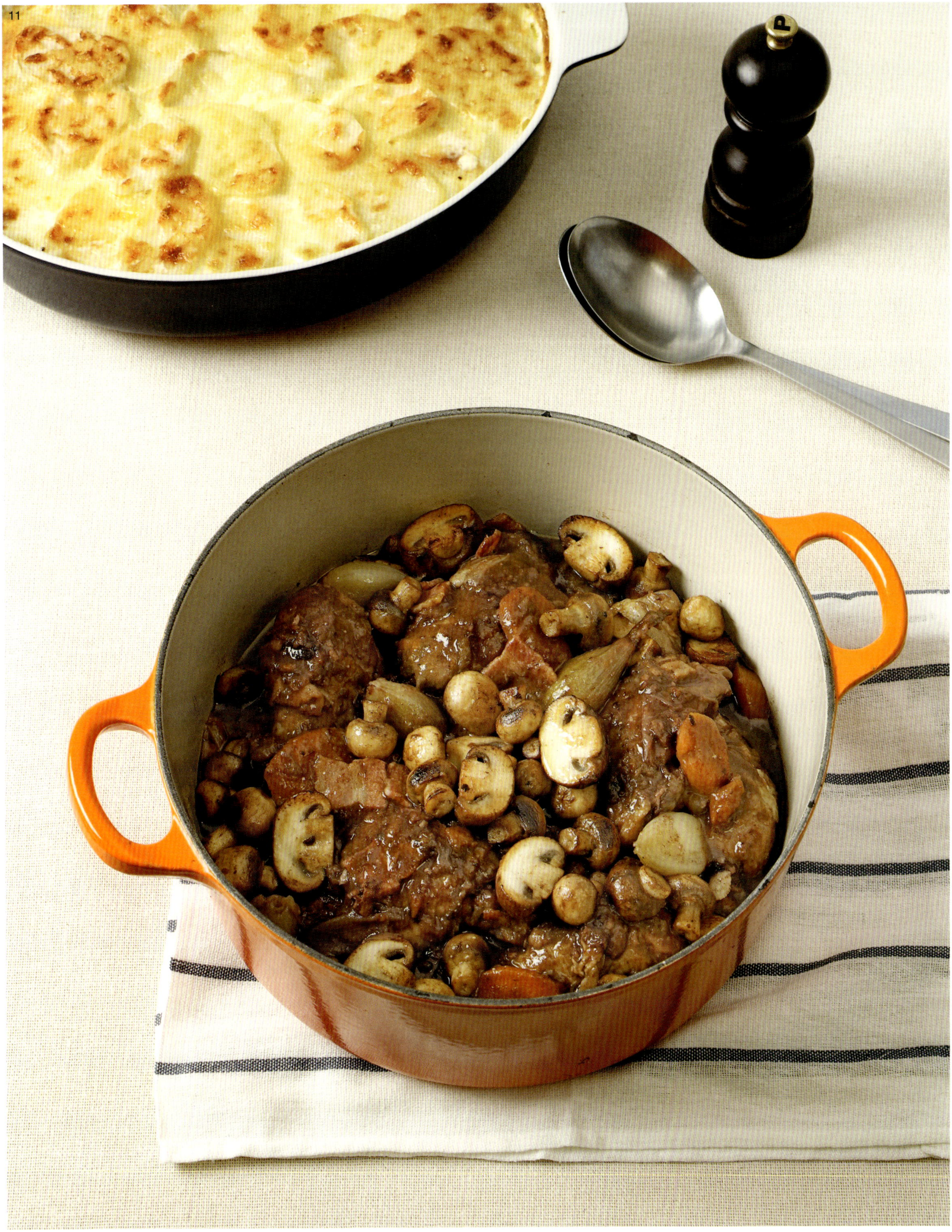

Escondidinho de peixe e camarão

Tempo de preparo: 1 hora
Tempo de cozimento: 40 minutos
Serve 6

Perfeito para uma reunião informal, esse prato é um luxo em sua simplicidade. Se quiser, use outra variedade de peixe ou substitua o endro por salsa. Se encontrar o hadoque, compre-o, pois é seu leve gosto defumado que dá o toque especial a esse prato delicioso. Se não o encontrar, aumente a quantidade de peixe fresco e adicione um pouco de salmão defumado no passo 9.

1½ kg de batata

1 colher (chá) de sal kosher

cerca de 3 ⅔ xícaras (chá) de leite integral

1¼ xícara (chá) de creme de leite

1 folha de louro

4 cravos-da-índia

1 cebola

400 g de hadoque defumado, de preferência com a pele

600 g de filé de peixe fresco, com a pele

6 colheres (sopa) de manteiga

½ xícara (chá) de farinha de trigo

1 noz-moscada, para ralar

1 maço pequeno de endro fresco

200 g de camarão descascado e limpo

30 g de queijo parmesão

sal e pimenta-do-reino

1
Descasque as batatas e corte-as em quatro. Coloque numa panela grande, cubra com água fria, adicione o sal e leve ao fogo alto até levantar fervura. Diminua bem o fogo e deixe cozinhar por 15 minutos ou até a batata ficar macia.

2
Enquanto isso, comece o preparo do molho. Numa panela larga e não muito funda, coloque 2 xícaras (chá) de leite, o creme de leite, o louro e os cravos-da-índia. Descasque a cebola, corte em quatro, junte à panela e leve ao fogo baixo.

3
Quando aparecerem pequenas bolhas na borda da panela, coloque delicadamente os peixes dentro do leite, a pele virada para baixo. Tampe e cozinhe em fogo baixo por 5 minutos, até que o peixe mude de cor e a carne se separe facilmente ao ser espetada. Desligue o fogo e, com cuidado, transfira os peixes para um prato. Deixe o leite em infusão por 10 minutos.

COM A PELE?
Para essa receita, é melhor que o peixe esteja com a pele, pois ela protege a carne delicada durante o cozimento e ajuda a manter os filés inteiros.

4
Despeje a batata num escorredor. Na mesma panela, coloque 2 colheres (sopa) de manteiga e o leite restante e leve ao fogo médio. Quando o leite começar a ferver, junte a batata escorrida e retire a panela do fogo.

5
Transforme a batata em purê com o espremedor ou com o amassador. O importante é fazer isso enquanto a batata ainda estiver quente. Tempere com sal e pimenta.

Domingo com a Família

6
Em outra panela, coloque a manteiga restante e a farinha. Depois que a manteiga derreter, cozinhe, sempre mexendo, por 2 minutos ou até a farinha começar a alourar. Retire do fogo.

7
Coe para uma tigela o leite que ficou em infusão, usando uma peneira fina. Despeje-o aos poucos na panela com a farinha, mexendo com um batedor de arame. No início, a mistura de farinha e manteiga estará grossa, mas ao adicionar o leite se tornará mais rala e lisa. Leve a panela de volta ao fogo e, sem parar de mexer, cozinhe o molho até engrossar.

8
Tempere com sal e pimenta a gosto e com ¼ colher (chá) de noz-moscada ralada. Pique o endro (elimine os talos) e junte-o ao molho.

9
Preaqueça o forno a 175°C. Divida os filés de peixe em pedaços graúdos e arrume-os numa fôrma refratária, eliminando a pele e eventuais espinhos. Enxugue os camarões com toalhas de papel e espalhe-os sobre o peixe.

10
Despeje o molho na fôrma, depois cubra tudo com o purê de batata, fazendo desenhos com um garfo para decorar a superfície. Rale o parmesão sobre o purê.

11
Asse por 40 minutos ou até ficar dourado e borbulhante nas bordas. Deixe descansar por 10 minutos antes de servir.

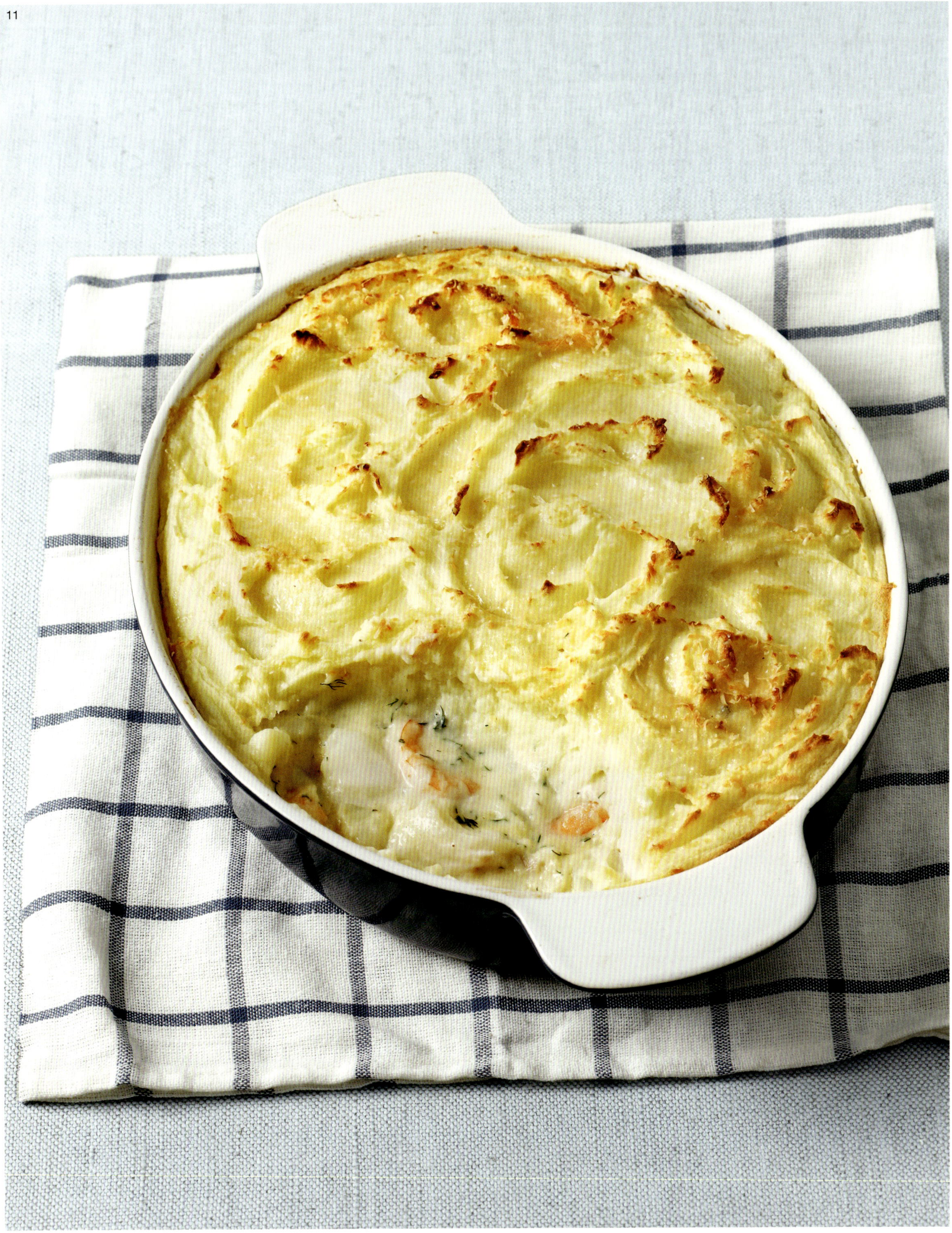

Curry de carneiro com arroz aromático

Tempo de preparo: 1 hora
Tempo de cozimento: 2½ horas
Serve 6

Como qualquer ensopado, esse rico curry de carneiro fica mais saboroso quando feito com um dia de antecedência. Deixe-o na geladeira durante a noite e, no dia seguinte, leve ao fogo médio para reaquecer lentamente. Sirva com arroz basmati perfumado com especiarias.

---

3 cebolas
4 dentes de alho
2 colheres (sopa) de óleo vegetal
4 colheres (sopa) de manteiga
1 colher (chá) de sal kosher
1 pimenta-verde grande
1 maço pequeno de coentro fresco
1 pedaço grande de gengibre
2 colheres (chá) de cúrcuma em pó
2 colheres (chá) de cominho em pó
2 colheres (chá) de coentro em pó
½ colher (chá) de pimenta-do-reino preta
1 kg de paleta de carneiro, sem osso, com pouca gordura e cortada em cubos grandes (o açougueiro poderá fazer isso para você)
2 colheres (sopa) de extrato de tomate
1 lata (400 g) de tomate pelado, picado
2 batatas médias (cerca de 250 g)

Para o arroz
2½ xícaras (chá) de arroz basmati
6-7 sementes de cardamomo
2 pedaços de 5 cm de canela em pau

1

Preaqueça o forno a 170°C. Fatie fino as cebolas e o alho. Leve ao fogo baixo uma caçarola grande e funda, que possa ir ao forno. Após 30 segundos, adicione o óleo e metade da manteiga. Quando começar a espumar, junte ⅔ da cebola, o alho e ½ colher (chá) do sal. Frite em fogo baixo por 10 minutos, até amaciar e dourar levemente, mexendo de vez em quando.

2

Enquanto isso, elimine as sementes da pimenta-verde e pique-a fino. Pique fino também os talos do coentro. Rale fino o gengibre e adicione esses ingredientes à caçarola. A seguir, junte a cúrcuma, o cominho, o coentro em pó e a pimenta-do-reino. Aumente um pouco o fogo e cozinhe por 3 minutos, até as especiarias dourarem ligeiramente e exalarem seu aroma, cuidando para não queimar.

3

Adicione a carne e mexa. Cozinhe por 5 minutos, mexendo de vez em quando, até mudar de cor (não há necessidade de dourar).

4

Acrescente o extrato de tomate, o tomate picado e ½ xícara (chá) de água.

5

Tampe a caçarola, deixando uma pequena fresta para a saída do vapor. Com a tampa nessa posição, o molho vai reduzir um pouco e encorpar, sem ficar seco. Leve a caçarola ao forno quente para cozinhar por 1¼ hora. Enquanto isso, descasque as batatas, pique em pedaços grandes e reserve. Quando der o tempo indicado, adicione a batata ao carneiro, mexa bem e cozinhe por mais 1¼ hora.

6
Quando faltarem 45 minutos para o término do cozimento da carne, comece a preparar o arroz. Aqueça uma panela grande em fogo médio com o restante da manteiga. Quando espumar, junte o restante da cebola e deixe em fogo baixo por 15 minutos, até que esteja macia e dourada, mexendo com frequência.

7
Enquanto a cebola frita, coloque o arroz numa peneira fina e enxague sob água corrente até a água sair limpa. Deixe escorrer bem.

8
Coloque na panela as sementes de cardamomo e os paus de canela e, depois, acrescente o arroz. Mexa até que o arroz fique bem envolvido pela manteiga. Junte 2½ xícaras (chá) de água fria (ou o suficiente para que o arroz fique coberto por 1 cm de água) e a ½ colher (chá) de sal restante.

9
Espere levantar fervura, mexa uma vez, tampe a panela e cozinhe por 10 minutos em fogo médio. Sem mexer na tampa, retire a panela do fogo e deixe descansar por 15 minutos. Depois desse tempo, o arroz deverá estar cozido e seco. Se ainda estiver duro, regue com um pouco de água e leve ao fogo baixo por 5 minutos. Deixe descansar por mais 5 minutos.

10
Afofe o arroz com um garfo para separar os grãos, depois deixe a panela tampada até a hora de servir.

11
Elimine a gordura que estiver na superfície do curry e tempere com sal e pimenta. Pique as folhas de coentro e misture uma parte à carne, salpicando o restante por cima. Sirva com o arroz.

240 Curry de carneiro com arroz aromático

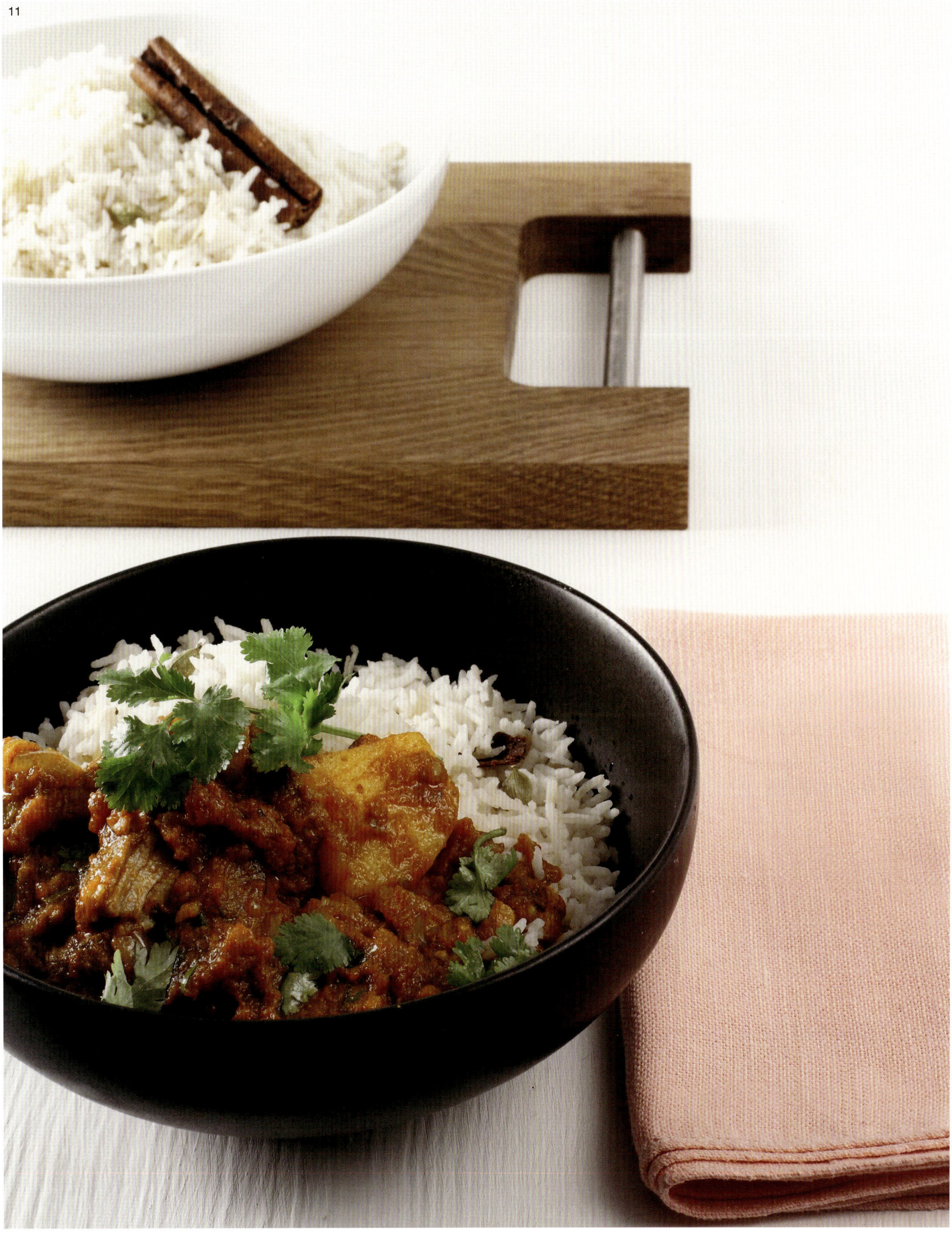

Quiche de cebola

Tempo de preparo: 1 hora e 10 minutos, mais 50 minutos de geladeira
Tempo de cozimento: 30 minutos
Rende 10 fatias

Saborear uma torta como essa, macia e deliciosa, é um verdadeiro prazer. Versátil, é uma ótima opção para bufês e lanches, além de poder ser transportada em sua própria fôrma. Se quiser transformá-la numa Quiche Lorraine, siga as instruções da página 244.

---

4 ovos grandes

cerca de 1½ xícara (chá) de farinha de trigo, mais o necessário para abrir a massa

¼ colher (chá) de sal kosher

½ xícara (chá) de manteiga sem sal gelada

3 cebolas grandes

1 colher (sopa) de azeite de oliva suave

150 g de queijo gruyère ou cheddar

1¼ xícara (chá) de creme de leite

½ xícara (chá) de leite

sal e pimenta-do-reino

1
Primeiro prepare a massa. Quebre um dos ovos e separe a gema da clara. Para isso, bata-o delicadamente contra a borda de uma tigela até que rache. Abra com cuidado a casca separando-a em duas partes. Faça a gema deslizar de uma metade da casca para a outra, enquanto a clara vai caindo na tigela. Coloque a gema em outra tigela pequena e guarde a clara para outro uso.

2
Junte à gema 2 colheres (sopa) de água gelada e bata com um garfo. Coloque a farinha numa tigela grande e adicione o sal. Separe 1 colher (sopa) da manteiga para o passo 6 e corte o restante em cubos, deixando que caiam sobre a farinha.

3
Misture esses ingredientes. Para isso, levante a manteiga e a farinha da tigela com as duas mãos, ao mesmo tempo esfregando-as entre os polegares e os outros dedos. Ao repetir essa ação várias vezes, a farinha irá absorver a manteiga aos poucos, até ficar com a aparência de finas migalhas de pão. Levante bem os ingredientes para mantê-los aerados e para que não aqueçam.

COMO PREPARAR A MASSA COM O PROCESSADOR
Se preferir usar o processador de alimentos, bata a manteiga com a farinha por 10 segundos, até a mistura ficar com a aparência de finas migalhas de pão e não tiver mais vestígios de manteiga. Acrescente a gema batida e pulse poucas vezes, somente o necessário para formar uma bola.

Domingo com a Família

4
Despeje a gema batida na tigela e mexa rapidamente com uma faca, até a mistura incorporar a gema.

5
Com as mãos, junte os pedaços de massa que se formaram, pressionando-os até obter uma bola. Coloque-a sobre a superfície de trabalho e achate obtendo um disco liso, tomando cuidado para que não fique rachado nas bordas. Embrulhe em filme plástico e leve à geladeira por 30 minutos, até que fique firme, mas não duro.

6
Enquanto a massa descansa, prepare o recheio. Fatie finamente as cebolas. Leve uma frigideira ao fogo baixo com 1 colher (sopa) da manteiga reservada e o azeite. Quando espumar, adicione a cebola fatiada.

7
Refogue por 10 minutos, até a cebola ficar macia. Aumente um pouco o fogo e cozinhe por mais 10 minutos, até que comece a alourar, mexendo com frequência para evitar que a cebola grude no fundo da frigideira. Enquanto isso, quebre os 3 ovos restantes numa jarra medidora e bata com um garfo. Rale o queijo. Adicione à jarra o creme de leite, o leite e 120 g do queijo ralado. Tempere com sal e pimenta.

PARA FAZER QUICHE LORRAINE
Frite 6 fatias de bacon picadas até dourar e adicione ao recheio, junto com o queijo ralado. Outra sugestão é picar grosso 4 fatias grandes de presunto cozido e usá-las no lugar do bacon.

8
Pegue uma fôrma para torta de 22,5 cm de diâmetro, com fundo removível. Polvilhe farinha na superfície de trabalho e no rolo e, com este, pressione o disco de massa formando vários sulcos paralelos. Dê um quarto de volta na massa e repita a operação. Continue repetindo até a massa ficar com 1,5 cm de espessura. Usando essa técnica, a massa não ficará dura após o cozimento.

9
Agora estique a massa. Passe o rolo sempre no mesmo sentido, dando um quarto de volta à massa a cada 2-3 passadas, até que fique com cerca de 0,5 cm de espessura. Enrole a massa no rolo, leve até a fôrma e desenrole delicadamente.

10
Pressione a massa dentro da fôrma com os nós dos dedos, moldando-a.

FICOU ALGUM BURACO?
Se, ao abrir a massa, se formou um ou mais buracos, não entre em pânico: é só pegar um pequeno recorte de massa, umedecê-lo e colar sobre o buraco, pressionando para que grude bem.

Domingo com a Família

11
Recorte o excesso de massa com uma tesoura, de modo que sobre pouco mais de 1 cm além da borda. Coloque a fôrma em uma assadeira e leve à geladeira por 20 minutos, até a massa firmar. Posicione a grade do forno no centro e preaqueça-o a 200°C.

12
Amasse bem uma folha de papel-manteiga grande o suficiente para forrar completamente a massa dentro da fôrma. Abra-a e forre a massa. Preencha com feijão ou outro grão cru, amontoando-o ao redor da borda. Leve a assadeira ao forno por 15 minutos.

PESOS PARA TORTAS
Para que a massa não levante bolhas enquanto assa, coloca-se um peso por cima. Existem pequenas bolas de cerâmica para essa finalidade, mas, se não tiver, use feijão, ervilha seca ou outra leguminosa. Depois que esfriarem, guarde as bolas de cerâmica num vidro bem fechado para usar a próxima vez que fizer torta.

13
Retire o peso e o papel. A massa deverá estar com cor clara, aparência seca e ligeiramente dourada nas bordas. Leve de volta ao forno por mais 10 minutos para que comece a dourar. Retire a assadeira do forno e diminua a temperatura para 170°C.

14
Espalhe a cebola na massa e despeje por cima a mistura de creme de leite. Polvilhe o queijo ralado restante.

15
Asse por 30 minutos, até o recheio ficar firme nas bordas, mas ainda macio no centro. Deixe esfriar, corte em fatias e sirva.

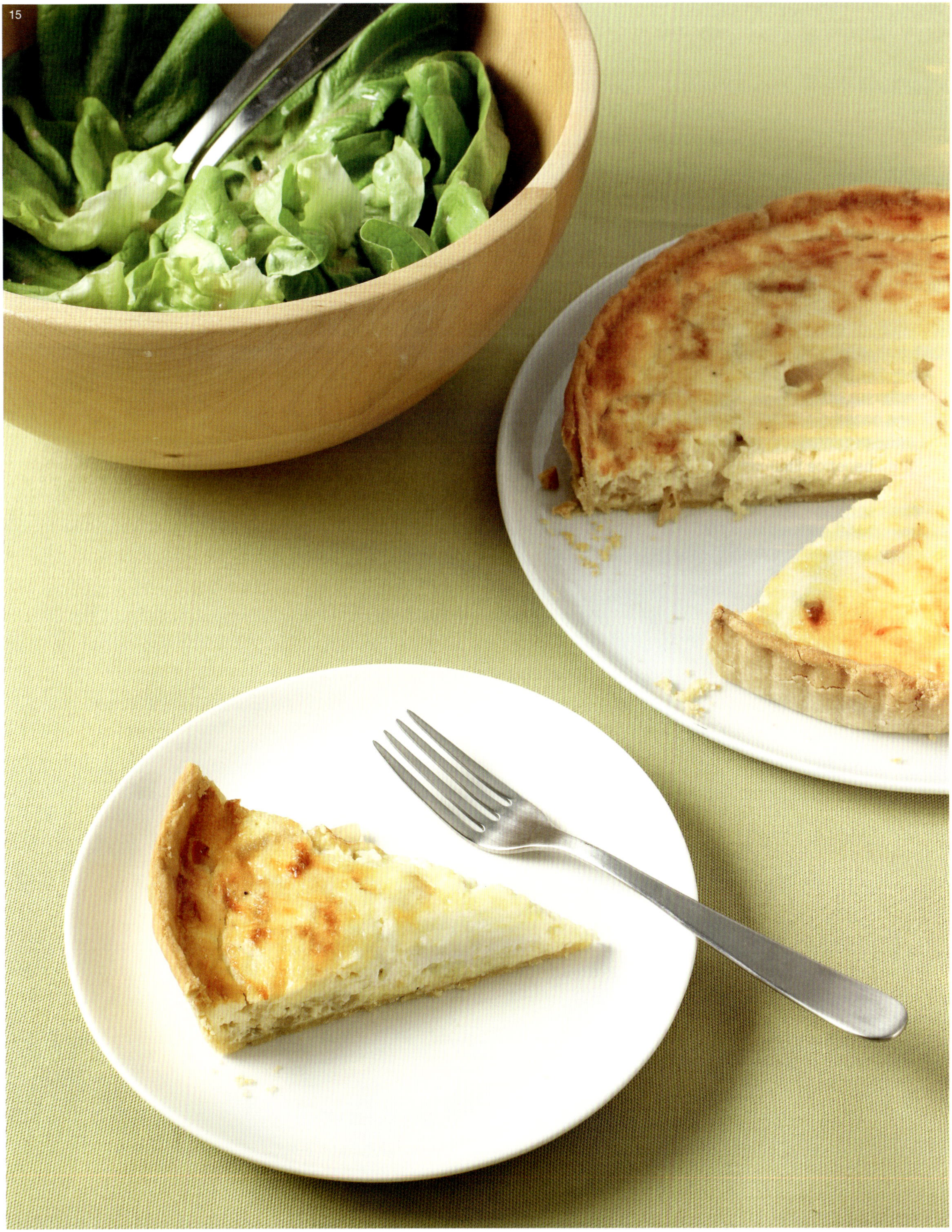

Lasanha

Tempo de preparo: 30 minutos
Tempo de cozimento: 40 minutos
Serve 6

A lasanha, um dos pratos mais apreciados no mundo inteiro, é uma joia da culinária italiana. Principalmente essa receita, numa versão clássica, tem aquela riqueza de cremosidade na medida certa.

2½ xícaras (chá) de leite
4 colheres (sopa) de manteiga
cerca de ½ xícara (chá) de farinha de trigo
100 g de queijo parmesão
1 noz-moscada, para ralar (opcional)
120 g de muçarela fresca
1 receita de Molho à bolonhesa (ver página 262)
cerca de 250 g de massa para lasanha branca ou verde (cerca de 9 folhas – a quantidade necessária depende do tamanho da fôrma)
sal e pimenta-do-reino

1
Para preparar o molho de queijo, coloque o leite e a manteiga numa panela média. Peneire a farinha diretamente sobre o leite e leve a panela ao fogo médio. Mexa com um batedor de arame por 5 minutos, até o molho ferver e ficar liso e grosso. Essa técnica permite preparar o molho de maneira rápida e fácil. Se, porém, a farinha formar alguns grumos, passe o molho por uma peneira fina, coloque-o em outra panela e leve novamente ao fogo, mexendo até engrossar.

2
Rale fino o parmesão e a noz-moscada, se for usá-la, o suficiente para obter ¼ colher (chá). Coloque ⅔ do queijo ralado no molho, tempere com sal, pimenta e a noz-moscada e mexa bem. Rasgue a muçarela em pedaços e reserve para usá-la mais tarde.

MUÇARELA FRESCA
Esse tipo de queijo é normalmente encontrado no setor de queijos frescos dos supermercados ou em lojas especializadas. Encontra-se à venda no tamanho de uma bola de tênis ou em bolas pequenas, mergulhadas num líquido leitoso e acondicionadas em saquinhos ou potes plásticos. Existe também a preparada com leite de búfala, bastante usada crua, em saladas, ou em pratos quentes, como pizzas e massas.

3
Preaqueça o forno a 175°C. Monte a lasanha numa fôrma refratária grande. Comece fazendo uma camada de molho à bolonhesa. Espalhe por cima um pouco do molho de queijo.

4
Cubra com retângulos de massa, recortando-os, se necessário, para adaptá-los à fôrma. Continue montando a lasanha: molho à bolonhesa, molho de queijo, massa. A última camada deve ser de molho de queijo, suficiente para cobrir totalmente a superfície.

ESCOLHA A MASSA CERTA
Para essa receita, escolha a massa que já vem pré-cozida, dispensando o trabalho de cozinhar as folhas. Se tiver dúvidas, verifique na embalagem.

5
Cubra com o parmesão ralado restante e distribua os pedaços de muçarela.

6
Asse por 40 minutos, até que fique dourada e borbulhante. Verifique se a massa está bem cozida enfiando uma faca pequena no centro: se ela chegar ao fundo sem encontrar resistência, a lasanha estará pronta. Caso contrário, leve ao forno por mais 10 minutos e, se já estiver bem dourada, proteja-a com papel-alumínio. Deixe descansar por 10 minutos antes de servir.

FAÇA ANTES
Se não usou molho à bolonhesa descongelado, poderá guardá-la na geladeira por até 3 dias ou congelar, sem assar. Descongele na geladeira de um dia para o outro. Aumente o tempo de forno em 10 minutos e cubra-a com papel-alumínio logo que comece a dourar.

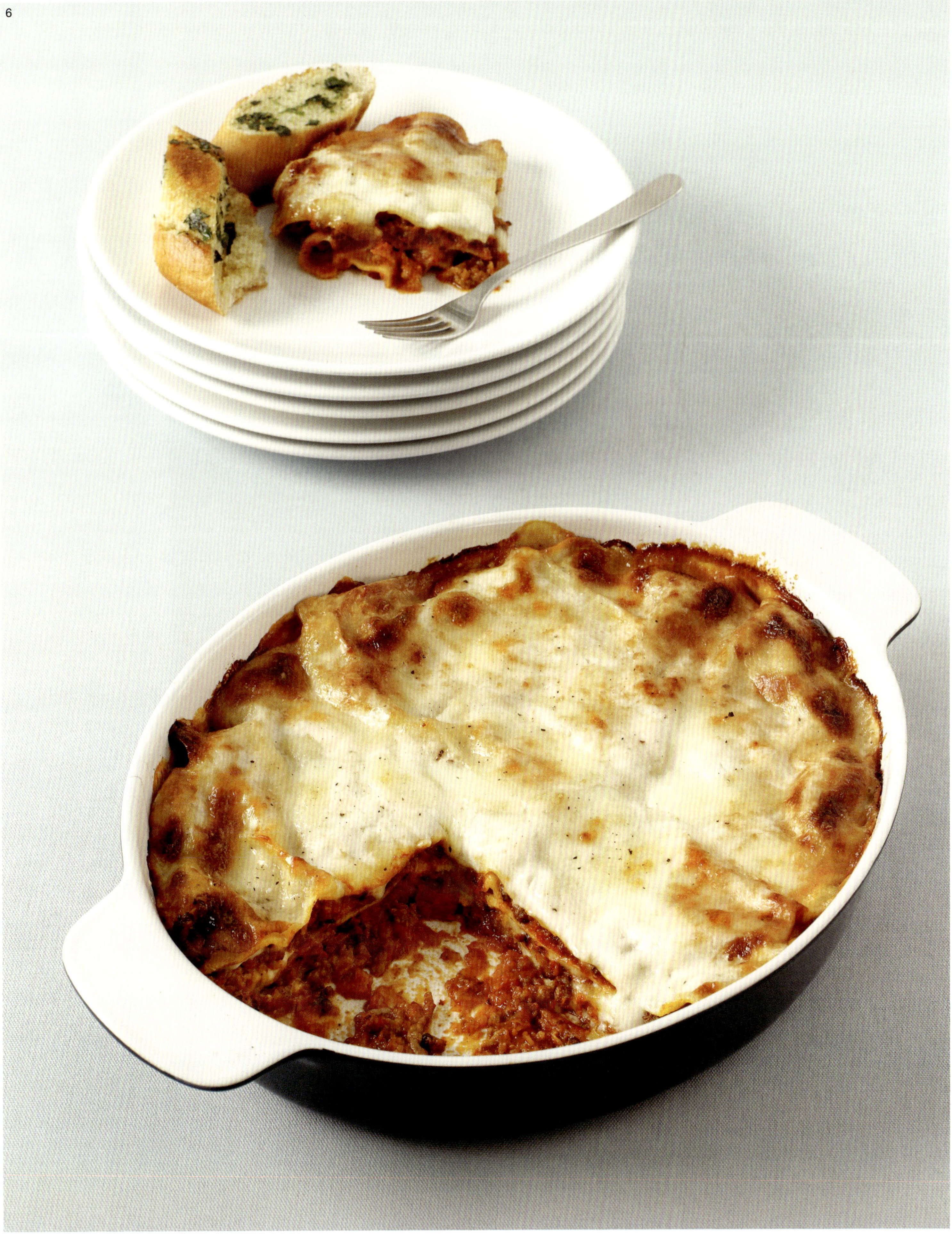

Frango com rolinhos de alho-poró

Tempo de preparo: 1 hora
Tempo de cozimento: 1 hora e 50 minutos
Serve 4-6

É difícil achar uma escolha melhor para o almoço de domingo do que um bom frango assado, principalmente quando acompanhado de um molho delicioso e de rolinhos de alho-poró com bacon. Sirva com Batata assada (página 306) e Cenoura glaceada (página 314). Essa receita pode ser facilmente adaptada para assar peru (ver a nota da página 256).

---

1 frango caipira com cerca de 2 kg
2 limões
1 cabeça de alho
alguns ramos de tomilho fresco
1 colher (sopa) de manteiga
sal e pimenta-do-reino
2 cebolas
3 colheres (sopa) de azeite de oliva extravirgem, mais um pouco para untar
2 alhos-porós não muito grossos
150 g de pão de fôrma sem casca (cerca de 5 fatias)
1 punhado de salsa fresca
1 punhado de sálvia fresca
1 ovo médio
6 fatias de bacon
1 colher (sopa) de farinha de trigo
½ xícara (chá) de vinho branco seco
1¼ xícara (chá) de caldo de galinha

1

Preaqueça o forno a 200°C. Retire os miúdos de dentro do frango, se houver. Lave o frango e enxugue-o com toalhas de papel, por dentro e por fora. Coloque-o numa assadeira de fundo grosso, onde fique com pouca folga. Rale fino a casca dos limões e reserve-a. Corte um deles ao meio e acomode metade na cavidade do frango. Corte a cabeça de alho ao meio, na parte mais larga, e coloque metade dentro do frango, junto com 2 ramos do tomilho.

2

Amarre as pernas do frango juntas: passe um pedaço comprido de barbante por baixo das costas da ave, puxe-o na parte interna das coxas e por baixo das pernas cruzando-o e levando-o para cima, onde será amarrado com um laço (ver foto 9). Espalhe a manteiga sobre o peito e as coxas e polvilhe sal, pimenta e algumas folhas de tomilho. Corte 1 das cebolas em gomos e espalhe-os ao redor da ave. Regue-a com 1 colher (sopa) de azeite, leve ao forno e asse por 1½ hora. Na metade do cozimento, espalhe um pouco de azeite sobre a outra metade da cabeça de alho e coloque-a na assadeira.

3

Enquanto o frango assa, prepare os rolinhos. Elimine a parte dura das folhas dos alhos-porós. Lave-os e corte as partes branca e verde-clara em fatias finas. Corte a segunda cebola em rodelas finas. Leve uma frigideira ao fogo baixo, adicione o alho-poró e a cebola e tampe. Cozinhe por 10 minutos, mexendo de vez em quando, até ficarem macios.

Domingo com a Família

4
Com as mãos, rasgue o pão em pedaços e coloque no processador. Junte a salsa, a sálvia e as folhas restantes do tomilho.

5
Pulse várias vezes, até que fique picado fino.

6
Esprema o suco da outra metade do limão numa tigela pequena. Em outra tigela, quebre o ovo e bata-o ligeiramente. Coloque na frigideira com o alho-poró o suco e a casca ralada de limão, o ovo batido, as migalhas de pão com ervas, sal e pimenta a gosto. Deixe esfriar por alguns minutos.

Frango com rolinhos de alho-poró

7
Alongue as fatias de bacon segurando-as por uma das extremidades e deslizando a lâmina da faca por todo o comprimento. Desta forma, elas ficarão com 50% a mais de comprimento. Corte-as ao meio para obter 12 tiras.

8
Unte ligeiramente uma assadeira. Com a mistura da frigideira, forme 12 bolinhos com 4-5 cm de diâmetro e enrole-os com as tiras de bacon. Arrume os rolinhos na assadeira, com a ponta do bacon para baixo para evitar que desenrole durante o cozimento.

9
Quando o frango estiver pronto, a cebola e o alho, imersos nos sucos da assadeira, serão a base para um saboroso molho. Usando duas colheres de pau, levante a ave da assadeira e passe-a para um prato. Para isso, coloque uma das colheres dentro da cavidade do frango e use a outra para sustentá-lo por baixo, inclinando-o ligeiramente para que o suco acumulado na cavidade escorra para a assadeira. Deixe o frango descansar por 20-30 minutos, mas não o cubra com papel-alumínio para que a pele permaneça crocante. Aumente a temperatura do forno para 220°C. Leve a assadeira com os rolinhos para assar por 20 minutos.

SERÁ QUE ESTÁ COZIDO?
Mexa as pernas do frango – se elas se movimentarem livremente é porque a carne ao redor das juntas está cozida. Introduza um espetinho na parte mais carnuda da sobrecoxa. Retire-o e observe o suco que sair: se for transparente, a ave está pronta; se ainda estiver rosado, leve o frango de volta ao forno por mais 15 minutos e depois repita o teste.

Domingo com a Família

10

Enquanto isso, prepare o molho. Com uma colher, retire o excesso de gordura do molho da assadeira. Leve-a ao fogo baixo e peneire a farinha por cima. Cozinhe, mexendo sempre, por 2 minutos. Adicione o vinho e continue mexendo até o molho encorpar e o aroma do vinho ter quase desaparecido.

11

Acrescente o caldo aos poucos, mexendo sem parar, até o molho ficar ralo e sem grumos. Continue cozinhando e mexendo até que engrosse novamente.

12

Passe o molho por uma peneira fina para uma jarra medidora aquecida. Ao coar, pressione bem a cebola para extrair o máximo do sabor. Junte ao molho o suco que tenha escorrido no prato do frango. Cubra a jarra.

13

Sirva o frango com os rolinhos ao redor e o molho à parte. Sirva também o alho assado para que cada convidado, se quiser, pegue alguns dentes para misturar ao molho que está no seu prato.

COMO ASSAR UM PERU
Você pode usar essa receita para assar um peru de 5-6 kg (que serve 8 pessoas e sobra). Espalhe 4 colheres (sopa) de manteiga sobre a ave e asse-a, coberta com papel-alumínio, em forno aquecido a 190°C, calculando 40 minutos para cada kg da ave. Durante os últimos 90 minutos de cozimento, elimine o papel-alumínio. Dobre a receita dos rolinhos e asse-os durante o descanso de 30 minutos do peru. Dobre também os ingredientes do molho e aproveite o suco que escorrer da ave durante o descanso. Sirva com legumes.

256 Frango com rolinhos de alho-poró

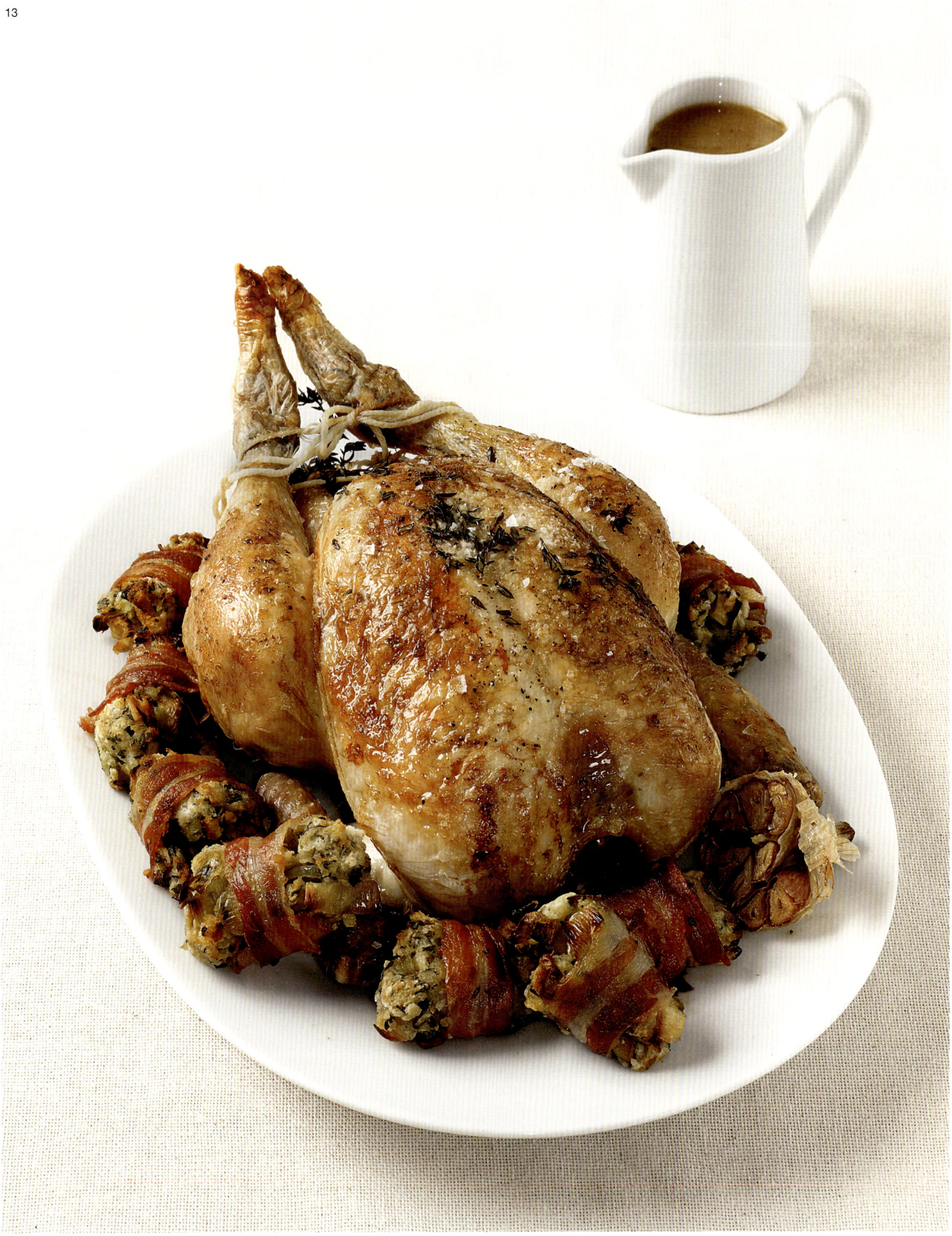

Torta do pastor

Tempo de preparo: 45 minutos
Tempo de cozimento: 25 minutos, mais 1½ hora para o cozimento lento da carne
Serve 6

Esse prato de carne moída com purê de batata gratinado ganhou o nome por ser feito originalmente com carne de carneiro, mas, se desejar, poderá prepará-lo com carne de boi. A única diferença é que você vai ter de usar um pouco mais de óleo para fritá-la, já que a carne bovina é mais magra.

½ kg de carne de carneiro moída
2 cebolas
2 talos de salsão
3 cenouras
1 colher (sopa) de azeite de oliva suave
4 colheres (sopa) de manteiga
2 colheres (sopa) de extrato de tomate
2 colheres (sopa) de molho inglês
alguns ramos de tomilho fresco
2 colheres (chá) de mostarda de Dijon
2¼ xícaras (chá) de caldo de carne
1 kg de batata
1 colher (chá) de sal kosher
1 xícara (chá) de leite
sal e pimenta-do-reino
1 colher (sopa) de farinha de trigo

1
Aqueça uma frigideira grande ou uma caçarola rasa em fogo alto. Adicione a carne e frite-a, desmanchando os grumos com a colher de pau.

2
Após 10 minutos, a carne estará dourada e enxuta. É provável que, no começo, a carne solte um pouco de líquido, mas, com o fogo alto, ele acabará evaporando, permitindo que a carne, no final, frite em sua própria gordura. Passe a carne para uma tigela forrada com toalhas de papel para absorver o excesso de gordura.

3
Enquanto a carne frita, pique grosso a cebola, o salsão e a cenoura e coloque-os no processador de alimentos.

4
Pulse o aparelho até os legumes ficarem picados fino. Caso não tenha o processador de alimentos, pique finamente os legumes com uma faca, mas, neste caso, você terá de cozinhá-los um pouco mais.

5
Lave rapidamente a panela onde fritou a carne e leve-a ao fogo baixo com o azeite e metade da manteiga. Quando começar a espumar, acrescente os legumes picados e cozinhe por 10 minutos, até amaciarem.

6
Coloque a carne de volta na panela e junte o extrato de tomate, o molho inglês, as folhas do tomilho e metade da mostarda. Cozinhe por 1 minuto e adicione o caldo, mexendo até levantar fervura. Tampe parcialmente a panela e deixe cozinhar em fogo baixo por 1½ hora ou até a carne ficar macia e o molho, encorpado.

Domingo com a Família

7
Enquanto a carne cozinha, prepare o purê. Descasque as batatas e corte-as em quatro. Coloque numa panela grande, cubra com água fria, adicione o sal e leve ao fogo. Quando levantar fervura, diminua o fogo e deixe cozinhar por 15 minutos ou até a batata ficar macia.

8
Despeje a batata no escorredor. Coloque a manteiga restante e o leite na mesma panela onde cozinhou a batata e leve ao fogo médio. Quando o leite começar a ferver, junte a batata escorrida e retire do fogo.

9
Transforme a batata em purê com o espremedor ou o amassador, se você tiver um. O importante é executar essa operação enquanto a batata ainda estiver quente. Acrescente o restante da mostarda e tempere com sal e pimenta.

10
Misture a farinha com 2 colheres (sopa) de água fria para obter um creme liso e adicione à carne. Leve de volta ao fogo até ferver e engrossar, mexendo sempre. Preaqueça o forno a 175°C.

11
Transfira a carne para uma fôrma refratária e distribua colheradas de purê por cima (se você despejar o purê num só ponto, ele irá afundar dentro do molho).

12
Com um garfo, espalhe o purê cobrindo toda a superfície e desenhando espirais para decorar. Asse por 25 minutos até ficar dourado e borbulhante. Sirva quente. Vai bem com Legumes na manteiga (página 330).

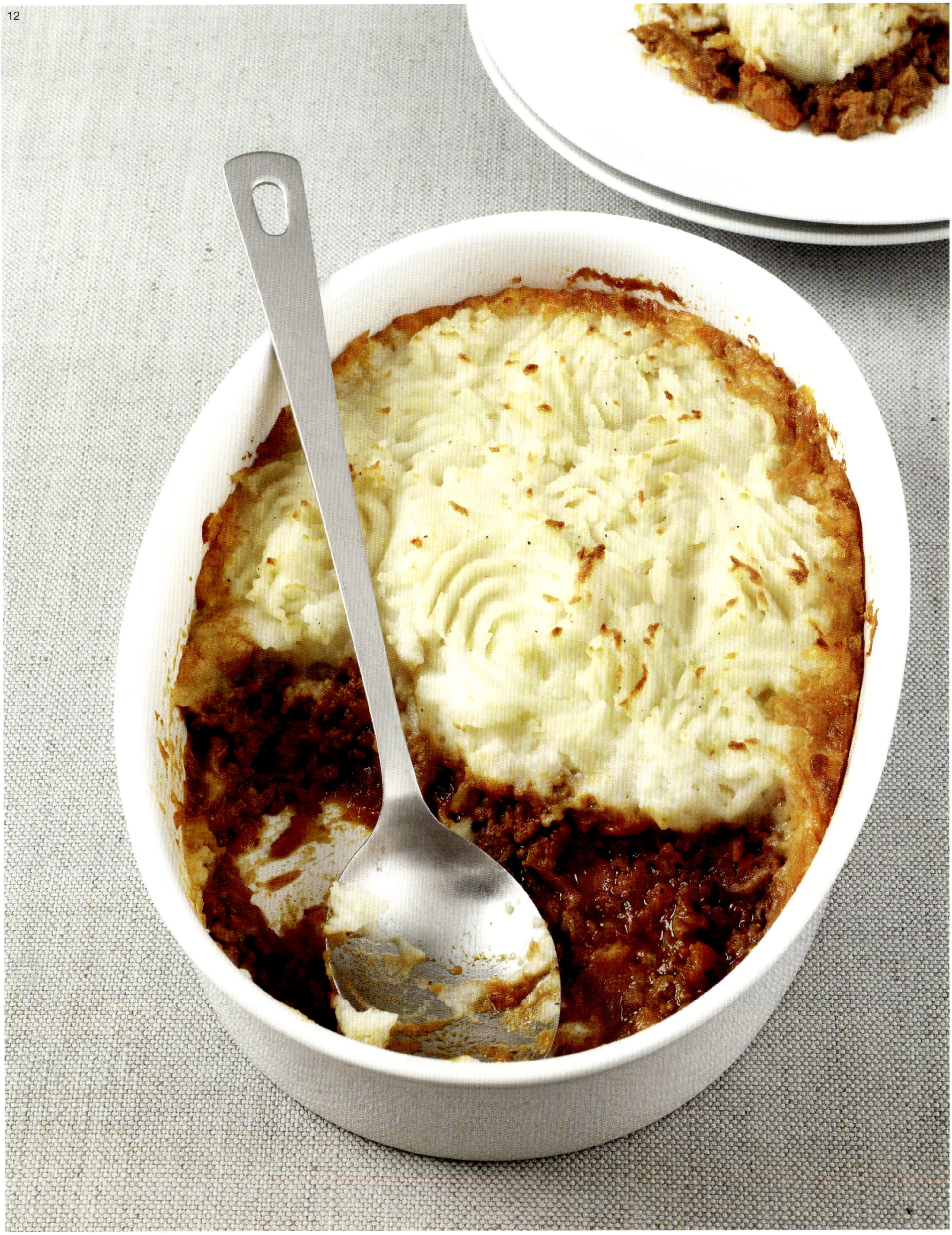

Talharim com molho à bolonhesa

Tempo de preparo: 40 minutos
Tempo de cozimento: 1½ hora
Serve 6 generosamente

Nada melhor que um farto molho à bolonhesa, com bastante carne! Mas ele não pode ser feito às pressas. Como normalmente são usados cortes mais duros, o cozimento deve ser lento para que a carne fique realmente macia. Importante também é o tempo necessário no início para dourar bem a carne, a fim de que exale um aroma intenso. Portanto, é preciso ter calma.

- 1 colher (sopa) de azeite de oliva suave
- 1 kg de carne magra moída
- 2 cebolas
- 2 talos de salsão
- 1 cenoura
- 2 dentes de alho
- 8 tiras de bacon ou pancetta (ver página 162)
- 1 punhado de manjericão fresco ou 1 colher (chá) de um mix de ervas secas
- 2 colheres (sopa) de extrato de tomate
- 1 folha de louro
- ⅔ xícara (chá) de vinho branco seco
- ⅔ xícara (chá) de leite
- 2 latas (400 g cada) de tomate pelado, picado
- sal e pimenta-do-reino
- ½ kg de talharim seco
- 1 pedaço de queijo parmesão, para servir

1
Aqueça uma frigideira grande ou uma caçarola em fogo alto. Adicione o azeite e, após 30 segundos, junte a carne. A chama deve estar alta o suficiente para a carne fritar sem soltar líquido. Desmanche os grumos com a colher de pau.

2
Após 10 minutos, a carne estará dourada e enxuta. Pode ser que, no começo, a carne solte um pouco de líquido, mas, com o cozimento em fogo alto, ele acabará evaporando, permitindo que a carne, no final, frite em sua própria gordura. Transfira então a carne para uma tigela.

3
Enquanto a carne frita, pique grosso a cebola, o salsão, a cenoura e o alho e coloque-os no processador de alimentos.

4
Pulse até os legumes ficarem finamente picados. Caso não tenha processador, pique finamente os legumes com uma faca, mas você terá de cozinhá-los um pouco mais.

5
Pique o bacon ou a pancetta e coloque na panela. Frite por 8-10 minutos em fogo médio para que solte a gordura e fique dourado e crocante. A pancetta ficará crocante em menos tempo.

Domingo com a Família

6
Adicione os legumes ao bacon e diminua o fogo. Cozinhe por mais 10 minutos, até os legumes amaciarem.

7
Coloque a carne de volta na panela e acrescente o manjericão rasgado ou as ervas secas. Misture o extrato de tomate, o louro e o vinho e continue cozinhando em fogo baixo por mais 2 minutos. Adicione o leite, o tomate picado, ½ xícara (chá) de água e tempere com sal e pimenta.

8
Tampe parcialmente a panela e cozinhe por 1½ hora, sempre mantendo o fogo no mínimo. Quando a carne estiver macia e o molho suculento, prove o tempero e, se necessário, adicione mais sal e pimenta.

9
Cozinhe o talharim por 10 minutos (ver página 141). Reserve 1 xícara (chá) da água do cozimento e escorra a massa. Rale um pouco de parmesão ou corte em lascas.

10
Elimine a folha de louro do molho. Despeje a massa escorrida sobre o molho, junto com 2-3 colheradas da água do cozimento, e mexa bem. Sirva com queijo parmesão ralado ou cortado em lascas.

FAÇA ANTES
Esse molho de carne é um ótimo curinga. Por isso, dobre a receita e guarde metade na geladeira ou no congelador. Para um jantar improvisado, é só cozinhar o macarrão ou montar uma lasanha: o tempo necessário será muito reduzido. Se de fato dobrar a receita, é melhor fritar a carne aos poucos para não juntar líquido.

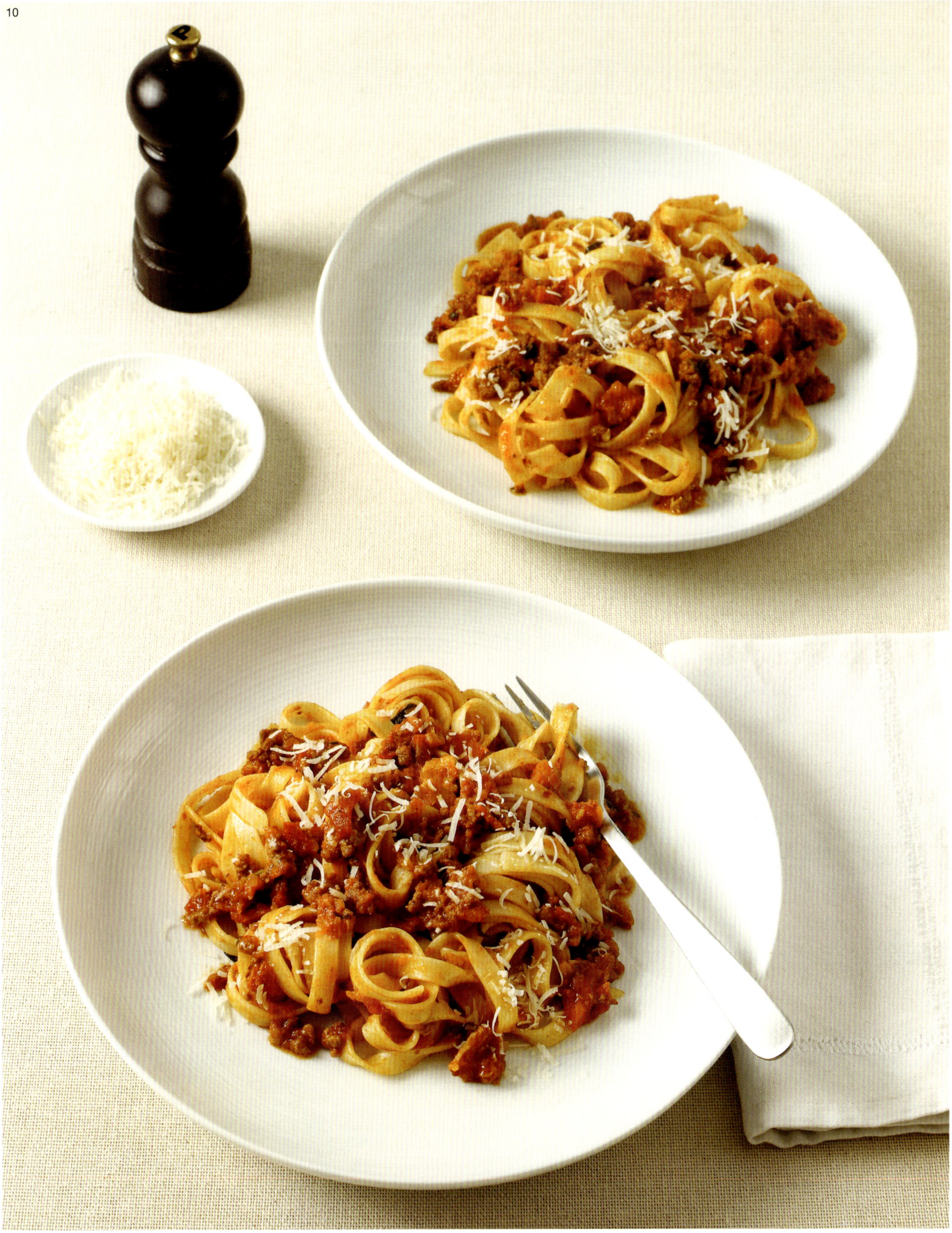

Pernil de cordeiro com alecrim

Tempo de preparo: 30 minutos
Tempo de cozimento: 2 horas e 10 minutos
Serve 6

Alguns cortes de cordeiro, como as costeletas, podem até ser servidos malpassados, mas o pernil, por ser menos tenro, precisa ser cozido por mais tempo. Seguindo essa receita, você terá uma carne ligeiramente rosada e bem suculenta.

---

10 dentes de alho
1 pernil de cordeiro (cerca de 2 kg)
1 punhado de alecrim fresco
sal e pimenta-do-reino
1 talo de salsão
1 cenoura
1 cebola
3 colheres (sopa) de azeite de oliva suave
cerca de 2 kg de batata para assar
½ xícara (chá) de vinho tinto seco
2 xícaras (chá) de caldo de carne
1 colher (sopa) de geleia de amora ou framboesa

1

Preaqueça o forno a 220°C. Corte 5 dentes de alho em fatias finas. Com uma faca pequena, pontuda e bem afiada, faça 25 cortes com 2 cm de profundidade em todo o pernil. Coloque dentro de cada corte um tufo de folhas de alecrim e uma fatia de alho. Tempere com sal e pimenta.

2

Corte o salsão, a cenoura e a cebola em pedaços graúdos e coloque-os numa assadeira grande e pesada. Apoie o pernil sobre os legumes, regue com 1 colher (sopa) do azeite e leve ao forno, na prateleira do meio, deixando que asse por 20 minutos. Diminua então a temperatura para 190°C. Despeje ½ xícara (chá) de água sobre a carne e asse por mais 1 hora. Se, durante esse período, o alho, o alecrim ou o pernil começar a dourar rápido demais, proteja-os com papel-alumínio.

3

Enquanto o pernil assa, descasque as batatas e corte-as em pedaços médios. Coloque-os numa assadeira grande e distribua por cima os dentes de alho restantes, sem descascar. Pique 1 colher (sopa) de folhas de alecrim e espalhe sobre a batata. Tempere com sal e pimenta a gosto. Regue com o restante do azeite e mexa bem com as mãos para besuntar todos os pedaços de batata.

Domingo com a Família

4
Depois que o pernil assou por 1 hora, coloque também a batata no forno, na prateleira mais alta. Asse a carne por mais 30 minutos e retire do forno. Os legumes ao redor dela estarão caramelizados.

5
Aumente a temperatura do forno para 220°C e asse a batata por mais 20 minutos. Transfira o pernil para uma tábua ou para um prato e deixe descansar, sem cobrir.

6
Elimine o excesso de gordura da assadeira, deixando somente 1 colher (sopa). Coloque a assadeira sobre fogo médio e adicione o vinho e o caldo. Deixe ferver até que o molho fique reduzido à metade, com consistência de calda de açúcar não muito grossa. Junte a geleia e mexa até obter um molho brilhante. Acrescente qualquer líquido que tenha escorrido da carne e tempere com sal e pimenta a gosto.

7
Coe o molho e sirva-o numa molheira à parte. Ao lado do pernil, coloque a batata assada. Se quiser, acompanhe com a Cenoura glaceada (página 314).

O TEMPO CERTO
Para assar outros cortes de cordeiro, siga esses tempos de cozimento. Comece sempre com uma temperatura de 220°C e asse por 20 minutos. Para a peça ficar dourada por fora e rosada perto do osso, calcule mais 20 minutos por cada ½ kg de carne, incluindo o osso. Para carne malpassada, 15 minutos por cada ½ kg serão suficientes, mas, se preferir bem passada, calcule 25 minutos por cada ½ kg. Como qualquer carne, o cordeiro também deverá estar em temperatura ambiente na hora de ir ao fogo.

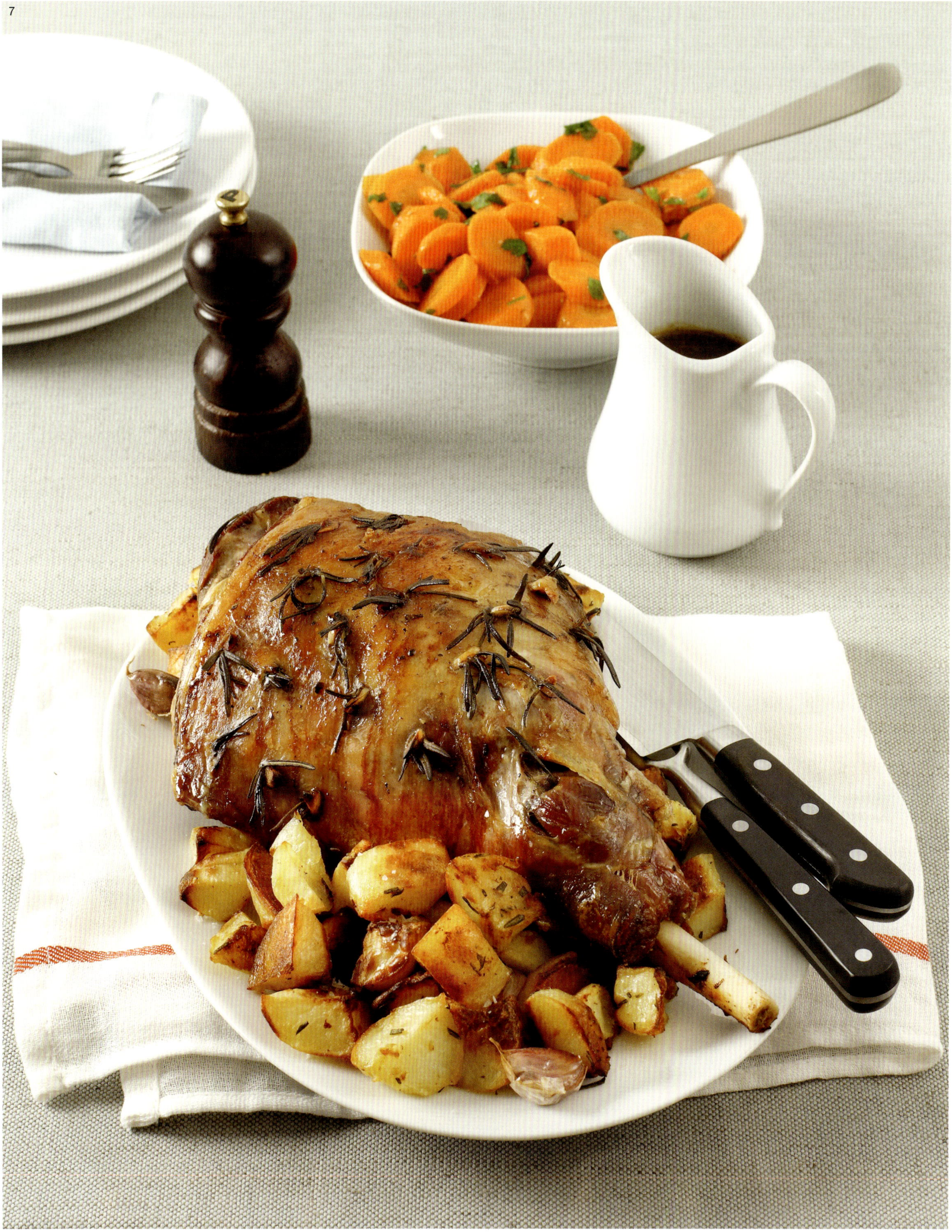

Ensopado de peixe mediterrâneo

Tempo de preparo: 30 minutos
Tempo de cozimento: 40 minutos
Serve 6

Nesse esplêndido ensopado de peixe, aromatizado com casca de laranja e um toque de anis-estrelado, sente-se o perfume da Provença, região do sul da França. Sirva ao lado o rouille, tradicional molho à base de maionese com alho. No prato, o rouille vai se mesclar com o molho do ensopado, deixando-o ainda mais perfumado e rico. Experimente degustá-lo com pão fresco, é um prazer indescritível.

---

2 cebolas
3 dentes grandes de alho
3 talos de salsão
2 pimentões vermelhos
2 colheres (sopa) de azeite de oliva
1 laranja
1 anis-estrelado
2 folhas de louro
½ colher (chá) de pimenta calabresa em flocos
2 colheres (sopa) de extrato de tomate
⅔ xícara (chá) de vinho branco seco
1 lata (400 g) de tomate pelado, picado
2 xícaras (chá) de caldo de peixe
sal e pimenta-do-reino
1 kg de peixe, de preferência orgânico, em filés e sem a pele
400 g de vôngole ou mexilhão
1 pimenta vermelha grande
1 xícara (chá) de maionese
200 g de camarão, sem casca e limpo
1 punhado de salsa fresca
pão fresco, para acompanhar (opcional)

1
Fatie fino as cebolas, 2 dentes de alho e o salsão. Elimine as sementes dos pimentões e corte-os em tiras grossas. Aqueça o azeite em uma caçarola grande em fogo baixo. Acrescente esses ingredientes e cozinhe em fogo baixo por 10 minutos, até que estejam quase macios, mas não corados.

2
Com um descascador de legumes, retire uma tira da casca da laranja, sem pegar a parte branca, que é amarga. Coloque a tira de laranja, o anis-estrelado, as folhas de louro e a pimenta calabresa na panela e deixe cozinhar, sem tampar, por mais 10 minutos ou até que o pimentão esteja bem macio.

3
Aumente um pouco o fogo e adicione o extrato de tomate, cozinhe por 2 minutos e junte o vinho. Deixe evaporar quase totalmente, depois acrescente o tomate picado e o caldo. Volte a cozinhar em fogo baixo por mais 10 minutos, até que comece a encorpar. Tempere com sal e pimenta.

4
Enquanto o molho cozinha, corte o peixe em pedaços grandes. Escove o vôngole ou raspe o mexilhão. Elimine qualquer barba que esteja saindo das conchas e bata naqueles que estiverem abertos. Se não fecharem de imediato, elimine-os, assim como os que forem muito pesados porque, provavelmente, estão cheios de areia.

5
Para preparar o rouille, elimine as sementes da pimenta vermelha. Pique grosso a pimenta e o dente de alho restante. Coloque-os num processador de alimentos pequeno, junto com a maionese.

6
Pulse várias vezes, até a pimenta ficar bem picada. Se não tiver o processador, pique bem fino a pimenta, amasse o alho e misture-os com a maionese. Coloque o rouille em uma molheira.

7
Adicione os pedaços de peixe e o camarão ao molho na caçarola. Quando levantar fervura, diminua o fogo, tampe e cozinhe por 2 minutos. Acrescente o vôngole ou mexilhão, tampe novamente e cozinhe por mais 2-4 minutos, até que os mariscos estejam abertos, o peixe opaco e o camarão rosado. Elimine qualquer concha que não abrir. Tempere com sal e pimenta.

8
Na hora de servir, pique grosso a salsa e salpique-a sobre o ensopado. Sirva com pão fresco e o rouille na molheira.

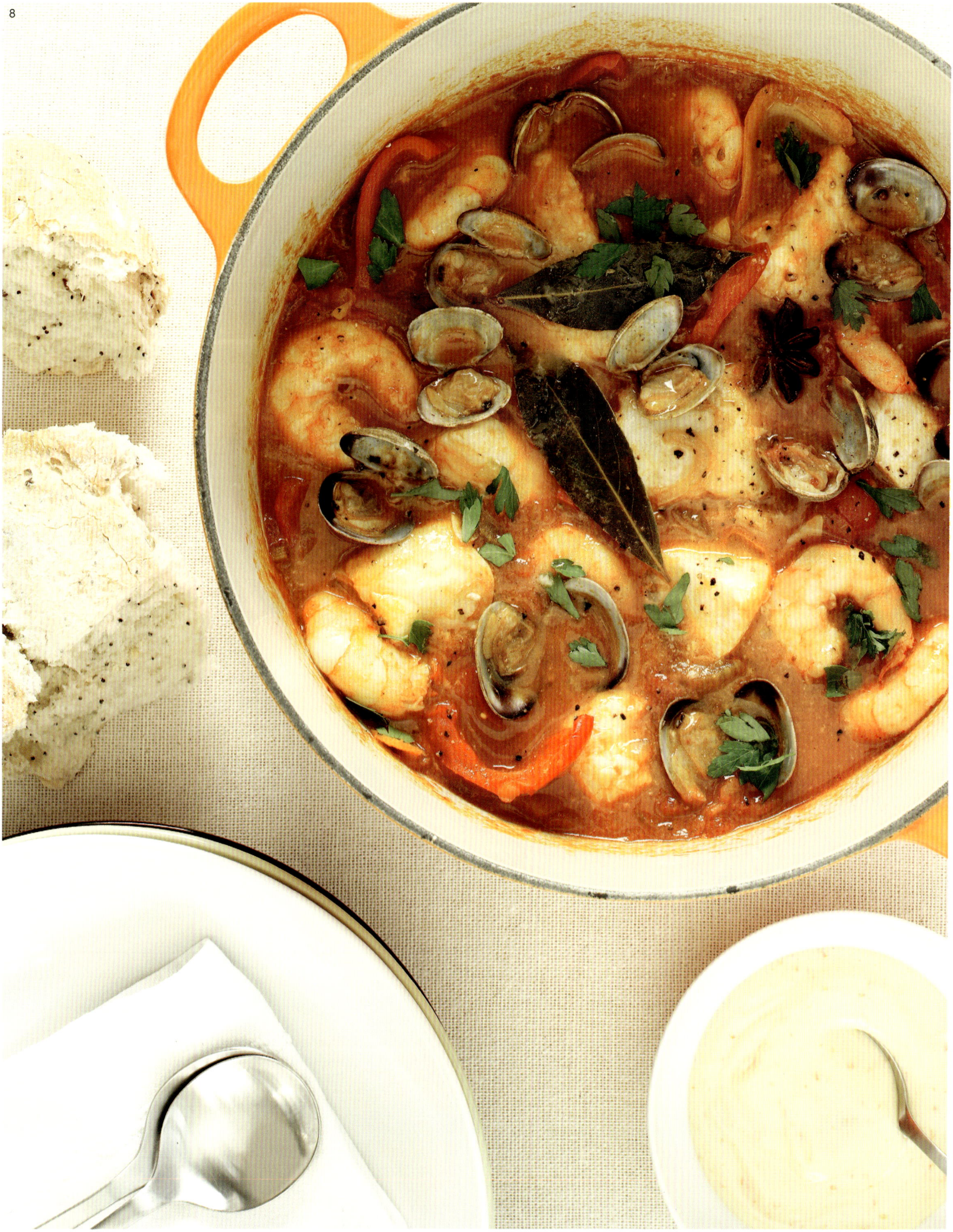

Carne assada com pudim Yorkshire

Tempo de preparo: 20 minutos
Tempo de cozimento: 2 horas e 20 minutos
Serve 6

Nada de mais suculento do que uma peça de contrafilé ao forno, dourada e crocante. Se tiver visitas e quiser impressioná-las, peça ao açougueiro um corte que tenha também os ossos: vai dar um pouco mais de trabalho na hora de fatiar, mas a aparência é majestosa. O importante, porém, é que você escolha uma carne de boa procedência, de preferência maturada, para que fique mais macia.

---

1 peça de contrafilé de 2½ kg, com o osso
1 xícara (chá) de farinha de trigo, mais 2 colheres (sopa)
2 colheres (chá) de mostarda inglesa em pó
1½ colher (chá) de sal kosher
1 colher (chá) de pimenta-do-reino preta moída
1 punhado de tomilho fresco
3 ovos grandes
1¼ xícara (chá) de leite
¼ xícara (chá) de óleo vegetal
2¼ xícaras (chá) de caldo de carne
sal e pimenta-do-reino

1
Preaqueça o forno a 220°C. Enxugue a carne com toalhas de papel. Numa tigela pequena, misture 1 colher (sopa) da farinha, a mostarda em pó, 1 colher (chá) do sal e a pimenta. Salpique sobre a carne e esfregue-a bem com essa mistura.

COM O OSSO
É melhor usar uma peça de carne com o osso porque este proporciona um molho mais escuro e mais saboroso. Se comprar carne fresca, diga ao açougueiro para eliminar a ponta inferior do osso, mas deixar o da costela.

2
Espalhe os ramos de tomilho em uma assadeira e apoie a carne sobre eles, com a capa de gordura virada para cima. Asse a carne por 20 minutos. Diminua a temperatura para 170°C e asse por mais 1 hora e 40 minutos para carne ao ponto (ou, seja, suculenta e ainda rosada no centro). Se você prefere carne com outro ponto de cozimento, ver na página 278 maiores informações com relação aos tempos.

3
Enquanto a carne assa, comece o preparo dos pudins Yorkshire. Para a massa, coloque numa tigela 1 xícara (chá) de farinha e ½ colher (chá) de sal. Misture e abra uma cavidade no centro. Quebre os ovos e coloque-os na cavidade, juntamente com 1 colher (sopa) do leite.

Domingo com a Família

4
Bata com o batedor de arame até obter uma mistura lisa e grossa. Se ainda tiver alguns grumos, continue batendo até desfazê-los.

5
Quando não tiver mais grumos, adicione o restante do leite aos poucos, sempre batendo, até obter uma massa lisa e meio rala. Reserve.

6
Retire a carne do forno e deixe-a descansar, coberta por papel-alumínio sem apertar, enquanto você assa os pudins. Durante esse período de descanso, a temperatura interna da carne continuará subindo ainda mais um pouco, portanto não pense em assá-la por mais tempo, pois ela poderá passar do ponto.

276 Carne assada com pudim Yorkshire

7
Aumente a temperatura do forno para 220°C. Coloque 1 colher (chá) do óleo em cada uma das 12 cavidades de uma fôrma antiaderente para muffins. Coloque a fôrma no forno por 10 minutos. Quando o óleo estiver quente, retire a fôrma do forno. Divida a massa entre as forminhas, trabalhando o mais rápido que puder, mas com cuidado para não se queimar. Asse os pudins por 15-20 minutos. Evite abrir a porta do forno durante os primeiros 15 minutos.

8
Enquanto isso, prepare o molho. Transfira a carne para uma tábua ou prato. Incline um pouco a assadeira e elimine o excesso de gordura, deixando somente 1 colher (sopa). Coloque a assadeira em fogo médio e polvilhe 1 colher (sopa) de farinha restante sobre os sucos. Mexa por 2 minutos para que engrosse. Esse método proporciona um molho encorpado, à moda antiga. Se você prefere que o molho fique mais ralo, não use a farinha e passe para o passo 9.

9
Despeje um pouco do caldo na assadeira para obter uma mistura lisa. Em seguida, vá adicionando o restante, aos poucos e sempre mexendo, até que o molho fique ralo. Depois de ferver, voltará a encorpar. Se você não usou a farinha, deixe o molho ferver por alguns minutos para apurar até ficar com consistência de calda de açúcar meio rala. Acrescente qualquer suco que tenha escorrido da carne, coe o molho e coloque-o em uma molheira.

Domingo com a Família

10
Após 15 minutos de forno, os pudins estarão crescidos, bem dourados e crocantes.

11
É melhor desossar a carne antes de levá-la à mesa para que seja mais fácil fatiá-la. Para isso, passe a lâmina da faca entre o osso e a carne, separando-os.

12
Sirva fatias de carne regadas pelo molho com um pudim Yorkshire por cima. Se quiser, acompanhe com legumes, como a Batata assada (página 306) e Legumes na manteiga (página 330).

TEMPOS DE COZIMENTO
Para assar qualquer peça de carne bovina, sempre comece com o forno a 220°C e 20 minutos de cozimento. Depois, diminua a temperatura para 170°C. Para carne malpassada (macia e vermelha no centro), asse por 15 minutos para cada ½ kg de carne. Para carne entre malpassada e ao ponto (mais firme, mas ainda rosada e suculenta no centro), calcule 18 minutos para cada ½ kg. Se preferir ao ponto (levemente rosada no centro), o tempo será de 20 minutos para cada ½ kg. E se preferir bem passada, o tempo será de 25 minutos para cada ½ kg. A carne deve estar em temperatura ambiente. Como os cortes de carne variam tanto no formato quanto no peso, esses tempos são aproximados. Para ter certeza se a carne está no ponto de cozimento certo, o ideal é usar um termômetro instantâneo para carne, que deve ser inserido no ponto mais carnudo da peça, porém sem tocar os ossos. Nesse caso, a carne malpassada estará com cerca de 50°C, entre malpassada e ao ponto com 55°C, ao ponto com 60°C e a bem passada marcará 70°C.

278 Carne assada com pudim Yorkshire

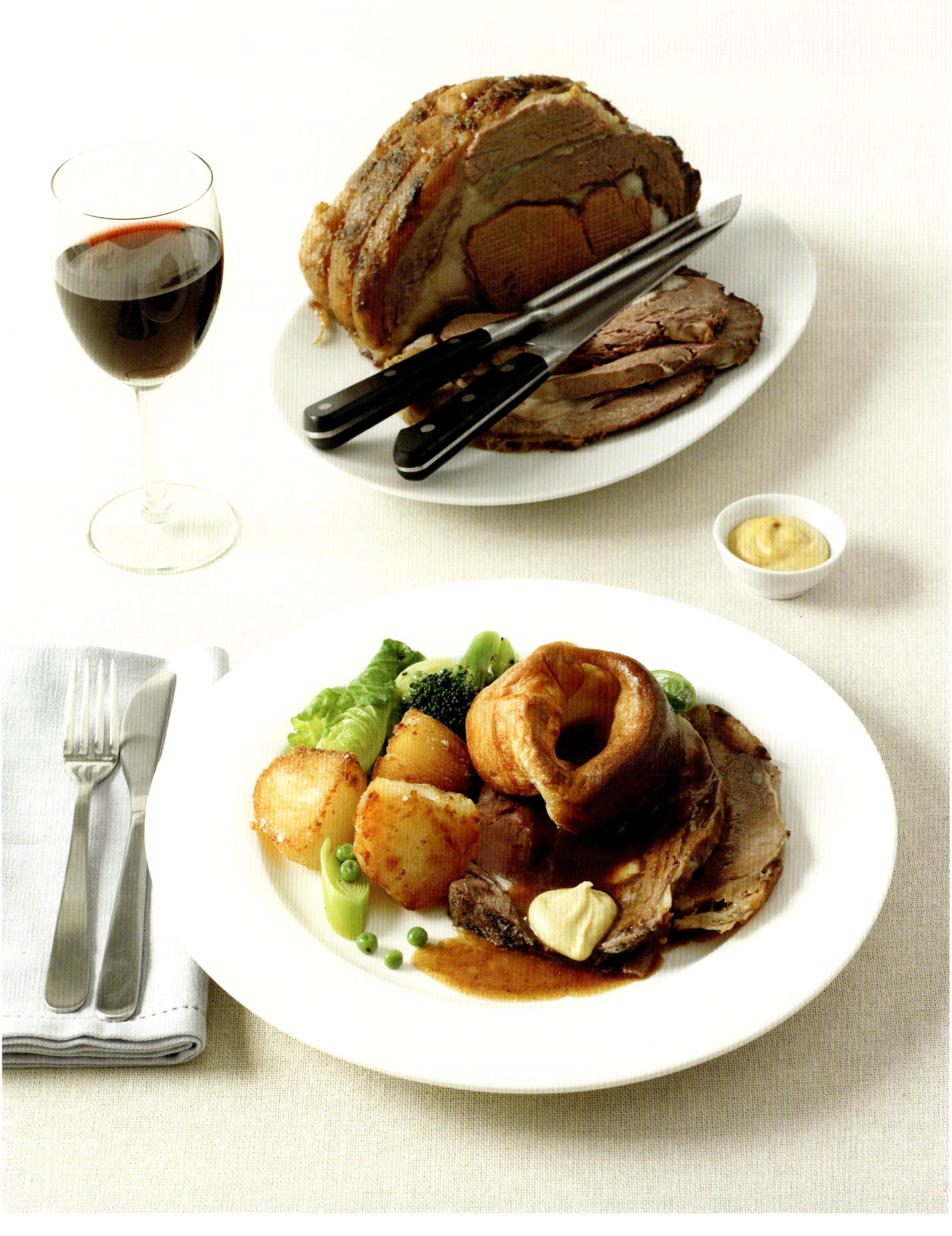

Paella

Tempo de preparo: 30 minutos
Tempo de cozimento: 50 minutos
Serve 6

Esse clássico espanhol é ótimo para servir a um grupo de pessoas, sejam amigos ou familiares. Você escolhe os frutos do mar que quer usar, mas camarão, mexilhão e lula (não se preocupe – são fáceis de cozinhar) são indispensáveis, pois trazem cor e sabor ao prato. Se não tiver a panela típica, procure utilizar a maior que possui, pois o arroz cresce bastante durante o cozimento.

---

100 g de chorizo (ver nota na página 121)
2 colheres (chá) de azeite de oliva suave
6 sobrecoxas de frango, desossadas e sem pele
sal e pimenta-do-reino
2 cebolas
3 dentes de alho
2 pimentões vermelhos
2 xícaras (chá) de arroz para paella (ver página 282)
1 colher (chá) de páprica doce ou defumada
½ colher (chá) de estames de açafrão
½ xícara (chá) de vinho branco seco
4½ xícaras (chá) de caldo de galinha ou de peixe
6 lulas pequenas, limpas
300 g de mexilhão
12 camarões grandes, com casca, com ou sem cabeça
1 punhado de ervilha descongelada
1 punhado de salsa fresca
1 limão

1
Fatie fino o chorizo. Coloque uma frigideira ou uma caçarola grande (ou uma panela própria para cozinhar a paella, se você a tiver) em fogo médio. Junte o azeite e, após 30 segundos, adicione o chorizo. Enquanto ele frita, por 5 minutos, corte o frango em bocados. Quando a gordura do chorizo derreter e passar sua cor vermelha para o azeite, retire-o da panela e reserve.

2
Coloque o frango picado na panela, tempere com sal e pimenta e frite por 5 minutos até que fique dourado, mexendo de vez em quando.

3
Enquanto o frango frita, corte as cebolas e os dentes de alho em fatias finas. Elimine as sementes dos pimentões e corte-os em tiras largas. Acrescente a cebola, o alho e o pimentão à panela do frango e cozinhe em fogo baixo por 10 minutos, até a cebola e o pimentão estarem macios.

Domingo com a Família

4

Adicione o arroz, mexa bem e aumente o fogo para médio. Junte a páprica, os estames de açafrão, o vinho e o caldo. Tempere com sal e pimenta e cozinhe por 20 minutos ou até que o arroz esteja quase macio. Mexa várias vezes durante o cozimento.

ARROZ PARA PAELLA
Os cozinheiros espanhóis usam um tipo de arroz de grão curto e arredondado, próprio para paella, parecido com o arroz italiano para risoto. Os tipos mais usados, descritos como "arroz para paella", são os produzidos na região de Calasparra (Múrcia), principalmente a variedade Bomba. Se não encontrá-los, use arroz para risoto.

5

Enquanto isso, corte as lulas em anéis, deixando os tentáculos inteiros. Esfregue os mexilhões com uma escova dura, lave bem e retire qualquer barba das conchas. Bata os que estiverem abertos com força na superfície de trabalho; se não fecharem imediatamente, elimine-os.

6

Acrescente os camarões à panela, mergulhando-os no caldo ao redor do arroz. Tampe e cozinhe por 5 minutos. Espalhe por cima a lula, os mexilhões, a ervilha e o chorizo. Tampe e cozinhe por mais 2 minutos ou até que os mexilhões estejam abertos e os anéis de lula tenham adquirido a cor branca opaca. Nessa altura, o arroz deve ter absorvido todo o caldo.

7

Elimine os mexilhões que não abriram. Pique grosso as folhas de salsa e salpique sobre a paella, que deve ser servida diretamente no recipiente em que foi cozida. Acompanhe com gomos de limão.

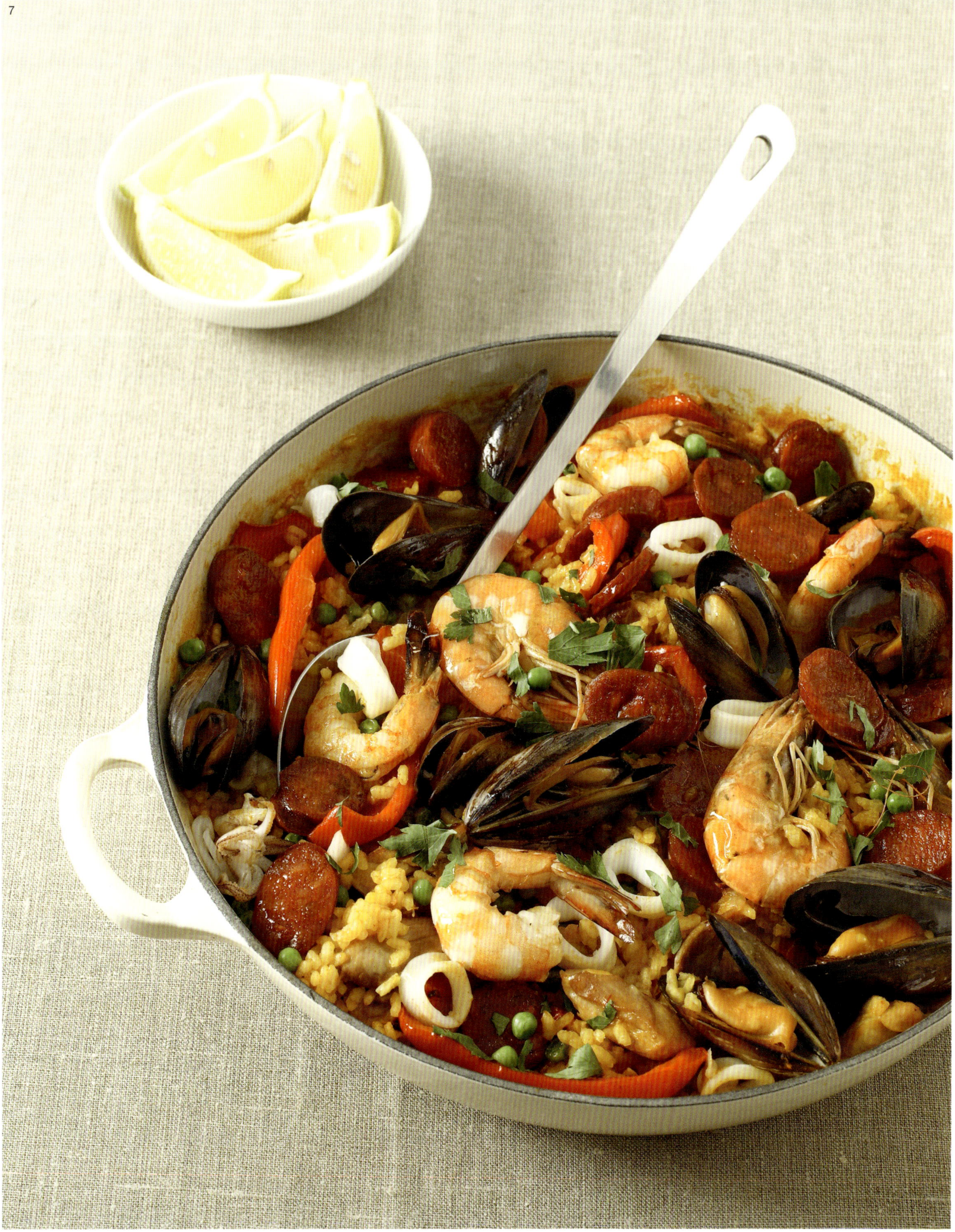

Torta de frango, bacon e legumes

Tempo de preparo: 1¼ hora, mais 30 minutos para esfriar
Tempo de cozimento: 20 minutos (ou 30, se a torta for grande)
Rende 6 tortinhas individuais ou 1 torta grande

Seja para uma refeição em família ou um jantar entre amigos, é mais fácil preparar tortinhas individuais porque não há necessidade de moldar a massa. Se não encontrar crème fraîche, substitua por coalhada fresca ou iogurte natural. Sirva essa torta acompanhada de um simples purê de batata (ver página 136), com quem faz um casamento perfeito.

---

12 sobrecoxas de frango, sem pele
8 tiras de bacon
1 colher (sopa) de azeite de oliva suave
sal e pimenta-do-reino
2 cebolas
2 talos de salsão
3 alhos-porós médios
alguns ramos de tomilho fresco
1 colher (sopa) de manteiga
200 g de champignon
2 colheres (sopa) de farinha de trigo, mais um pouco para abrir a massa
1⅔ xícara (chá) de caldo de galinha
¾ xícara (chá) de crème fraîche
1 colher (chá) de mostarda de Dijon
2 pacotes (300 g cada) de massa folhada congelada, descongelada
1 ovo médio

1
Pique o frango e o bacon em bocados, eliminando os ossos das sobrecoxas.

2
Aqueça uma caçarola ou uma frigideira grande em fogo médio. Junte o azeite, espere 30 segundos e adicione metade do frango e do bacon. Frite por 8-10 minutos, ou até que estejam dourados, mexendo com frequência. Tempere com sal e pimenta e transfira tudo para um prato, usando uma colher perfurada. Repita com o frango e o bacon restantes.

QUER USAR PEITO DE FRANGO? Se você preferir, pode usar peito de frango, embora a carne da sobrecoxa seja mais saborosa e suculenta. Proceda da mesma maneira.

3
Enquanto o frango cozinha, corte a cebola, o salsão e o alho-poró (somente a parte branca) em fatias finas. Quando toda a carne estiver frita e reservada, coloque os legumes na caçarola, tampe e cozinhe em fogo baixo por 10 minutos, ou até ficarem macios.

4
Retire as folhinhas de tomilho dos ramos. Aumente o fogo para médio e adicione a manteiga, o champignon e as folhas de tomilho. Cozinhe por mais 3 minutos, mexendo, até o cogumelo e os legumes ficarem levemente dourados. Coloque o frango de volta na caçarola.

5
Tire a panela do fogo, acrescente a farinha e mexa bem. Sempre mexendo, adicione o caldo aos poucos. Cozinhe em fogo baixo por 20 minutos ou até o frango ficar macio.

Domingo com a Família

6
Junte à caçarola o crème fraîche e a mostarda e misture bem.

7
Tempere com pimenta, mas prove antes de adicionar mais sal, pois o bacon já é salgado. Divida o recheio entre 6 tigelinhas refratárias individuais, deixando pelo menos 2-3 cm livres até a borda para evitar que transborde ao ferver. Espere esfriar.

8
Sobre uma superfície levemente enfarinhada, desenrole a massa folhada laminada e corte-a em 6 retângulos de tamanho pouco maior que a boca das tigelinhas. Bata o ovo com 1 colher (sopa) de água e pincele a borda de uma tigelinha. Cubra-a com um retângulo de massa, pressionando-o para que grude bem na borda da tigelinha. Repita com os demais retângulos de massa.

9
Com o ovo batido, pincele também a superfície da massa e, com uma faquinha bem afiada, faça cortes para a saída do vapor. Nesse ponto, as tortinhas podem ser guardadas na geladeira por até 2 dias.

10
Preaqueça o forno a 200°C. Arrume as tigelinhas numa assadeira e leve ao forno por 20 minutos ou até a massa ficar dourada. Se estiverem geladas, levarão alguns minutos a mais para assar.

PARA FAZER UMA TORTA GRANDE
Coloque o recheio de frango numa fôrma refratária grande e cubra-o com a massa folhada. Faça pequenos cortes na superfície para a saída do vapor e asse por 30 minutos, até que a massa esteja dourada.

286 Torta de frango, bacon e legumes

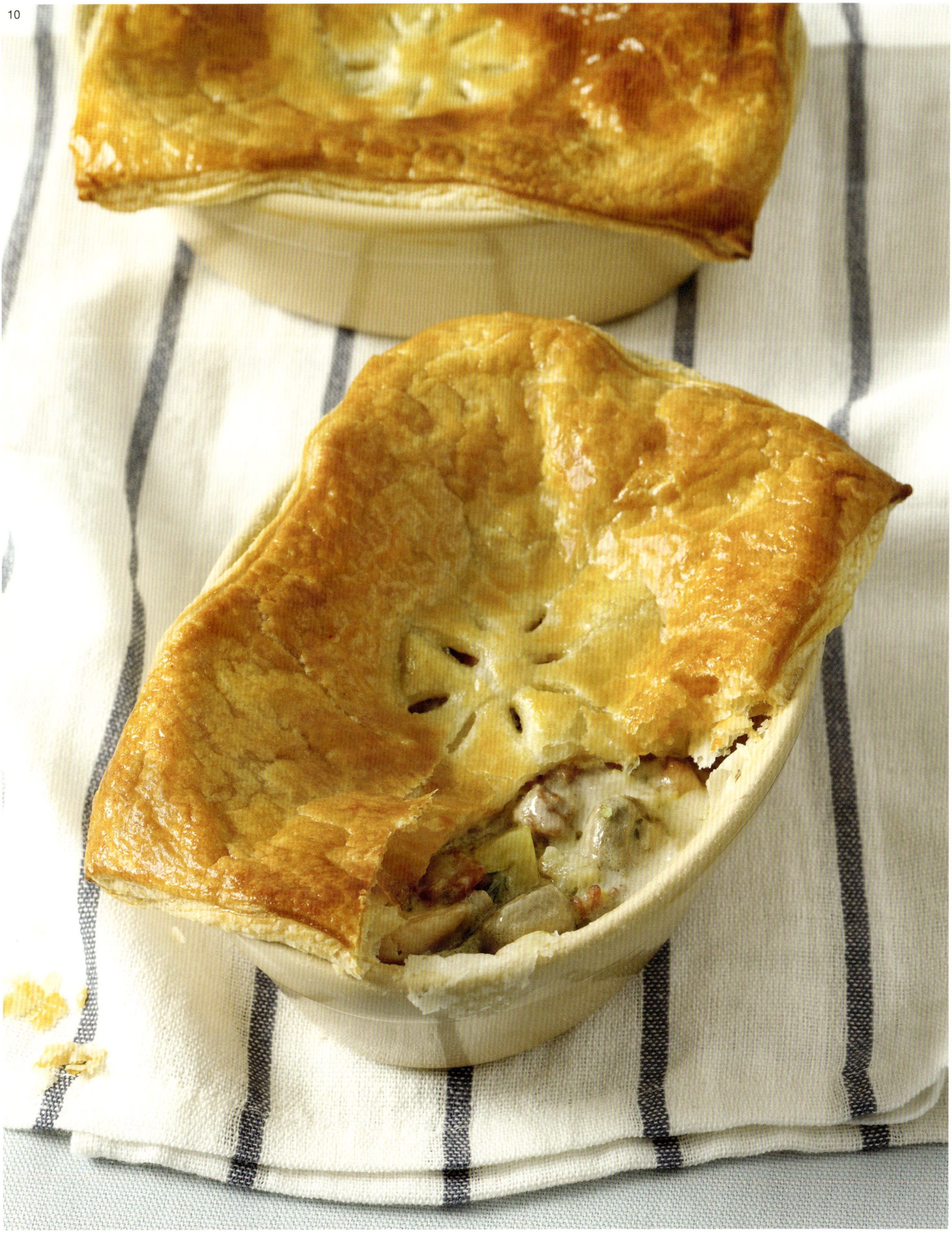

Ensopado de carne com bolinhos

Tempo de preparo: 45 minutos
Tempo de cozimento: 2½-3 horas
Serve 6

Se for possível, prepare esse prato no dia anterior para que o sabor fique mais apurado e, na hora de servi-lo, aqueça em fogo baixo, sem ferver. Coloque os bolinhos por cima, para que cozinhem e fiquem crocantes por fora e macios por dentro. Os bolinhos não são indispensáveis, mas combinam muito bem com ensopados. Se preferir, substitua o queijo cheddar curado por parmesão.

1¼ xícara (chá) de farinha de trigo, mais 3 colheres (sopa)

½ colher (chá) de sal kosher

1 kg de carne para ensopado, limpa do excesso de gordura e cortada em cubos grandes (peça ao açougueiro para fazer esse trabalho)

3 colheres (sopa) de azeite de oliva suave

2 cebolas

2 talos de salsão

4-5 cenouras grandes (cerca de 600 g)

5 colheres (sopa) de manteiga sem sal gelada

alguns ramos de tomilho fresco

1 folha de louro

1 colher (sopa) de extrato de tomate

1¼ xícara (chá) de vinho tinto seco encorpado

1⅔ xícara (chá) de caldo de carne

60 g de queijo cheddar curado

½ colher (chá) de fermento em pó

5 colheres (sopa) de leite

sal e pimenta-do-reino

1
Coloque dentro de um saco plástico para alimentos 3 colheres (sopa) de farinha, o sal kosher e pimenta-do-reino a gosto. Junte a carne e feche bem o saco. Agite-o para que os cubos de carne fiquem bem envolvidos pela farinha.

2
Leve ao fogo médio uma caçarola grande, que possa ir ao forno. Junte 1 colher (sopa) de azeite e metade da carne, eliminando o excesso de farinha antes de colocá-la na caçarola. Frite por 10 minutos, mexendo 2-3 vezes, até que os cubos estejam bem dourados e recobertos por uma casquinha crocante. Passe para uma tigela. Jogue um pouco de água na caçarola e raspe tudo o que estiver grudado. Despeje esse líquido na tigela com os cubos fritos. Enxugue a panela com toalhas de papel e frite o restante da carne.

DEGLACEAR
As partículas que grudam no fundo da panela são muito saborosas. Adicionar um líquido e raspar essas partículas é chamado "deglacear" e é uma ótima técnica para agregar sabor a qualquer molho.

3
Enquanto isso, pique grosso a cebola e o salsão, e corte a cenoura em pedaços grandes.

4
Coloque na tigela o segundo lote de carne e deglaceie novamente a panela. Enxugue-a com toalhas de papel e coloque no fogo com 1 colher (sopa) da manteiga e o azeite restante. Junte os legumes picados, um pouco de tomilho e o louro e refogue por 10 minutos, até que comecem a alourar.

Domingo com a Família

5
Preaqueça o forno a 170°C. Coloque de volta na caçarola a carne e o líquido que estiver no prato, depois adicione o extrato de tomate, o vinho e o caldo. A carne e os legumes deverão ficar quase imersos no líquido. Como isso depende do tamanho da caçarola, se necessário, junte mais um pouco de vinho, caldo ou água. Deixe a panela em fogo baixo até quase levantar fervura, tampe-a e leve ao forno por 2 horas.

6
Prepare os bolinhos. Rale o queijo e reserve. Numa tigela, misture a farinha e o fermento; junte a manteiga restante cortada em cubos. Levante a mistura com as mãos e esfregue com os dedos até parecer migalhas de pão.

7
Antes de continuar o preparo dos bolinhos, verifique o ensopado. A carne deve estar macia o suficiente para ser cortada com uma colher. Se estiver pronta ou quase, elimine o excesso de gordura e tempere com sal e pimenta. Se não estiver, cozinhe por mais 30 minutos e teste novamente. Quando a carne estiver pronta, termine os bolinhos. À mistura da tigela, junte o leite, o queijo, as folhas de tomilho restantes, sal e pimenta. Misture sem amassar muito, divida em 12 partes iguais e enrole os bolinhos.

8
Arrume os bolinhos sobre o ensopado e leve de volta ao forno por mais 30 minutos, sem tampa.

9
Os bolinhos vão crescer e ficar dourados, enquanto o ensopado ficará escuro e perfumado. Sirva com batatas cozidas e Legumes na manteiga (página 330).

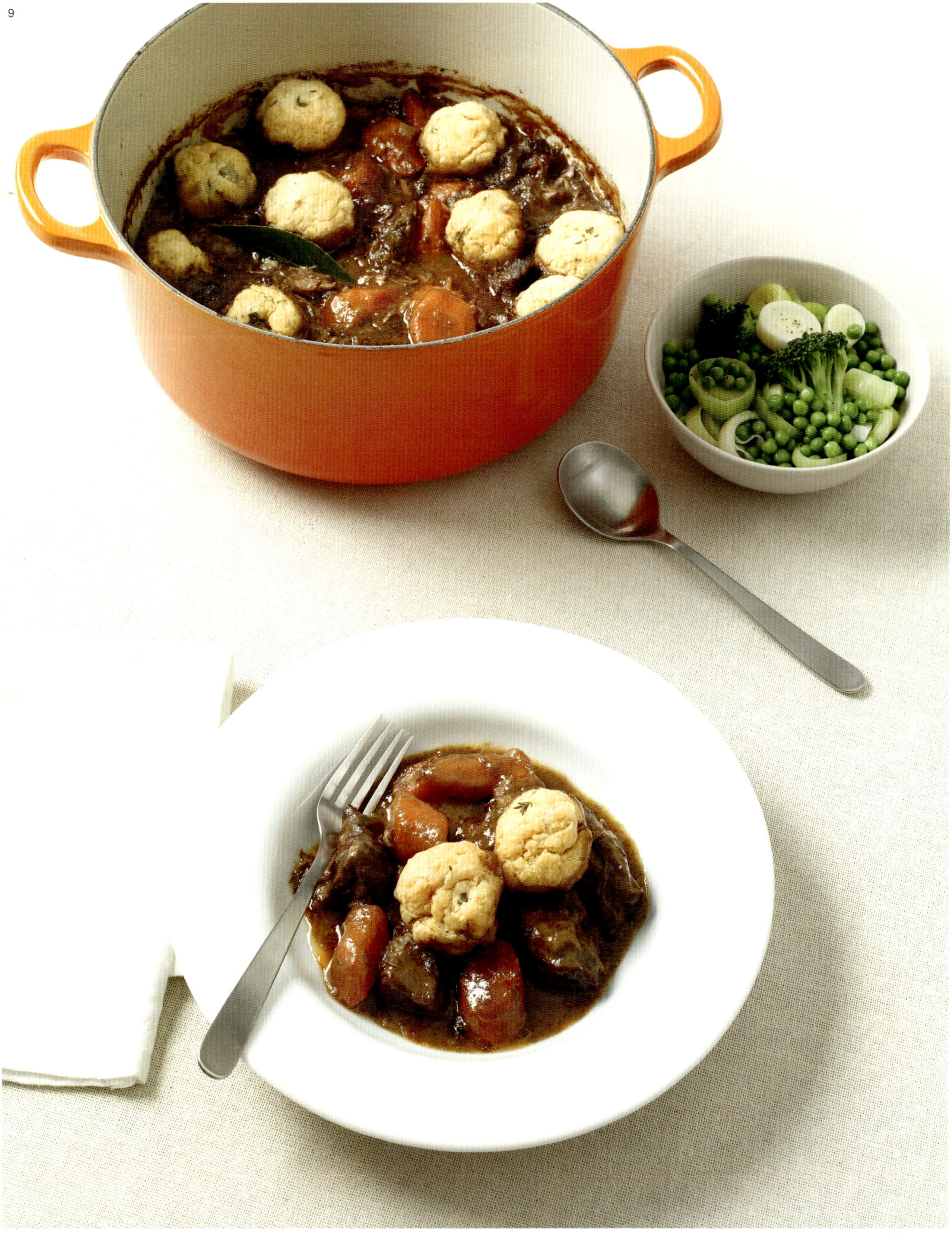

Bolinhos de siri com molho de ervas

Tempo de preparo: 30 minutos, mais 30 minutos de geladeira
Tempo de cozimento: 12 minutos
Serve 4-6 (rende 12 bolinhos)

Troque a tradicional maionese servida com esses bolinhos por um molho de ervas que realçará ainda mais o seu sabor. Como prato principal para 4 pessoas, coloque 3 bolinhos em cada prato e acompanhe, se quiser, com batata. Se a ideia for usá-los como entrada, serão suficientes para 6 pessoas, servindo 2 bolinhos para cada um, com salada verde.

---

200 g de pão de fôrma

1 pimenta-verde grande

1 limão-siciliano

1 maço pequeno de salsa fresca

2 colheres (sopa) de crème fraîche ou creme de leite azedo (ver página 184)

2 colheres (chá) de molho inglês

1 colher (chá) de pimenta-de-caiena

1 ovo grande

½ kg de carne de siri ou caranguejo (elimine todos os pedaços de carapaça e/ou cartilagens)

2 colheres (chá) de alcaparra

1 maço pequeno de estragão

1 maço pequeno de endro

3 colheres (sopa) de óleo vegetal

¼ xícara (chá) de azeite de oliva extravirgem

1 limão taiti

sal e pimenta-do-reino

1 colher (sopa) de manteiga

100 g de agrião

1
Elimine a casca das fatias de pão de fôrma, rasgue-as em pedaços e coloque no processador de alimentos. Pulse até obter migalhas finas.

2
Elimine as sementes da pimenta-verde e pique fino. Rale fino a casca do limão-siciliano e, em seguida, esprema o suco numa tigela pequena. Pique grosso as folhas da salsa. Numa tigela grande, coloque as migalhas de pão, a pimenta-verde, a casca de limão ralada e 1 colher (sopa) do suco de limão, a salsa, o crème fraîche, o molho inglês, a pimenta-de-caiena e o ovo.

3
Misture tudo muito bem até ficar homogêneo.

4
Adicione a carne de siri e mexa delicadamente para que alguns pedaços permaneçam inteiros.

Domingo com a Família

5
Divida a mistura em 12 partes iguais e forme bolinhos ligeiramente achatados. Arrume-os num prato em uma só camada e leve à geladeira por cerca de 30 minutos, para ficarem mais firmes.

FAÇA ANTES
Se quiser, cubra o prato com os bolinhos com filme plástico e leve à geladeira por até 24 horas.

6
Enquanto os bolinhos ficam na geladeira, prepare o molho de ervas. Pique a alcaparra e as folhas do estragão e do endro. Coloque-as numa tigela com 2 colheres (sopa) do óleo vegetal, o azeite e o restante do suco do limão. Esprema também o suco do limão taiti e adicione-o à tigela. Tempere com sal e pimenta.

7
Preaqueça o forno a 135°C. Coloque uma frigideira grande em fogo médio e junte ½ colher (sopa) da manteiga e ½ colher (sopa) do óleo vegetal. Quando começar a espumar, coloque 6 bolinhos na frigideira. Frite-os por 3 minutos ou até que estejam dourados e crocantes por baixo. Com uma espátula, vire-os e frite por mais 3 minutos. Transfira para um prato forrado com toalhas de papel e mantenha-os no forno aquecido. Limpe a frigideira com toalhas de papel, adicione o restante da manteiga e do óleo e frite os outros 6 bolinhos.

8
Sirva os bolinhos de siri guarnecidos com o agrião e o molho de ervas à parte, numa molheira.

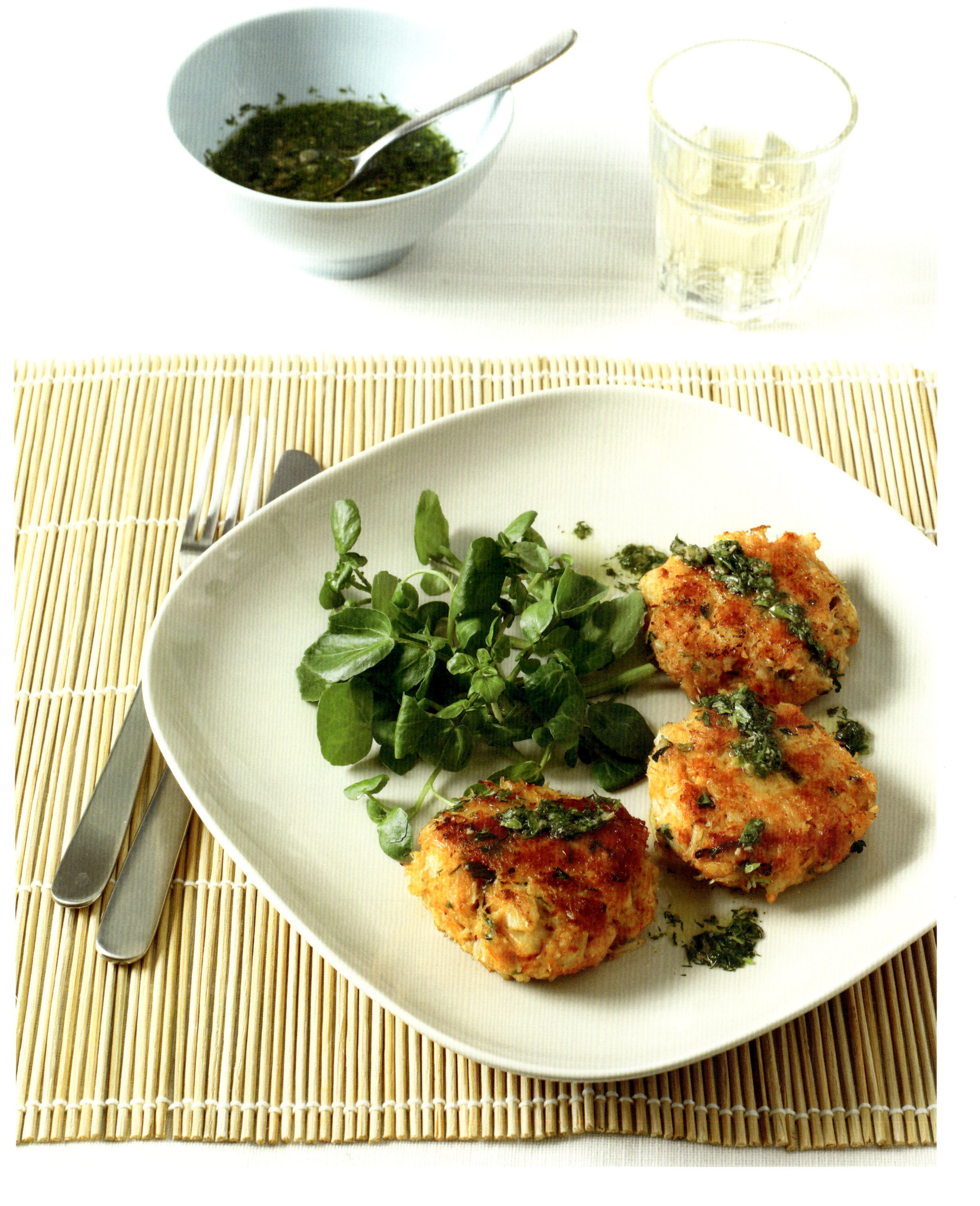

Paleta de porco assada com maçã

Tempo de preparo: 30 minutos
Tempo de cozimento: 5 horas
Serve 6

A paleta de porco é um corte razoavelmente econômico, cuja carne, após um prolongado cozimento em fogo baixo, chega a derreter na boca. Para que o couro fique deliciosamente crocante, deve ser bem recortado e esfregado com sal. Peça ao seu açougueiro para fazer os cortes no couro da paleta.

---

2 kg de paleta de porco desossada, mas com o couro (faça vários cortes paralelos)

1 colher (sopa) de azeite de oliva suave

1 colher (chá) de sementes de erva-doce

1 colher (chá) de sal kosher

1 cebola

4 maçãs

½ limão

alguns ramos de tomilho fresco

3 folhas de louro

2 colheres (sopa) de manteiga

1 xícara (chá) de sidra (ou suco de maçã sem açúcar)

2½ xícaras (chá) de caldo de galinha ou de porco

sal e pimenta-do-reino

1
Preaqueça o forno a 220°C. Esfregue o couro da paleta com boa parte do azeite, depois introduza nos cortes do couro as sementes de erva-doce e o sal, o mais uniformemente que puder. Coloque a paleta numa assadeira, leve ao forno e asse por 45 minutos.

2
Enquanto isso, corte a cebola em gomos. Corte as maçãs em quatro, eliminando as sementes, mas deixando a casca. Regue a maçã com o suco de limão para que não escureça.

3
Depois de 45 minutos no forno, o couro da paleta vai começar a inchar e ficar crocante. Diminua a temperatura para 170°C e asse por mais 4 horas. Quando faltar 1 hora para o término do cozimento, espalhe ao redor da paleta a cebola, quase todo o tomilho e as folhas de louro.

Domingo com a Família

4
Quando a carne estiver quase pronta, coloque a maçã numa frigideira com o restante do azeite e a manteiga. Leve ao fogo médio e cozinhe por 15 minutos, mexendo regularmente, até que esteja macia.

5
Transfira a paleta para uma tábua e deixe descansar, sem cobrir, enquanto você prepara o molho. Elimine quase toda a gordura da assadeira e leve-a ao fogo baixo. Junte a sidra ou o suco de maçã e deixe ferver por 5 minutos. Adicione o caldo e continue fervendo por mais 5 minutos ou até que o molho fique com consistência de calda de açúcar meio rala e com sabor apurado. Tempere com sal e pimenta, coe e coloque em uma molheira.

6
Termine o cozimento da maçã. Aumente o fogo, espalhe por cima algumas poucas folhas de tomilho e frite por mais 2 minutos, até que esteja dourada e brilhante.

7
Na hora de servir, corte a carne em fatias grossas com uma faca grande e bem afiada. Se o couro ficou duro demais para ser cortado, retire-o e depois fatie a carne. Sirva a paleta com a maçã e o molho à parte. Acompanhe com legumes, como, por exemplo, os Legumes assados com mel (página 328).

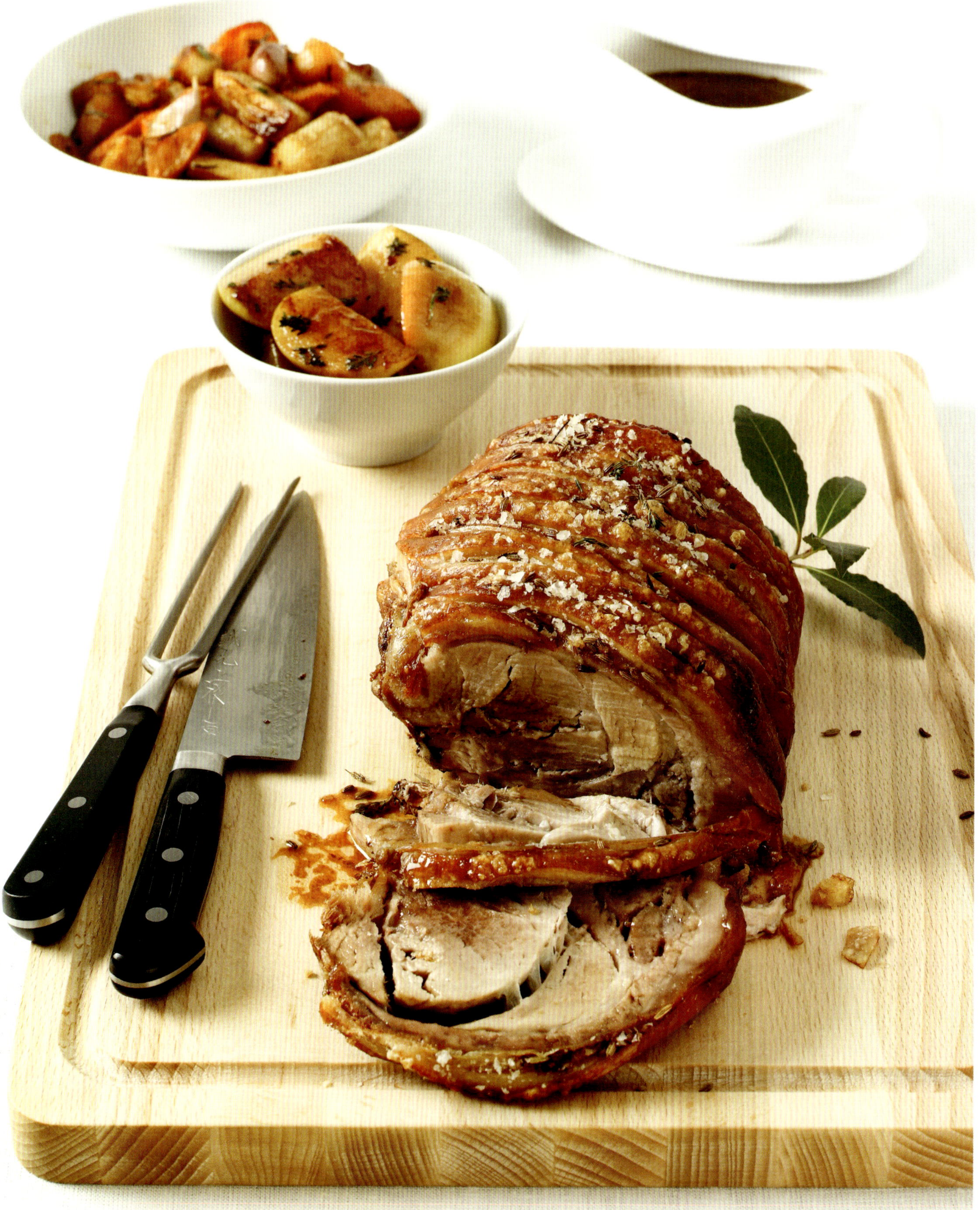

Couscous com tagine de legumes

Tempo de preparo: 1 hora, mais 8 horas de demolha
Tempo de cozimento: 1¼ hora
Serve 6

O nome tagine se refere tanto ao recipiente usado para cozinhar quanto ao próprio prato: qualquer ensopado servido sobre couscous. Este tagine de legumes é perfeito para os vegetarianos ou para acompanhar carneiro assado. O feijão-branco precisa ser deixado de molho de um dia para o outro para apressar o cozimento.

---

2 xícaras (chá) de feijão-branco
2 cebolas
4 dentes grandes de alho
½ xícara (chá) de azeite de oliva
5 colheres (chá) da mistura de especiarias ras el hanout (ver nota na página ao lado)
1 lata (400 g) de tomate pelado, picado
2 colheres (sopa) de extrato de tomate
2 xícaras (chá) generosas de caldo de legumes ou de galinha, mais 1¼ xícara (chá)
½ kg de abóbora cabotchã
3 abobrinhas italianas
¾ xícara (chá) de ameixa-preta
2 colheres (chá) de mel
1 maço grande de coentro fresco
1 pimenta vermelha grande
1 colher (sopa) de sementes de gergelim torradas
1 limão
sal e pimenta-do-reino
2⅓ xícaras (chá) de couscous
1 colher (sopa) de manteiga

1
Coloque o feijão numa tigela grande e cubra-o com bastante água. Deixe de molho de um dia para o outro.

2
Escorra o feijão, coloque em uma panela grande, cubra com água fria e leve ao fogo para ferver. Cozinhe-o por 40-50 minutos, eliminando a espuma que se formar na superfície. Quando o feijão começar a ficar macio, mas ainda não mole, escorra-o.

3
Enquanto isso, pique a cebola e 3½ dentes de alho. Numa panela grande, aqueça 3 colheres (sopa) do azeite, junte a cebola e o alho e frite em fogo baixo por 10 minutos, até amaciar.

4
Adicione o ras el hanout e cozinhe por mais 2 minutos, até que exale seu aroma.

O QUE É RAS EL HANOUT?
Trata-se de uma mistura de especiarias típica do Marrocos. Basicamente composta por canela, cominho, coentro, cravo-da-índia, pimenta-do-reino, gengibre e até pétalas de rosas vermelhas. Se não encontrar, faça você mesma uma mistura com essas especiarias.

5
Acrescente o tomate, o extrato de tomate, 2 xícaras (chá) do caldo de legumes e o feijão escorrido. Tampe, espere ferver e cozinhe em fogo baixo por 30 minutos. Nessa altura, o feijão estará quase cozido. Enquanto isso, descasque e elimine as sementes da abóbora e corte-a em pedaços graúdos. Se desejar um efeito decorativo, elimine algumas tiras da casca das abobrinhas e depois corte-as em fatias grossas.

Domingo com a Família

6
Acrescente à panela a abóbora, a abobrinha e a ameixa-preta e cozinhe em fogo baixo por mais 20 minutos, ou até os legumes ficarem macios. O tagine deve, ao mesmo tempo, ter molho e ser encorpado. Adicione o mel.

7
Enquanto o tagine cozinha, prepare o molho chermoula e o couscous. Pique as folhas de coentro e coloque numa tigela. Pique fino a pimenta vermelha, amasse o ½ dente de alho que sobrou e coloque-os na tigela com o coentro. Acrescente o restante do azeite e boa parte das sementes de gergelim. Rale fino a casca do limão, corte ao meio e esprema o suco de uma metade. Junte à tigela a casca ralada e o suco do limão. Tempere com sal e pimenta.

O QUE É CHERMOULA?
Tradicionalmente usada como marinada, a chermoula é preparada com ervas frescas picadas, pimenta vermelha, alho, azeite e limão. Nessa receita, ela se transformou num molho para acompanhar o prato.

8
Misture numa tigela grande o couscous e o suco da outra metade do limão. Espalhe por cima a manteiga em pedacinhos. Leve para ferver 1¼ xícara (chá) do caldo de legumes e despeje-o sobre o couscous. Vede a tigela com filme plástico e deixe descansar por 10 minutos.

9
Decorrido esse tempo, retire o plástico, afofe o couscous com um garfo e tempere com sal e pimenta. Para servir, distribua o couscous nos pratos e cubra com o tagine. Coloque por cima uma colherada do molho chermoula e salpique-o com as sementes de gergelim restantes.

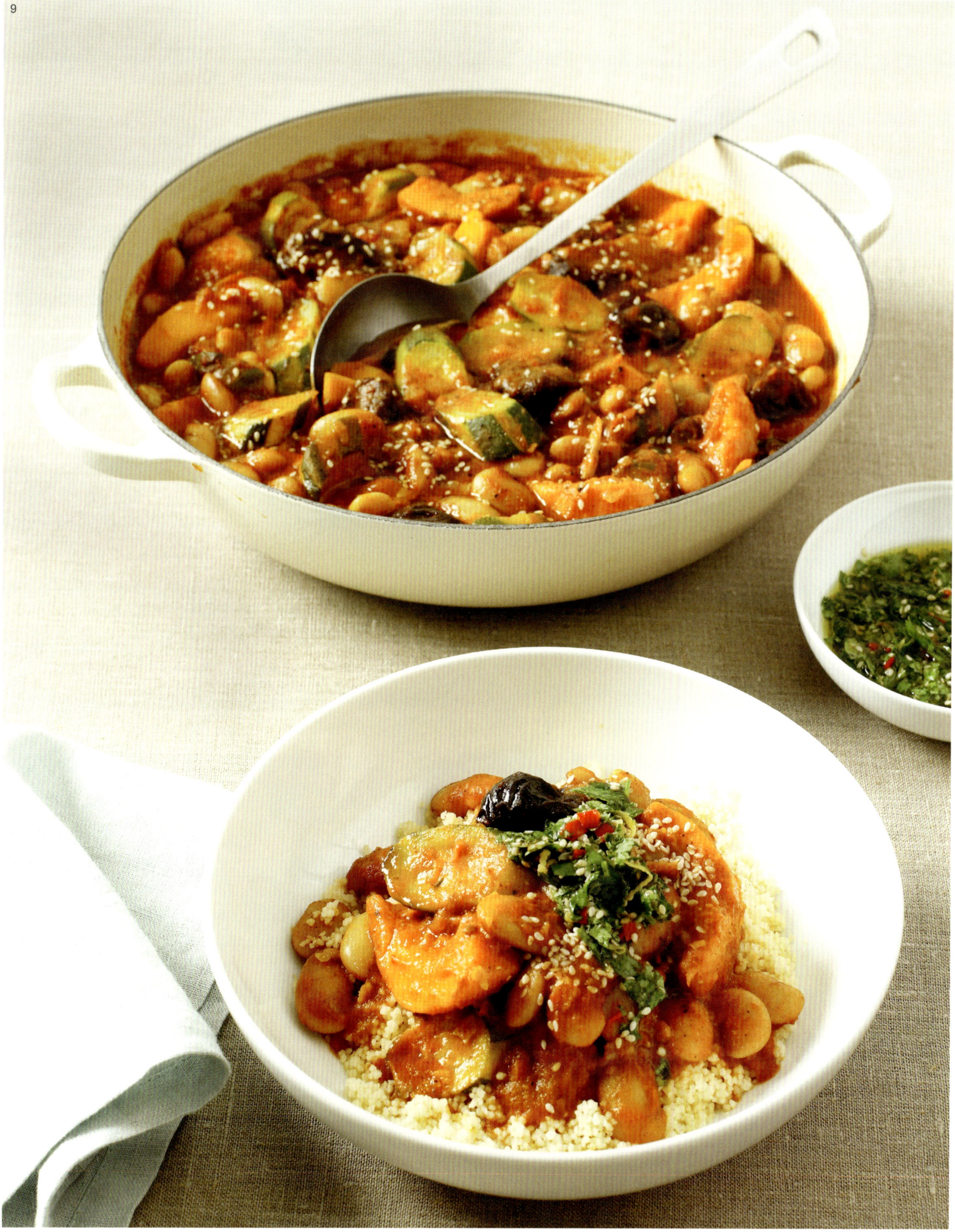

PARA

ACOMPANHAR

Batata assada

Tempo de preparo: 30 minutos
Tempo de cozimento: 40-50 minutos
Serve 6 generosamente

Não existe almoço de domingo sem batata assada, crocante por fora e macia por dentro. Escolha uma variedade que seja própria para assar. Use óleo de girassol ou de amendoim se quiser dar um sabor mais suave, mas a gordura de pato deixará a sua batata com um sabor muito especial. Experimente!

---

2 kg de batata de tamanho médio
1½ colher (chá) de sal kosher
½ xícara (chá) de gordura de pato ou de óleo

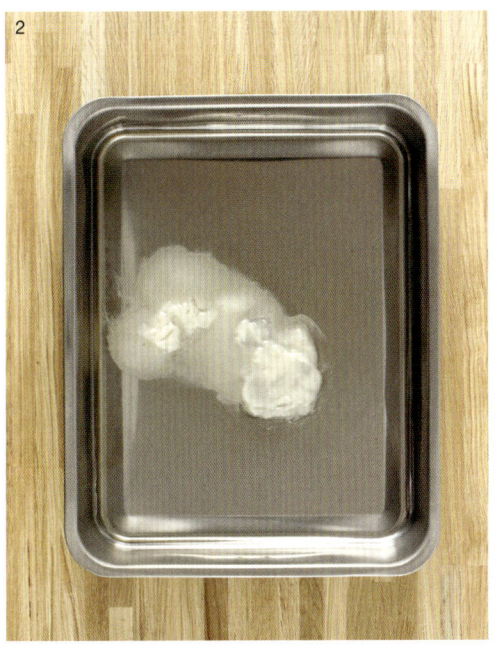

1
Preaqueça o forno a 220°C. Descasque as batatas e corte-as em quartos ou em pedaços do tamanho de um ovo. Coloque numa panela e cubra com água fria. Leve a panela ao fogo alto e, quando levantar fervura (vai levar cerca de 10 minutos), adicione ½ colher (chá) do sal e diminua o fogo para médio. Cozinhe por 2 minutos.

2
Enquanto a batata cozinha, coloque a gordura de pato ou o óleo numa assadeira grande e leve ao forno para aquecer.

3
Coloque a batata num escorredor e deixe descansar por 5 minutos. Conforme o vapor for saindo, a batata irá ficando mais seca. Coloque-a de volta na panela, tampe e, segurando a tampa com firmeza, sacuda a panela para que a batata role dentro dela. Isso fará com que a parte externa da batata amacie, deixando-a mais crocante após o cozimento.

4
Retire a assadeira do forno e, com muito cuidado, coloque a batata na gordura quente. Mexa para que ela fique bem envolvida pela gordura e polvilhe o restante do sal.

5
Asse a batata por 40 minutos ou até que fique crocante e dourada, virando-a uma vez. O tempo de cozimento depende do tamanho dos pedaços e da variedade de batata usada. Por isso, se achar necessário, asse por mais 10 minutos. Sirva imediatamente.

Para Acompanhar

Salada com molho vinagrete

Tempo de preparo: 5 minutos
Serve 4-6 (é fácil de multiplicar)

Transforme uma simples alface numa salada cheia de sabor, é só caprichar no molho.

---

1 dente de alho
2 colheres (sopa) de azeite de oliva suave
1 colher (sopa) de azeite de oliva extravirgem
1 colher (sopa) de vinagre de vinho tinto ou branco
1 colher (chá) de mostarda de Dijon
sal e pimenta-do-reino
1 pé de alface lisa ou outra de sua preferência

1
Amasse o alho. Coloque o alho, o azeite suave, o azeite extravirgem, o vinagre e a mostarda num recipiente de vidro com tampa.

2
Feche o vidro e sacuda até que os ingredientes fiquem bem misturados. Tempere com sal e pimenta a gosto.

COMO GUARDAR O MOLHO
Você pode multiplicar os ingredientes do molho e fazer uma quantidade maior. Conserve-o num vidro bem fechado, na geladeira, por até 2 semanas. Cada vez que for usar o molho, agite bem o vidro.

3
Prepare a alface para a salada conforme explicado em nota na página 70. Rasgue as folhas de alface dentro de uma tigela grande. Pouco antes de servir, regue com o molho e mexa com talheres para salada de modo que todas as folhas fiquem temperadas. Sirva imediatamente.

Para Acompanhar

Ratatouille

Tempo de preparo: 15 minutos
Tempo de cozimento: 1 hora e 10 minutos
Serve 4-6

Ótimo prato vegetariano, o ratatouille é também um acompanhamento perfeito para cabrito assado ou outra carne grelhada. Normalmente é cozido na chama do fogão, mas nessa receita usamos o forno porque dá menos trabalho para preparar, além de realçar o sabor.

---

1 pimentão vermelho
1 pimentão amarelo
2 abobrinhas (cerca de 300 g)
2 berinjelas pequenas ou 1 grande
3 colheres (sopa) de azeite de oliva suave
sal e pimenta-do-reino
1 cebola
2 dentes de alho
2 latas (400 g cada) de tomate pelado, picado
1 punhado de manjericão fresco

1

Preaqueça o forno a 200°C. Elimine as sementes dos pimentões e corte-os em quadrados grandes. Corte as abobrinhas em rodelas grossas e as berinjelas em cubos grandes. Coloque todos os legumes numa assadeira e regue com o azeite. Tempere com sal e pimenta, mexa bem, leve ao forno e asse por 20 minutos.

Enquanto isso, corte a cebola e o alho em fatias finas. Depois dos 20 minutos iniciais de cozimento, adicione a cebola e o alho ao assado de legumes, misture bem e leve de volta ao forno. Asse por mais 20 minutos, até a cebola ficar macia e os legumes dourados.

2

Acrescente o tomate picado à assadeira, mexa e leve de volta ao forno por mais 10 minutos ou até que o molho comece a borbulhar nas bordas.

3

Prove e, se necessário, corrija o tempero com mais sal e pimenta. Rasgue as folhas de manjericão, deixando-as cair diretamente sobre o ratatouille. Sirva quente, morno ou em temperatura ambiente.

Para Acompanhar

Gomos de batata ao forno

Tempo de preparo: 10 minutos
Tempo de cozimento: 40 minutos
Serve 4 (é fácil de dividir ou multiplicar)

Em vez de pegar um pacote de batata congelada, use batatas frescas para preparar essa deliciosa receita que, além de mais econômica e saborosa, é também muito mais saudável.

---

4 batatas grandes com cerca de 200 g cada
2 colheres (sopa) de óleo vegetal
½ colher (chá) de sal kosher

1
Preaqueça o forno a 220°C. Lave e escove bem as batatas. Sem descascar, corte-as ao meio, pelo comprimento. Corte cada metade em 4 gomos. Coloque os 32 gomos assim obtidos numa assadeira antiaderente grande.

2
Regue a batata com o óleo e mexa com as mãos para que todos os gomos fiquem envolvidos pela gordura. Asse por 40 minutos, virando uma vez na metade do cozimento, utilizando uma espátula.

3
Quando os gomos estiverem crocantes e bem dourados de todos os lados, polvilhe o sal. Sirva imediatamente.

VARIAÇÃO
Se quiser que suas batatas fiquem mais picantes, quando regar com o óleo, polvilhe um pouco de páprica doce ou pimenta-de-caiena.

Para Acompanhar

Cenoura glaceada

Tempo de preparo: 10 minutos
Tempo de cozimento: 15 minutos
Serve 4-6

Glaceadas, as cenouras ficam bem mais saborosas e com uma aparência mais convidativa do que simplesmente cozidas. Se encontrar, você pode usar minicenouras, mas lembre-se de que deverá cozinhá-las um pouco menos tempo no passo 2.

---

800 g de cenoura

2 colheres (sopa) de manteiga

2 colheres (chá) de açúcar

sal e pimenta-do-reino

1 punhado de salsa fresca

1

Corte as cenouras em rodelas com 1-1,5 cm de espessura. Coloque numa panela média com a manteiga, o açúcar e 4 colheres (sopa) de água. Leve a panela ao fogo alto até levantar fervura. Diminua o fogo para médio, tampe bem e cozinhe por 10 minutos. Retire a tampa: a cenoura deverá estar quase macia.

2

Cozinhe por mais 5 minutos, sem tampa, até todo o líquido ter evaporado e a cenoura ficar com brilho. Mexa algumas vezes durante o cozimento. Tempere com sal e pimenta.

3

Pique a salsa e adicione à cenoura. Misture bem e sirva.

VARIANDO AS ERVAS
Se for servir a cenoura com frango, experimente substituir a salsa por estragão. A hortelã é perfeita para servir a cenoura com carne de cabrito.

Para Acompanhar

Coleslaw

Tempo de preparo: 15 minutos
Serve 4-6

A sempre apreciada salada de repolho com maionese ganha aqui mais leveza. Parte da maionese do molho foi substituída por iogurte, sem que nada de sua cremosidade ou sabor fosse perdido. Veja na página ao lado algumas variações para enriquecer a receita básica.

---

1 repolho pequeno (cerca de 400 g)

1 cenoura

1 cebola roxa

5 colheres (sopa) de maionese de boa qualidade

5 colheres (sopa) de iogurte natural, integral ou semidesnatado

1 colher (chá) de mostarda de Dijon

1 colher (chá) de vinagre de vinho tinto

1 punhado de cebolinha-francesa

sal e pimenta-do-reino

1
Corte o repolho na vertical, partindo o talo ao meio. De cada metade, elimine as primeiras folhas externas e o talo central, que é duro e fibroso. Fatie o repolho bem fino.

2
Descasque e rale a cenoura no ralo grosso. Corte a cebola em quartos e, em seguida, em fatias finas. Numa tigela grande, coloque o repolho, a cenoura e a cebola e mexa bem.

3
Numa tigela pequena, misture a maionese, o iogurte, a mostarda e o vinagre. Adicione a cebolinha, cortando-a com uma tesoura. Tempere com sal e pimenta e misture novamente.

4
Despeje o molho sobre a mistura de repolho e mexa até que os legumes fiquem bem envolvidos pelo molho. Sirva imediatamente ou conserve na geladeira por até 24 horas.

VARIAÇÕES
Acrescente à salada 100 g de queijo cheddar ralado, mexendo bem.

Substitua o repolho por 2 bulbos de erva-doce, cortados bem fino.

Para preparar a salada Waldorf, acrescente à receita básica 1 maçã verde picada, 1 punhado de nozes picadas e 1 punhado de uvas cortadas ao meio, pelo comprimento. Junte também, se tiver à mão, um pouco de salsão picado.

Para Acompanhar

Pão de alho

Tempo de preparo: 20 minutos
Tempo de cozimento: 20 minutos
Serve 6

Esse pão de alho não é bem italiano, mas é delicioso servido com Lasanha (página 248) ou Talharim com molho à bolonhesa (página 262).

---

1 dente grande de alho ou 2, se você quiser
1 maço pequeno de salsa fresca
1 maço pequeno de manjericão fresco
6 colheres (sopa) de manteiga sem sal amolecida
sal e pimenta-do-reino
1 baguete grande ou 2 pequenas

1
Preaqueça o forno a 200°C. Amasse o alho e pique fino a salsa e o manjericão. Coloque a manteiga numa tigela pequena, junte o alho, a salsa e o manjericão, tempere com sal e pimenta e misture bem, amassando as ervas contra as paredes da tigela.

2
Se for usar a baguete grande, corte-a ao meio para que possa caber no forno. Usando uma faca serrilhada, corte o pão em fatias diagonais com cerca de 2 cm de espessura, mas não corte até o fim para não separá-las.

3
Com o auxílio de uma faca de cozinha, distribua a manteiga de alho entre as fatias e, se sobrar um pouco, besunte também a superfície do pão.

4
Coloque cada metade de baguete sobre uma folha de papel-alumínio e embrulhe bem, apertando e selando o pacote.

5
Coloque o pão em uma assadeira e asse por 15 minutos. Abra um pouco os pacotes de modo a expor parcialmente o pão ao calor do forno e asse-o por mais 5 minutos. Nessa altura, o pão deverá estar bem dourado e crocante e a manteiga, derretida. Leve o pão à mesa como está ou separe as fatias em porções.

Batata gratinada

Tempo de preparo: 25 minutos
Tempo de cozimento: 1-1¼ hora
Serve 6

Em sua simplicidade, esse prato é um acompanhamento maravilhoso para qualquer assado ou até mesmo para bifes. Pode ser preparado com antecedência, o que é uma vantagem se você estiver recebendo. Diminua o leite e aumente o creme de leite, se preferir.

1¼ xícara (chá) de creme de leite
1¼ xícara (chá) de leite integral
1 dente de alho
¼ colher (chá) de noz-moscada ralada
1½ kg de batata
1 colher (sopa) de manteiga
sal e pimenta-do-reino
100 g de queijo gruyère ou cheddar

1
Coloque o creme de leite e o leite em uma panela média. Amasse o alho, coloque-o na panela e leve para ferver. Quando pequenas bolhas começarem a se formar nas bordas, retire a panela do fogo. Acrescente a noz-moscada ralada e deixe em infusão por 10 minutos.

2
Enquanto isso, descasque as batatas e corte em fatias com cerca de 0,5 cm de espessura. Se encontrar certa dificuldade em executar essa operação, corte as batatas ao meio, apoie o lado cortado sobre a tábua e então corte em fatias.

3
Preaqueça o forno a 175°C. Com a manteiga, unte bem uma fôrma refratária grande. Faça uma camada de batata e polvilhe sal e pimenta. Repita as camadas até terminar a batata.

4
Despeje a mistura de creme de leite sobre a batata. Provavelmente parte da batata não ficará encoberta pelo creme, mas isso vai depender do tamanho e do formato da fôrma. Se for necessário, adicione mais um pouco de creme de leite. Rale o queijo e espalhe-o sobre a batata.

5
Asse por 1 hora ou até que esteja macia, borbulhante e bem dourada na superfície. Para saber se está macia, enfie uma faca: ela deverá transpassar toda a altura, chegando com facilidade até o fundo da fôrma. Se ainda não estiver suficientemente macia, mas a superfície já estiver dourada, cubra a fôrma com papel-alumínio e asse por mais 15 minutos. Deixe descansar por alguns minutos antes de servir.

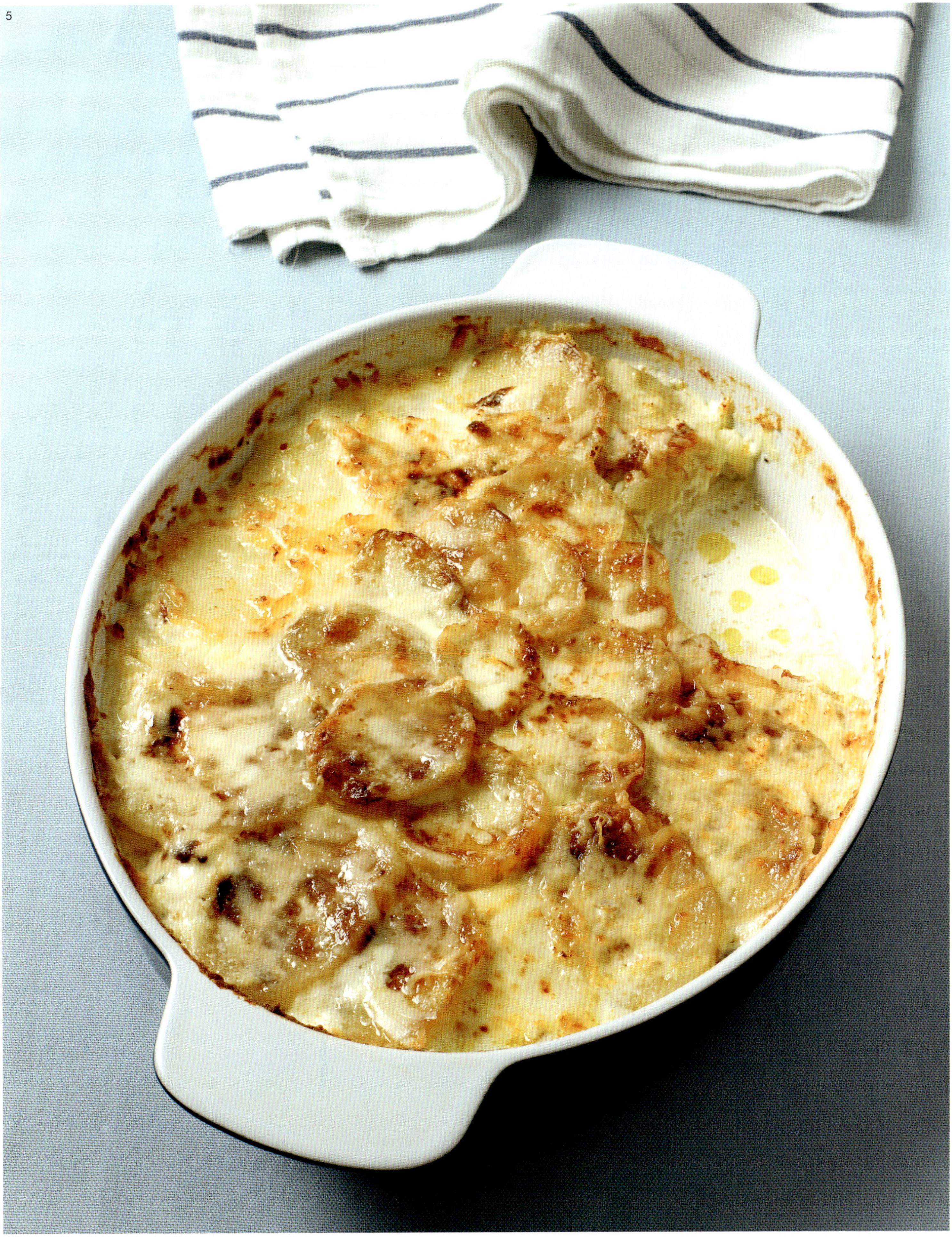

Vagem com bacon

Tempo de preparo: 10 minutos
Tempo de cozimento: 10 minutos
Serve 4-6

Se você já cansou de servir sempre a mesma vagem simplesmente cozida em água e sal ou no vapor, experimente essa receita fácil, mas capaz de transformar um ingrediente singelo num acompanhamento delicioso. Sirva morno ou em temperatura ambiente.

---

4 tiras de bacon
1 colher (chá) de azeite de oliva suave
½ kg de vagem
½ colher (chá) de sal
2 echalotas ou ½ cebola roxa pequena
2 colheres (chá) de mostarda com sementes
2 colheres (sopa) de vinagre de vinho tinto, de vinho branco ou de maçã
sal e pimenta-do-reino

1
Corte o bacon em tirinhas finas usando uma faca ou uma tesoura de cozinha. Coloque uma frigideira em fogo médio, adicione o azeite e, após 30 segundos, junte o bacon.

2
Frite o bacon por 10 minutos em fogo baixo, até que tenha soltado toda a gordura. As tirinhas devem ficar douradas e crocantes.

Para Acompanhar

3
Enquanto o bacon frita, leve ao fogo uma panela média com água para ferver. Elimine as extremidades da vagem ou, se preferir, retire somente o pedúnculo. Coloque a vagem e o sal na panela e espere levantar fervura novamente para contar 5 minutos de cozimento, quando a vagem deverá estar al dente.

4
Enquanto isso, descasque as echalotas ou a ½ cebola e pique bem ou fatie fino.

5
Prove uma vagem para conferir o ponto de cozimento. Se estiver al dente, escorra e coloque a vagem na frigideira com o bacon. Adicione também a echalota, a mostarda e o vinagre e tempere com sal e pimenta a gosto.

6
Mexa até ficar tudo bem misturado, coloque numa travessa e sirva.

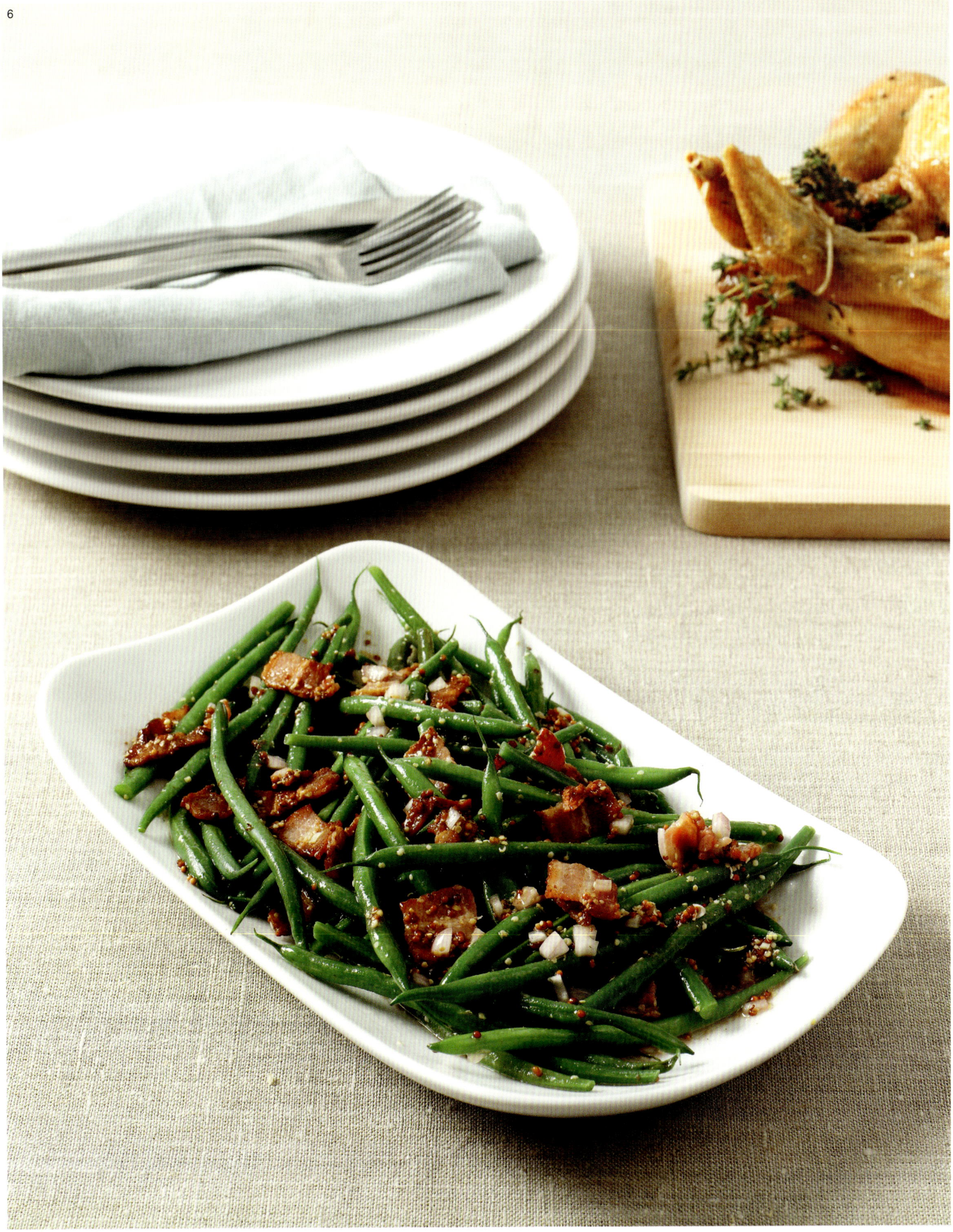

Legumes assados com mel

Tempo de preparo: 15 minutos
Tempo de cozimento: 50 minutos
Serve 4-6

Cozinhar os tubérculos em água e sal tira deles todo o sabor; assá-los, ao contrário, vai deixá-los mais saborosos e, melhor ainda, crocantes. Além dos legumes sugeridos nessa receita, você pode acrescentar outros, como batata-doce e abóbora. Esse acompanhamento é perfeito para qualquer assado deste livro.

---

1 nabo sueco (ou nabo comum) grande (cerca de 600 g)

4 pastinacas (ou mandioquinhas) médias (cerca de 600 g no total)

5 cenouras médias (cerca de 600 g no total)

¼ xícara (chá) de azeite de oliva suave

sal e pimenta-do-reino

2 ramos de alecrim

6 dentes de alho

1 colher (sopa) de xarope de maple (ou mel)

1
Preaqueça o forno a 220°C. Descasque o nabo. Lave bem as pastinacas (ou mandioquinhas) e as cenouras, esfregando a casca com uma escova, sem retirá-la. Corte todos os legumes em pedaços de 4 cm e coloque numa assadeira antiaderente. Crus, eles têm um volume maior, mas durante o cozimento irão encolher. Regue com o azeite e esfregue os pedaços com as mãos para recobri-los por igual. Tempere com bastante sal e pimenta e asse por 30 minutos, ou até que comecem a amaciar.

2
Enquanto isso, retire as folhinhas do alecrim e pique-as fino. Misture os dentes de alho (com a casca) e o alecrim com os legumes. Leve a assadeira de volta ao forno e asse por mais 20 minutos, até os legumes ficarem macios e dourados. Os dentes de alho também deverão estar macios.

3
Espalhe o xarope de maple (ou o mel) sobre os legumes enquanto ainda estiverem bem quentes. Passe para uma travessa e sirva imediatamente. Cada convidado deve receber um dente de alho.

Para Acompanhar

Legumes na manteiga

Tempo de preparo: 5 minutos
Tempo de cozimento: 8-10 minutos
Serve 6

Para o novato na cozinha, até o mais simples prato de legumes parece misterioso. Além de ser superfácil de preparar, esse acompanhamento é um verdadeiro curinga, pois pode ser servido com qualquer carne e, ainda, oferece a possibilidade de substituir ou acrescentar qualquer legume.

---

1 cabeça de brócolis ninja
3 alhos-porós
2 colheres (sopa) de manteiga, e mais para servir, se quiser
1 colher (chá) de azeite de oliva
2¼ xícaras (chá) de ervilha congelada
sal e pimenta-do-reino

1
Leve ao fogo uma panela com água e sal para ferver. Enquanto isso, separe os buquês do brócolis, cortando ao meio os que forem muito grandes. Corte os alhos-porós em rodelas com cerca de 0,5 cm. Lave bem o brócolis e o alho-poró.

2
Aqueça a manteiga e o azeite numa frigideira grande e adicione o alho-poró. Cozinhe por 5 minutos em fogo médio, mexendo de vez em quando, até que esteja macio.

3
Enquanto isso, coloque os buquês de brócolis na água fervente. Deixe voltar à fervura e cozinhe por 2 minutos. Adicione a ervilha e espere ferver novamente. Os brócolis estarão al dente e a ervilha macia e brilhante. Escorra bem o brócolis e a ervilha num escorredor e acrescente à frigideira com o alho-poró. Tempere com sal e pimenta e, antes de servir, junte mais um pouco de manteiga, se desejar.

Para Acompanhar

DELÍCIAS

DOCES

Torta de maçã

Tempo de preparo: 35 minutos, mais 45 minutos de geladeira e descanso
Tempo de cozimento: 40 minutos
Serve 8

Nada exprime melhor a cozinha americana do que uma torta de maçã. Para comprar a massa pronta, procure em lojas especializadas em congelados ou nos supermercados, no setor de congelados. Se quiser, adicione ao recheio um punhado de amoras: fica maravilhosa. Sirva cada porção com uma bola de sorvete ou uma colherada de chantili.

---

1 colher (sopa) de farinha de trigo, mais o necessário para abrir a massa
2 receitas de Massa básica para torta (ver página 242) ou 350 g de massa para torta comprada pronta
1 limão-siciliano orgânico
1½ kg de maçã Granny Smith, Golden Delicious ou Fuji
¾ xícara (chá) de açúcar, mais 1 colher (sopa)
1 colher (chá) de canela em pó
1 ovo grande
sorvete ou creme chantili (ver página 338), para servir (opcional)

1

Trabalhando sobre uma superfície polvilhada com farinha, forme 2 discos com a massa, um ligeiramente maior que o outro. Embrulhe-os em filme plástico e coloque na geladeira por 30 minutos ou até que fiquem firmes, mas não duros. Se for usar a massa comprada pronta, deixe descongelar conforme instruções da embalagem.

2

Enquanto isso, esprema o suco do limão dentro de uma panela grande. Descasque as maçãs e corte-as em gomos grandes, com cerca de 2,5 cm de largura. Conforme for cortando os gomos, deixe que caiam na panela e passe-os no suco de limão para que não escureçam.

Delícias Doces

3

Cozinhe a maçã em fogo baixo por 5 minutos ou até começar a amaciar e soltar parte do suco. Escorra a maçã num escorredor e elimine o suco. Coloque numa tigela, junte ⅓ xícara (chá) de açúcar, 1 colher (sopa) de farinha e a canela e misture delicadamente. Deixe esfriar.

4

Polvilhe com farinha o rolo e a superfície de trabalho. Com o rolo, pressione o disco maior de massa formando vários sulcos paralelos. Dê um quarto de volta na massa e repita essa operação. Continue virando e pressionando até ficar com cerca de 1,5 cm de espessura. Usando essa técnica para abrir a massa, ela não ficará dura depois de assar.

5

Tenha pronta uma forma para torta, de preferência com a borda virada para fora, para apoiar a massa sobre ela. Agora abra a massa com o rolo, pressionando sempre no mesmo sentido, dando um quarto de volta à massa a cada 2-3 passadas, até a massa ficar com cerca de 0,5 cm de espessura. Enrole a massa no rolo, coloque-o sobre a fôrma e desenrole a massa, cobrindo toda a fôrma.

6
Se você mesma preparou a massa, use a clara que sobrou da receita. Se você comprou a massa pronta, separe a clara da gema (ver página 243) do ovo que consta da lista de ingredientes. Bata ligeiramente a clara e, com um pincel de cozinha, pincele a borda da massa. Isso fará com que a base e a parte superior grudem bem uma à outra.

7
Coloque a maçã dentro da fôrma, de modo que fique um pouco mais alta no centro.

8
Abra o segundo disco de massa, conforme explicado nos passos 4 e 5, até que tenha um diâmetro suficiente para cobrir a fôrma, incluindo a borda. Desenrole delicadamente a massa sobre o recheio e, em seguida, pressione a borda em toda a volta para selar bem as duas massas.

Delícias Doces

9

Com uma tesoura ou faca bem afiada, recorte o excesso de massa ao redor da borda. Faça 3 cortes paralelos no centro da cobertura para que o vapor possa sair durante o cozimento.

10

Pressione o polegar ao redor de toda a borda para decorá-la e, usando os retalhos de massa que sobraram, recorte folhas e cole sobre a torta com um pouco da clara.

11

Pincele toda a cobertura com a clara e polvilhe 1 colher (sopa) de açúcar restante. Leve à geladeira por 15 minutos, no mínimo, ou por até 24 horas, no máximo. Preaqueça o forno a 190°C.

12

Coloque a fôrma dentro de uma assadeira e leve ao forno para assar por 40 minutos ou até a torta ficar dourada. Deixe descansar por 30 minutos antes de cortar para que o recheio fique mais encorpado e a massa, mais firme. Sirva morna ou fria, acompanhada de uma bola de sorvete ou creme chantili.

COMO BATER O CREME CHANTILI
Use creme de leite fresco – tanto o creme quanto a tigela devem estar bem gelados. Bata com uma batedeira de mão em velocidade média-baixa. Se for adoçar o chantili, adicione o açúcar de confeiteiro. Bata até o creme formar picos moles, ou seja, quando, ao levantar as pás, o chantili formar um pico cuja ponta recaia ligeiramente sobre si mesma. Pare imediatamente de bater para evitar que o chantili se transforme em manteiga.

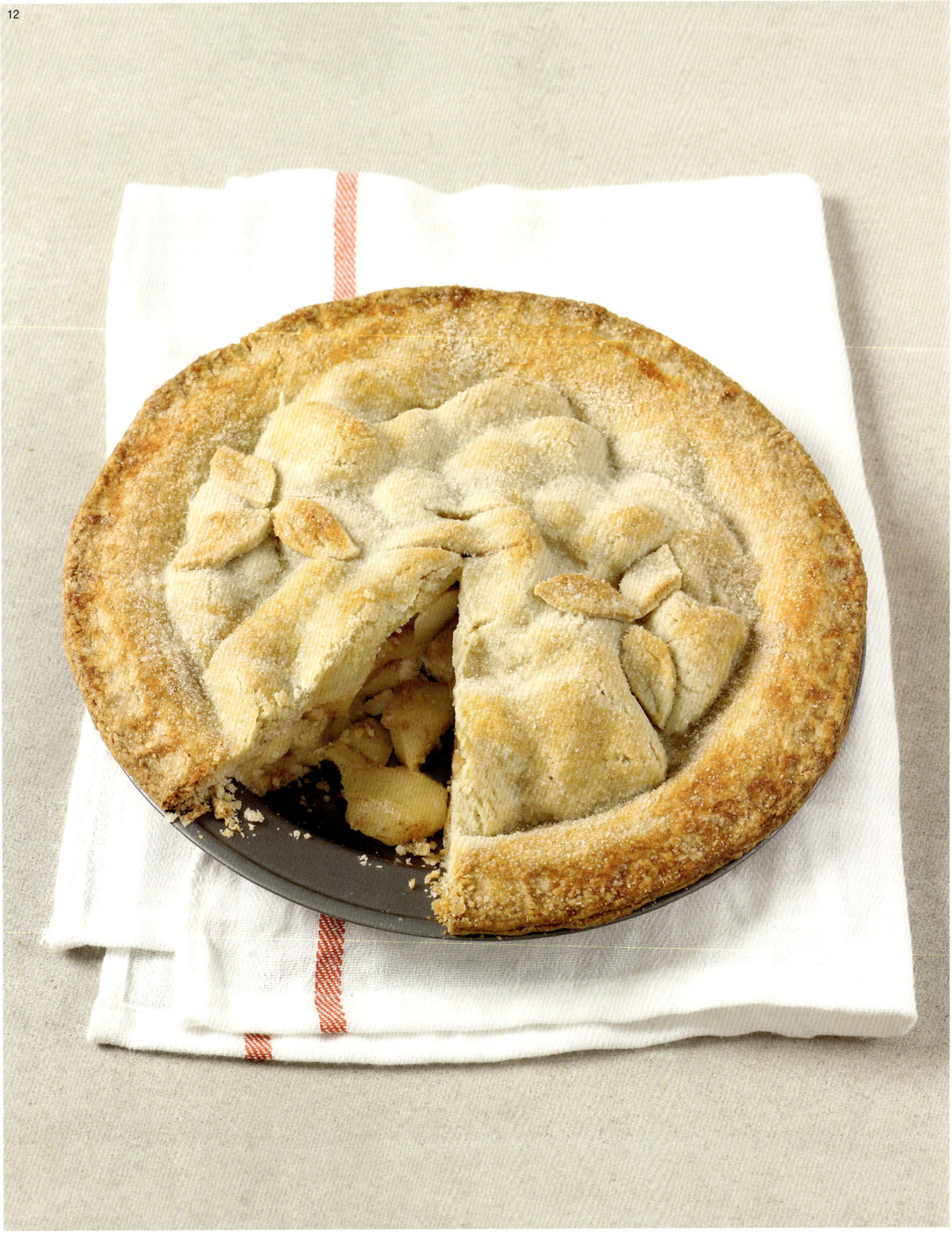

Copinhos de chocolate

Tempo de preparo: 10 minutos,
mais 10 minutos de descanso
e 3 horas de geladeira
Tempo de cozimento: 5 minutos
Serve 6

Esse creme sedoso abre o sorriso das visitas e, além do mais, é de preparo rápido! Se quiser que fique um pouco mais amargo, use chocolate com pelo menos 70% de cacau. Acompanhe com biscoitinhos doces.

---

200 g de chocolate amargo, de preferência com 70% de cacau
2 colheres (sopa) de manteiga sem sal
1 colher (chá) cheia de café solúvel granulado dissolvido em 3 colheres (sopa) de água fervente ou 3 colheres (sopa) de café fresco bem forte
1¼ xícara (chá) de creme de leite, e mais um pouco para servir (opcional)
2 ovos grandes
biscoitos para acompanhar (opcional)

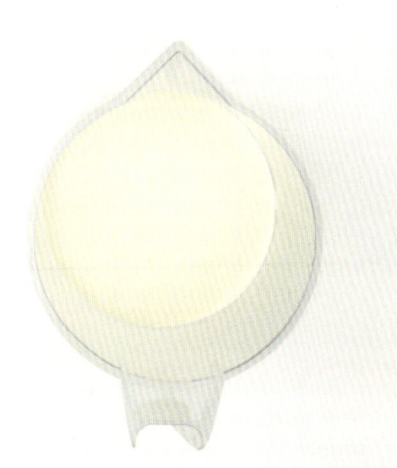

1
Pique o chocolate em pedaços e coloque-os numa tigela grande. Espalhe por cima a manteiga em pedacinhos e junte o café.

2
Coloque o creme de leite numa panela pequena e leve ao fogo médio até que comece a soltar vapor e formar pequenas bolhas na borda. Fique de olho porque o creme pode entornar mais rápido do que você pensa! Despeje o creme quente sobre o chocolate e deixe descansar por 10 minutos. Enquanto isso, separe as gemas das claras (ver página 243). Bata as gemas com um garfo.

3
Misture o creme de leite e o chocolate até que fique homogêneo e liso. Acrescente as gemas batidas e volte a mexer bem.

4
Divida o creme de chocolate entre 6 taças ou copos pequenos e leve à geladeira por 3 horas, no mínimo, ou até que esteja firme, porém cremoso. Essa sobremesa pode ser preparada com 1 dia de antecedência e conservada na geladeira. Antes de servir, deixe os copinhos em temperatura ambiente por 1 hora, para que o creme volte à maciez original.

5
Se desejar, despeje um pouco de creme de leite em cada copinho e sirva com biscoitos.

Torta de limão com chantili

Tempo de preparo: 30 minutos, mais 4 horas, no mínimo, de geladeira
Tempo de cozimento: 20 minutos
Serve 8-10

Todo mundo – ou quase – vai repetir. Recheio cremoso com sabor de limão, chantili na cobertura, base crocante com aroma de gengibre fazem dessa torta algo realmente irresistível! É a sobremesa ideal para fechar com chave de ouro qualquer festa, mas ninguém imagina que seja tão fácil de preparar.

- 6 colheres (sopa) de manteiga sem sal, mais o necessário para untar
- 300 g de biscoito de gengibre (ou outro biscoito de sua preferência)
- 8 limões ou ½ xícara (chá) de suco de limão
- 2 ovos grandes
- 1 lata (395 g) de leite condensado
- 2 xícaras (chá) de creme de leite
- 1 colher (sopa) de açúcar de confeiteiro

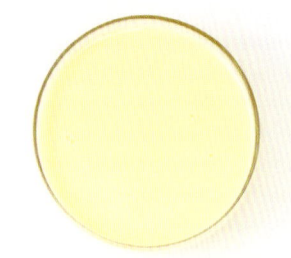

1
Unte ligeiramente uma fôrma para torta, de preferência com a borda canelada e o fundo removível. Forre o fundo com um disco de papel-manteiga. Preaqueça o forno a 175°C. Derreta a manteiga em uma panela pequena em fogo médio e reserve. Quebre os biscoitos e coloque-os no copo do processador de alimentos. Acione o aparelho até que fiquem com a aparência de finas migalhas de pão. Você pode também colocá-los dentro de um saco plástico alimentar resistente, eliminar todo o ar e selar o saco. Em seguida, passe o rolo sobre os biscoitos várias vezes, até reduzi-los a migalhas finas.

2
Volte a acionar o aparelho e despeje a manteiga derretida num fio sobre as migalhas de biscoito. Se você usou o método do saco plástico, despeje as migalhas numa tigela, junte a manteiga e misture bem. A mistura deverá ficar com a aparência de areia úmida.

3
Despeje essa mistura na fôrma preparada e recubra o fundo e as laterais. Para isso, pressione e alise a massa com as costas de uma colher até que fique com uma espessura uniforme.

4
Apoie a fôrma numa assadeira e leve ao forno por 10-15 minutos, até a massa ficar bem dourada.

Delícias Doces

5

Enquanto isso, prepare o recheio. Rale fino a casca dos limões e reserve uma parte dela para decorar a torta. Em seguida, esprema os limões: você vai usar ½ xícara (chá) do suco no recheio. Bata juntos no liquidificador o suco e a casca ralada dos limões, os ovos, o leite condensado e 1 xícara (chá) do creme de leite.

6

Despeje o recheio na base assada e volte ao forno por mais 20 minutos. A torta estará pronta quando o recheio ficar firme ao redor da borda, mas ainda macio no centro. Espere esfriar completamente e depois leve à geladeira por 4 horas, no mínimo, ou, melhor ainda, de um dia para o outro. Nesse ponto, se bem embrulhada, a torta pode ficar na geladeira por até 2 dias. Você terá somente de cobri-la com o chantili na hora de servir.

7

Usando um batedor de arame ou a batedeira de mão, bata o creme de leite restante com o açúcar de confeiteiro somente até formar picos moles.

8

Desenforme a torta e coloque-a em um prato de servir. Cubra com o chantili, formando ondas decorativas.

9

Espalhe por cima as raspas de limão reservadas e sirva.

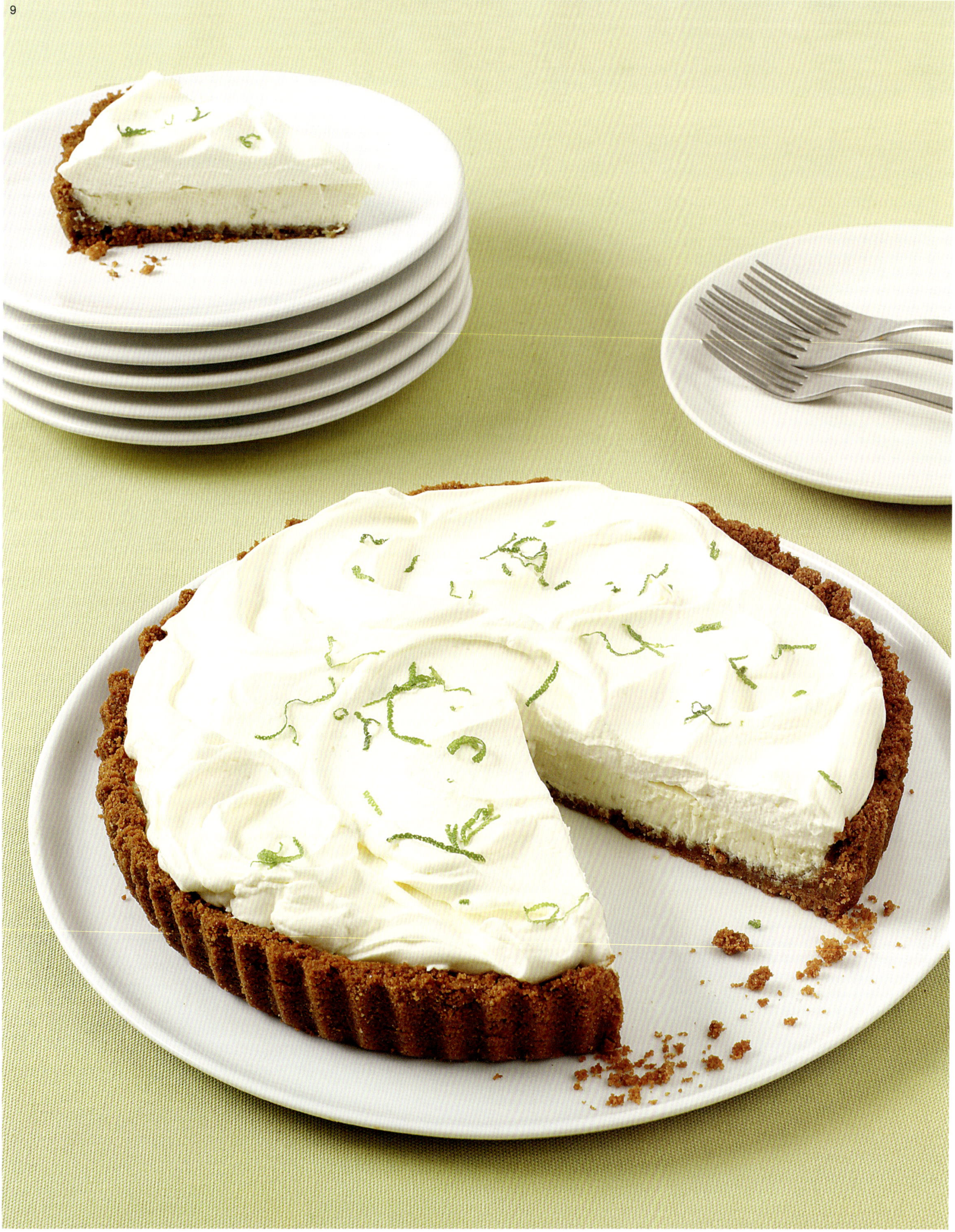

Bolo inglês de limão

Tempo de preparo: 20 minutos
Tempo de cozimento: 45 minutos
Rende 8 fatias

Se você nunca assou um bolo antes, essa é uma ótima receita para começar. Azedinho e leve, esse bolo é muito rápido de preparar. A receita simples é aqui enriquecida com sementes de papoula. A leve casquinha de açúcar que cobre a superfície, além de ser uma característica desse bolo, serve também para mantê-lo úmido por vários dias, se conservado num recipiente com tampa hermética.

¾ xícara (chá) de manteiga sem sal, mais o necessário para untar

2 limões

cerca de 1 xícara (chá) de açúcar, mais 4 colheres (sopa) para o glacê

3 ovos grandes

1 colher (chá) de essência de baunilha

2 xícaras (chá) não muito cheias de farinha de trigo com fermento

1 colher (chá) de fermento em pó

¼ colher (chá) de sal kosher

3 colheres (sopa) de leite

2 colheres (chá) de sementes de papoula

1

Preaqueça o forno a 175°C. Unte ligeiramente uma fôrma para bolo inglês de 22,5 cm x 12,5 cm x 7,5 cm, de preferência antiaderente. Forre o fundo com uma tira de papel-manteiga comprida o suficiente para transpassar as bordas.

2

Rale fino a casca dos limões e esprema o suco. Reserve-os separadamente.

3

Numa tigela grande, coloque a manteiga, o açúcar, os ovos, a baunilha, a farinha, o fermento, o sal e o leite. Usando uma batedeira de mão ou uma comum, bata esses ingredientes até obter uma massa grossa, mas cremosa. Isso não deverá levar mais de 30 segundos. É importante que a massa seja retirada logo após os ingredientes secos e os úmidos terem sido misturados.

4

Adicione a semente de papoula e metade da casca ralada de limão. Despeje a massa na fôrma preparada, limpando bem a tigela com a espátula e alisando a superfície.

5

Asse por 45 minutos ou até que o bolo esteja crescido, dourado e elastico ao toque. Para verificar se está assado, enfie um espetinho ou um palito no centro: ele deverá sair seco. Se tiver um pouco de massa grudada, asse por mais 10 minutos e teste novamente. Deixe o bolo esfriar na fôrma.

Enquanto o bolo estiver ainda morno, misture o suco de limão, o restante da casca ralada e 4 colheres (sopa) de açúcar e despeje essa calda sobre o bolo, com a ajuda de uma colher. Espere esfriar completamente. A calda irá formar uma deliciosa casquinha de açúcar.

6

Para servir, corte o bolo em 8 fatias.

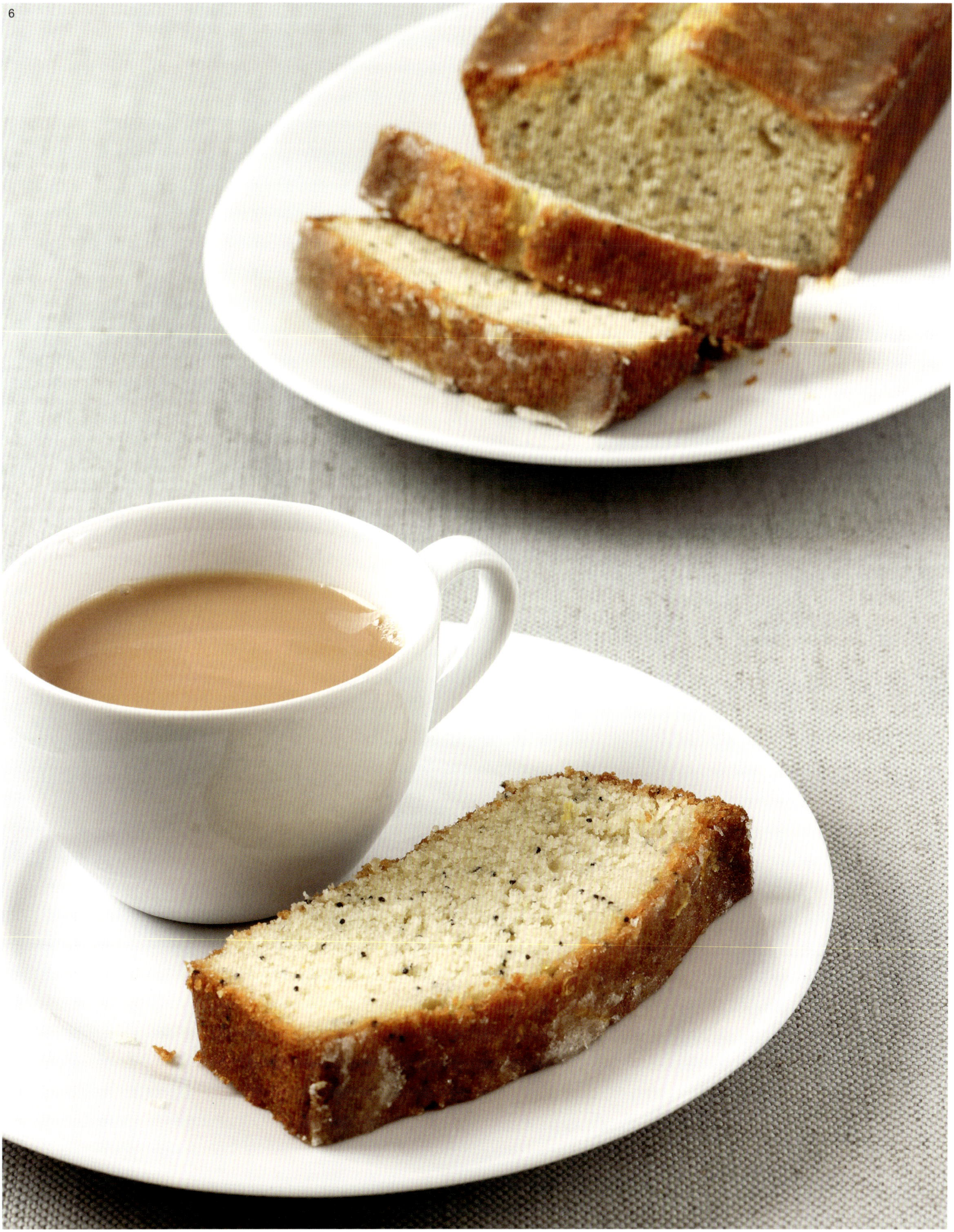

Torta de limão-siciliano

Tempo de preparo: 50 minutos, mais o tempo de esfriar e mais 40 minutos de geladeira
Tempo de cozimento: 45 minutos
Serve 12

Esta torta de limão simples, com recheio cremoso e azedinho e massa crocante, é uma excelente maneira de encerrar qualquer refeição. Se preferir comprar a massa pronta, siga a receita a partir do passo 4.

Massa básica para torta doce

1 ovo grande

1¼ xícara (chá) de farinha de trigo, mais o necessário para abrir a massa

¼ colher (chá) de sal kosher

6 colheres (sopa) de manteiga sem sal bem gelada

2 colheres (sopa) de açúcar

Recheio

4 limões-sicilianos

1¼ xícara (chá) de creme de leite

6 ovos grandes

1 xícara (chá) de açúcar

açúcar de confeiteiro, para polvilhar (opcional)

1
Primeiro prepare a massa. Separe a gema da clara (ver página 243). Guarde a clara para outro uso. Adicione 2 colheres (sopa) de água gelada à gema e bata com um garfo. Coloque a farinha e o sal no copo do processador de alimentos. Corte a manteiga em cubos e espalhe-os sobre a farinha.

2
Processe a farinha com a manteiga por cerca de 10 segundos ou até que fique com a aparência de migalhas de pão finas e que não haja mais vestígios da manteiga. Junte o açúcar e pulse 2-3 vezes.

3
Acrescente a gema batida, pulsionando algumas vezes pelo tempo de 1 segundo, até a massa se aglomerar.

VOCÊ NÃO TEM PROCESSADOR DE ALIMENTOS?
Vai levar um pouco mais de tempo, mas você pode fazer essa massa na mão. Para isso, esfregue a manteiga com a farinha entre os dedos até obter a aparência de migalhas de pão finas. Se perceber que a mistura começa a esquentar, leve-a à geladeira por 5 minutos, depois continue até alcançar a consistência desejada. Adicione o açúcar e a gema sobre as migalhas de maneira uniforme e, com a ajuda de uma faca com a ponta arredondada, mexa até obter uma massa homogênea.
O segredo para conseguir uma massa de torta macia e crocante consiste em trabalhá-la pelo menor tempo possível e evitar que a mistura esquente.

4
Coloque a massa sobre uma superfície de trabalho e forme um disco. Embrulhe-o em filme plástico e leve à geladeira por 30 minutos para que resfrie, sem deixar que fique duro demais.

5
Pegue uma fôrma para torta de 22,5 cm de diâmetro, de fundo removível. Polvilhe com farinha a superfície de trabalho e o rolo e, com este, pressione o disco de massa em vários sulcos paralelos. Dê um quarto de volta na massa e repita essa operação. Continue repetindo até a massa ficar com cerca de 1,5 cm de espessura. Usando essa técnica, a massa não ficará dura, depois de assada.

6
Abra a massa. Passe o rolo sempre no mesmo sentido, dando um quarto de volta à massa a cada 2-3 passadas, até a massa ficar com cerca de 0,5 cm. Enrole a massa no rolo, coloque sobre a fôrma e desenrole delicadamente.

7
Com os dedos, molde a massa dentro da fôrma, pressionando-a em todo o contorno do fundo.

8
Com uma tesoura de cozinha, recorte o excesso de massa deixando 1 cm de sobra na borda. Coloque a fôrma em uma assadeira e leve ao congelador por 10 minutos (ou na geladeira por um período mais longo, se tiver tempo), até a massa firmar. Posicione a grade do forno no centro e preaqueça-o a 175°C.

9
Amasse bem uma folha de papel-manteiga grande o suficiente para forrar completamente a massa dentro da fôrma. Desamasse-a e forre a massa. Preencha com feijão ou outro grão cru, deixando mais alto nas bordas (ver página 246). Leve ao forno, sem tirar a fôrma da assadeira, e asse por 20 minutos.

ABRIU UM BURACO NA MASSA? Se, ao abrir a massa, abriu algum buraco, não entre em pânico: é só pegar um pequeno recorte, umedecer a massa e colá-lo sobre o buraco, pressionando para que grude bem.

Delícias Doces

10
Retire o peso e o papel da fôrma. A massa deverá estar com aparência seca e cor clara, ligeiramente dourada nas bordas. Volte a massa ao forno por mais 15 minutos para que comece a dourar. Retire a assadeira do forno, mas não desligue: diminua a temperatura para 150°C.

11
Enquanto a massa assa, prepare o recheio. Rale fino a casca dos limões e reserve. Esprema o suco, coloque-o numa tigela e junte o creme de leite, os ovos e o açúcar. Bata com um garfo e, em seguida, coe a mistura em uma peneira fina para uma jarra medidora. Junte a casca ralada reservada.

12
Puxe a grade do forno um pouco para fora e coloque a assadeira sobre ela. Despeje delicadamente o recheio dentro da massa assada e empurre com cuidado a grade de volta para dentro do forno. Asse por 45 minutos ou até que o recheio fique firme em volta, mas balance levemente no centro quando se mexer na fôrma.

13
Deixe a torta esfriar completamente. Se tiver pequenos pedaços de massa sobressaindo da borda e quiser retirá-los, recorte-os com uma faquinha de serra. Para desenformar a torta, apoie a fôrma sobre uma lata (de pêssego, por exemplo) e pressione cuidadosamente o aro para baixo, de modo que o fundo da fôrma, com a torta, fique sobre a lata e o aro sobre a mesa. Passe uma faca de lâmina comprida entre a torta e o fundo para soltá-la e deslize-a suavemente para o prato de servir. Se quiser, polvilhe-a com açúcar de confeiteiro.

354 Torta de limão-siciliano

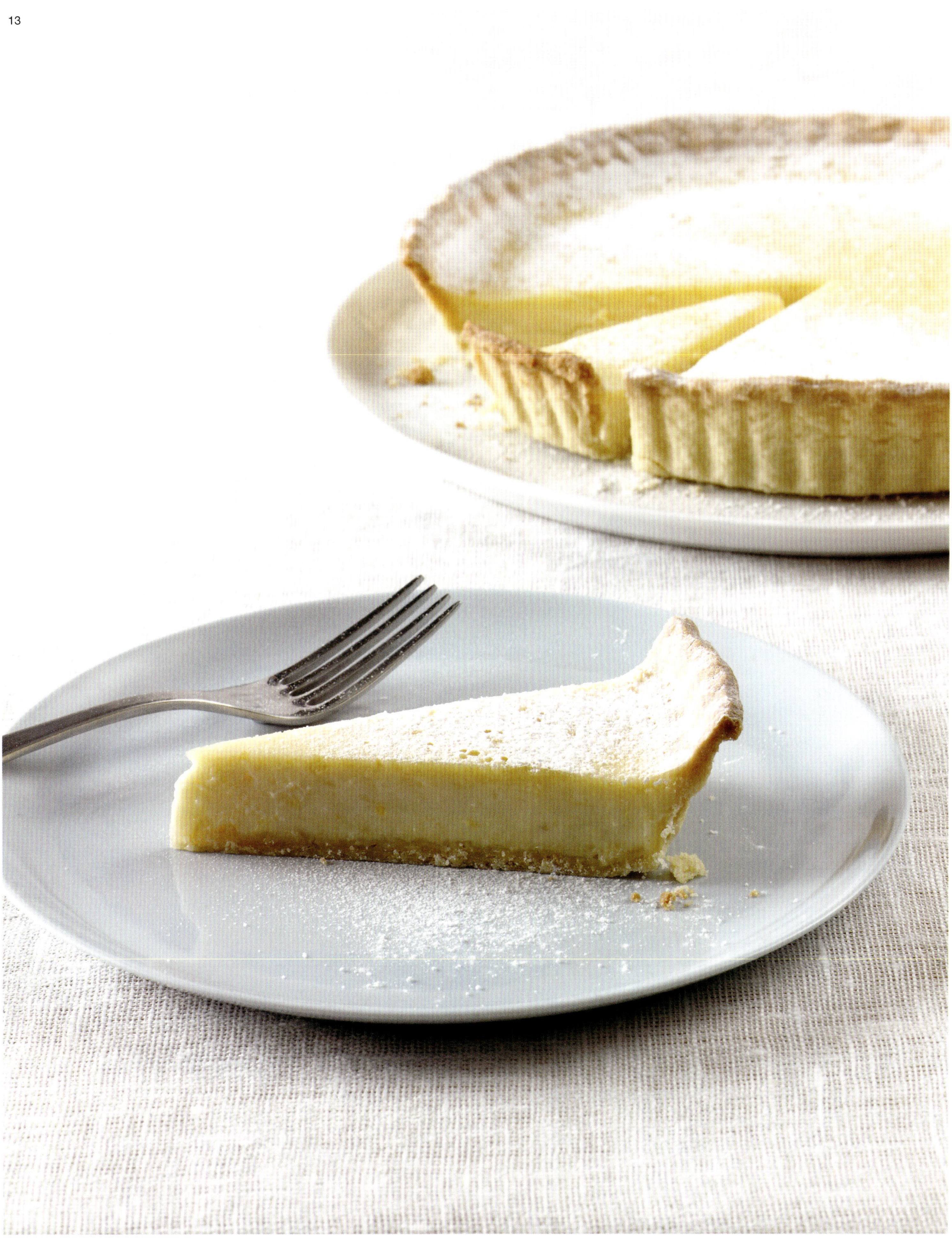

Bolo de tâmara com calda de caramelo

Tempo de preparo: 20 minutos
Tempo de cozimento: cerca de 30 minutos
Serve 6-8

Esse "pudim" de origem inglesa é chamado de bolo pelos norte-americanos. O segredo para deixá-lo úmido e macio é a tâmara, e a calda que o acompanha, à base de açúcar mascavo, manteiga e creme de leite, faz com que fique ainda mais delicioso. E se servir com sorvete de baunilha, então, ficará irresistível.

---

150 g de tâmara sem caroço
1⅓ xícara (chá) de manteiga sem sal amolecida, mais um pouco para untar
1½ xícara (chá) de açúcar mascavo (claro, de preferência)
4 ovos grandes
1 colher (chá) de essência de baunilha
¾ colher (chá) de canela, cravo-da-índia e noz-moscada misturados
1¼ xícara (chá) de farinha de trigo com fermento
¼ colher (chá) de sal kosher
⅔ xícara (chá) de creme de leite
sorvete de baunilha, para acompanhar (opcional)

1
Coloque a tâmara numa panela pequena e cubra com água. Leve ao fogo médio até levantar fervura. Cozinhe por 5 minutos ou até que esteja macia.

2
Escorra a tâmara, coloque-a no copo do processador de alimentos e bata até que esteja lisa. Deixe amornar por alguns minutos. Enquanto isso, preaqueça o forno a 175°C. Unte uma assadeira de 20 cm x 30 cm e forre-a com papel-manteiga.

COMO FORRAR A FÔRMA
Pegue uma folha retangular de papel-manteiga que seja um pouco maior que a fôrma. Corte os 4 cantos do retângulo, virando a ponta para dentro, de modo que, nos cantos, o papel fique duplo. Pressione o papel dentro da fôrma, ajeitando bem os cantos.

3
Coloque no processador, junto com a tâmara, ½ xícara (chá) de manteiga e 1 xícara (chá) do açúcar mascavo. Bata até ficar liso.

Delícias Doces

4
Acrescente os ovos, a baunilha, a mistura de especiarias, a farinha e o sal e processe novamente até obter uma massa lisa. Coloque-a na fôrma preparada e asse por 30 minutos, até que o bolo esteja crescido e dourado.

5
Enquanto isso, prepare a calda de caramelo. Coloque a manteiga e o açúcar restantes numa panela e leve ao fogo. Adicione o creme de leite e cozinhe em fogo bem baixo por 5 minutos ou até que o açúcar esteja completamente dissolvido.

6
Aumente um pouco o fogo e cozinhe em fogo baixo por cerca de 10 minutos, até a calda engrossar e ficar escura e sedosa.

7
Após 30 minutos de cozimento, verifique se o bolo está pronto enfiando um palito no centro: se o palito sair seco, o bolo estará assado. Se o palito sair úmido ou com um pouco de massa grudada, deixe assar por mais 5 minutos e repita o teste.

8
Corte o bolo em quadrados e sirva em pratos de sobremesa, com um pouco da calda de caramelo por cima. Se desejar, acompanhe com uma bola de sorvete de baunilha (ver página 360).

PARA FAZER BOLINHOS INDIVIDUAIS
Unte 8 forminhas para minibolo e divida a massa entre elas. Coloque as forminhas dentro de uma assadeira e asse os minibolos por 20 minutos ou até que estejam crescidos e dourados. Faça o teste do palito, conforme explicado no passo 7, para ver se estão prontos.

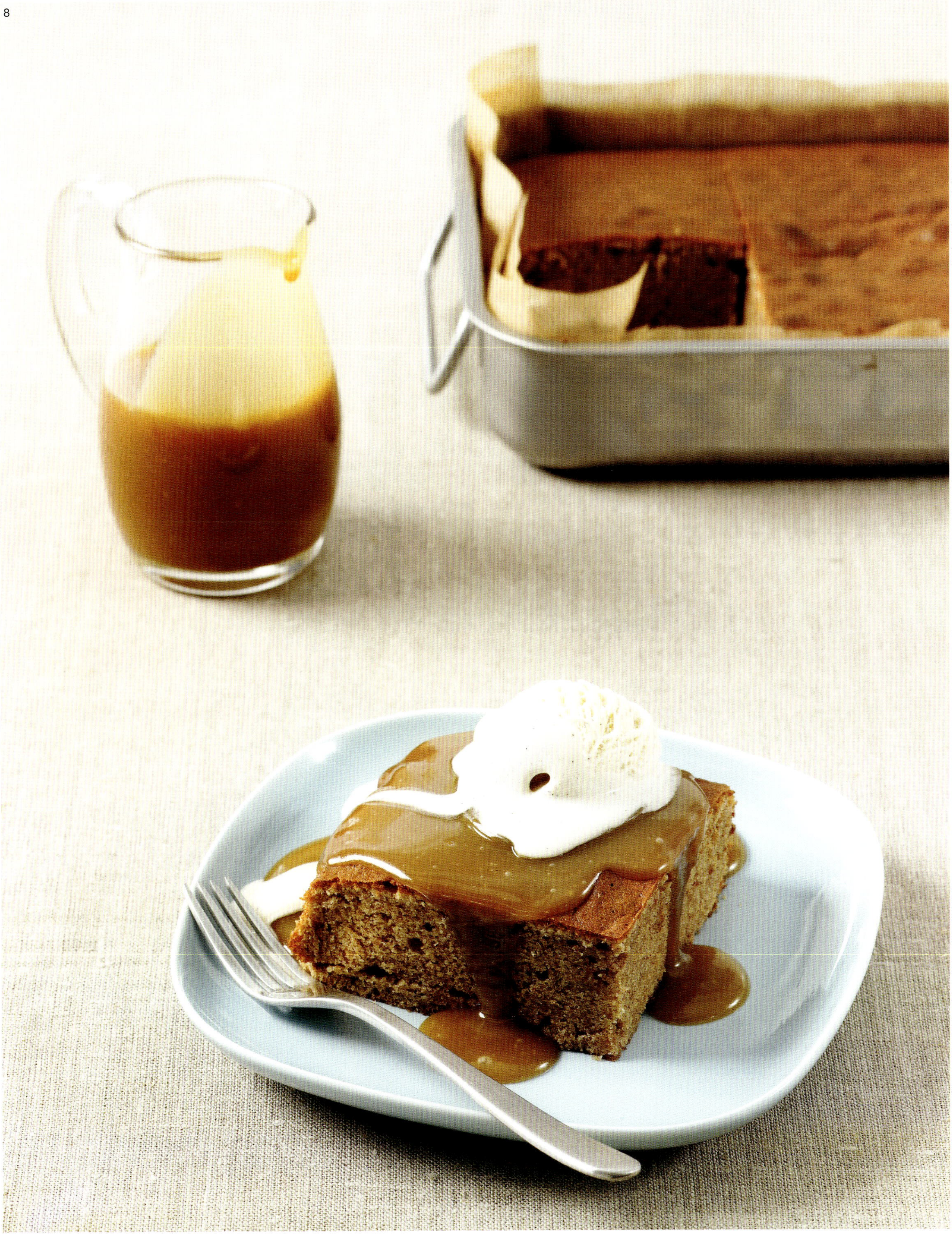

Sorvete de baunilha

Tempo de preparo: 20 minutos, mais 10 horas de congelador
Tempo de cozimento: 5 minutos
Serve 6

Dá muita satisfação servir um sorvete tão delicioso e cremoso como este, acompanhado por uma deslumbrante calda de chocolate. Você não vai precisar de nenhum equipamento especial, mas, se tiver a sorveteira que precisa ser congelada antes de usar, lembre-se de levá-la ao freezer com pelo menos 12 horas de antecedência.

---

1 fava de baunilha
6 ovos grandes
½ xícara (chá) de açúcar
1 colher (chá) de amido de milho
1 xícara (chá) de creme de leite
1 xícara (chá) de leite integral
1 colher (chá) de café solúvel granulado
100 g de chocolate amargo, de preferência com 70% de cacau
4 colheres (sopa) de manteiga sem sal
1 colher (sopa) de glucose de milho

1
Retire as sementes da fava de baunilha. Para isso, com uma faca bem afiada, corte-a ao meio pelo comprimento. Segure a lâmina um pouco inclinada e passe-a ao longo de uma das metades da fava, de modo que as sementinhas fiquem sobre a lâmina. Repita com a outra metade.

2
Separe os ovos (ver página 243) e guarde as claras para outro uso. Coloque numa tigela grande as gemas, o açúcar, as sementes da fava de baunilha e o amido de milho.

3
Usando um batedor de arame ou uma batedeira de mão, bata esses ingredientes até obter uma mistura clara e cremosa.

4
Coloque o creme de leite e o leite numa panela média e leve ao fogo até quase alcançar a ebulição.

5
Despeje o líquido quente sobre a mistura de gemas num fio contínuo, batendo sem parar.

6
Dê uma rápida enxaguada na panela e despeje nela o creme. Leve ao fogo muito baixo e mexa sem parar até que comece a encorpar. O creme terá alcançado o ponto certo de cozimento quando você conseguir fazer um sulco com o dedo no creme aderido às costas de uma colher de pau.

GRUMOS NO CREME?
Não se assuste, pois isso indica que você deixou o creme passar do ponto de cozimento. Passe o creme por uma peneira fina deixando-o cair numa tigela fria. Continue com o passo 7.

7
Passe o creme para um recipiente que possa ir ao freezer, como uma assadeira ou um pote de sorvete usado. Coloque esse recipiente dentro de outro maior cheio de gelo e espere o creme esfriar completamente.

8
Leve o creme frio ao congelador por 4 horas. A cada hora, puxe para o centro a parte que já endureceu ao longo das bordas e, com um batedor de arame, bata o creme para que fique homogêneo. Quando o creme estiver mais parecido com sorvete, com aparência firme e lisa, deixe-o no congelador por mais 6 horas, sem mexer. Bem acondicionado, esse sorvete pode ser conservado no freezer por até 2 semanas.

9
Prepare o molho de chocolate em banho-maria. Encha uma panela com água até a metade e leve ao fogo até quase começar a ferver. Dissolva o café solúvel em 5 colheres (sopa) de água fervente. Quebre o chocolate em pedaços e coloque-os numa tigela refratária grande. Acrescente o café dissolvido, a manteiga e a glucose de milho. Coloque a tigela sobre a panela no fogo, de modo que o fundo da tigela não encoste na água.

10
Aqueça em fogo baixo por 5 minutos, mexendo algumas vezes, até o chocolate derreter e ficar liso.

11
Deixe o sorvete em temperatura ambiente por 10 minutos, antes de fazer bolas e servir com o molho de chocolate morno.

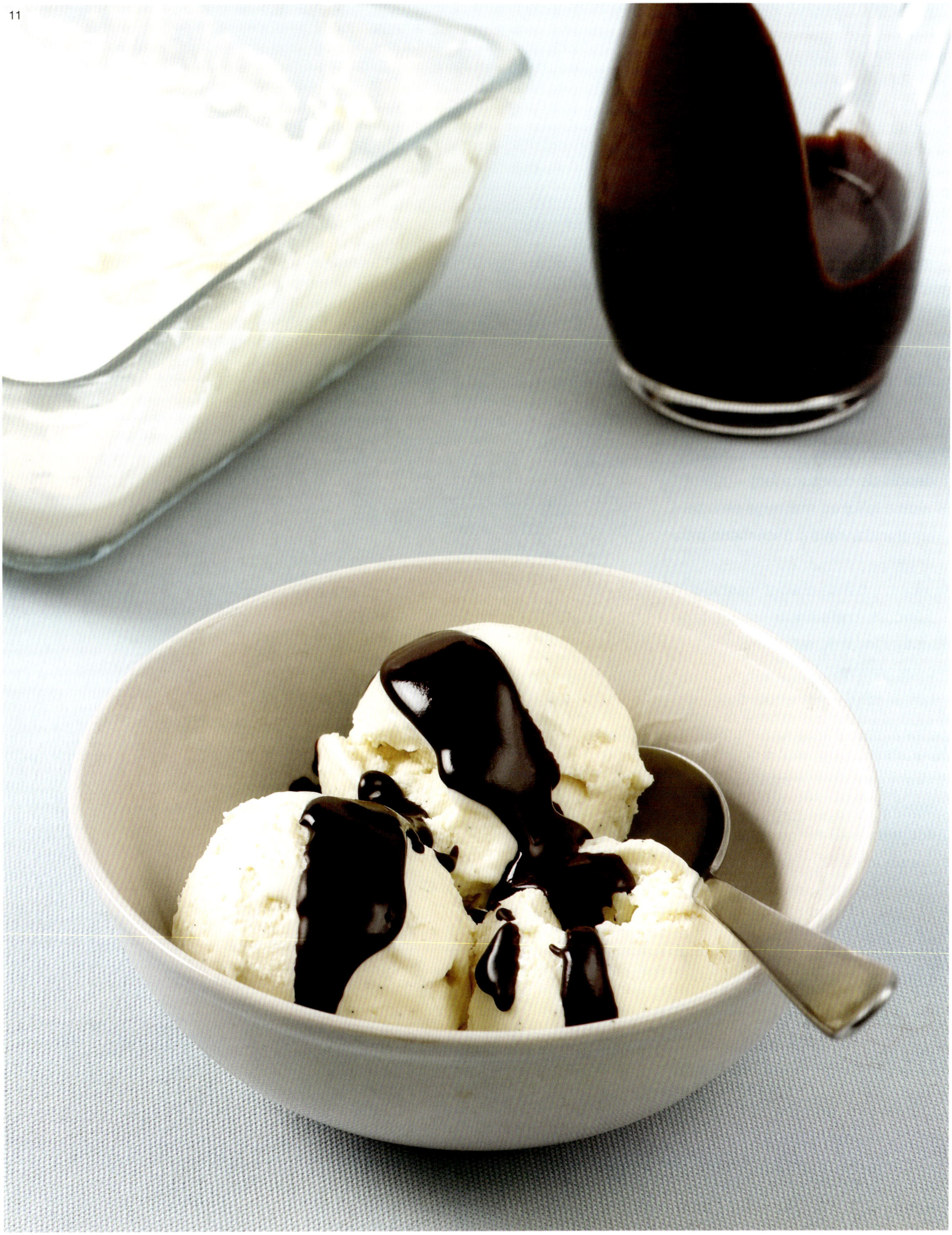

Bolo de banana com nozes

Tempo de preparo: 20 minutos, mais o tempo de esfriar
Tempo de cozimento: 1 hora e 10 minutos
Rende 8 fatias

Se você tiver bananas passando do ponto em sua fruteira, aproveite para preparar esse delicioso bolo, úmido e reconfortante. Ele é muito gostoso simplesmente besuntado com manteiga, mas por que não experimentar fazer, ao menos uma vez, essa cobertura macia com gosto de caramelo?

- 3 bananas médias maduras (300 g depois de descascadas)
- ¾ xícara (chá) de manteiga sem sal amolecida, mais o necessário para untar
- ¾ xícara (chá) de açúcar mascavo (claro, de preferência)
- ½ colher (chá) de sal kosher
- 3 ovos grandes
- 1 colher (chá) de essência de baunilha
- ¾ xícara (chá) de farinha de trigo
- 1 xícara (chá) de farinha de trigo integral
- 2 colheres (chá) de fermento em pó
- ½ xícara (chá) de nozes picadas, mais um pouco para decorar
- ½ xícara (chá) de cream cheese

1
Unte ligeiramente com manteiga uma fôrma para bolo inglês de 22,5 cm x 12,5 cm (com capacidade para 1 litro). Forre-a com uma tira de papel-manteiga que ultrapasse os lados estreitos. Preaqueça o forno a 170°C.

2
Descasque as bananas e coloque numa tigela. Usando um garfo, amasse-as grosseiramente.

3
Numa tigela grande, coloque a banana amassada, ½ xícara (chá) da manteiga, ½ xícara (chá) do açúcar, o sal, os ovos, a baunilha, os dois tipos de farinha de trigo e o fermento. Com a batedeira de mão, bata os ingredientes até obter uma mistura lisa.

FARINHA DE TRIGO INTEGRAL
A farinha de trigo integral vai adicionar textura e um aroma de nozes ao seu bolo, mas, se preferir, use somente a farinha de trigo comum.

4
Acrescente as nozes picadas e despeje a mistura na fôrma preparada.

Delícias Doces

5
Asse o bolo por 1 hora e 10 minutos ou até que esteja bem crescido, dourado e elástico ao toque. Veja se está bem assado enfiando um palito para churrasco no ponto mais alto do bolo: se ele sair seco, o bolo estará no ponto. Caso contrário, asse por mais 10 minutos e repita o teste. Deixe que o bolo esfrie sobre uma grade por 10 minutos. Desenforme e deixe sobre a grade para esfriar completamente, sem ficar úmido na base.

6
Enquanto o bolo esfria, prepare a cobertura. Coloque numa panela a manteiga e o açúcar restantes, mais 1 colher (sopa) de água. Leve ao fogo bem baixo até o açúcar dissolver por completo. Deixe que cozinhe por mais 3 minutos, até obter um caramelo sedoso. Retire a panela do fogo e deixe esfriar.

7
Coloque o cream cheese numa tigela e acrescente num fio o caramelo já frio, batendo com o batedor de arame até obter um creme macio e de cor amarelada.

8
Espalhe a cobertura sobre o bolo e salpique algumas nozes picadas.

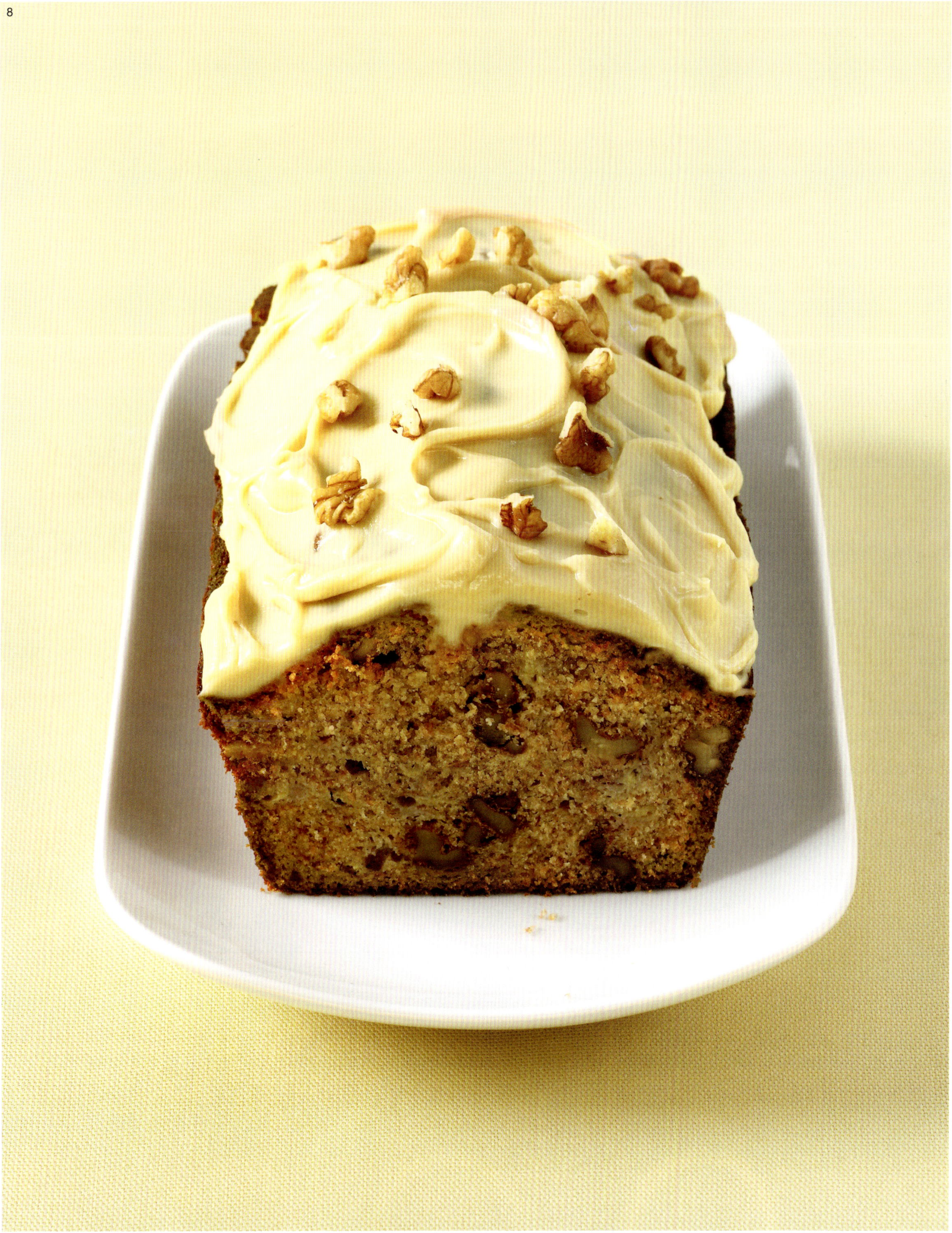

Brownies

Tempo de preparo: 30 minutos, mais o tempo de esfriar
Tempo de cozimento: 20-25 minutos
Rende cerca de 20 pedaços

O brownie vai bem em qualquer ocasião. Hora do café? Brownie. Sobremesa? Brownie com sorvete. Aniversário? Uma pilha de brownies em um prato bonito. Estes são exatamente como você gosta: sabor intenso de chocolate e uma casquinha fina recobrindo uma massa densa e deliciosa.
O cacau em pó, favas de cacau torradas e moídas num pó fino e amargo, sem a adição de qualquer outro ingrediente, faz a diferença.

¾ xícara (chá) de manteiga sem sal
200 g de chocolate amargo, de preferência com 70% de cacau
½ xícara (chá) de macadâmia (opcional)
4 ovos grandes
1 ⅓ xícara (chá) de açúcar
1 colher (chá) de essência de baunilha
1 xícara (chá) de farinha de trigo
⅓ xícara (chá) de cacau em pó
½ colher (chá) de sal kosher

1
Unte ligeiramente o fundo e as laterais de uma assadeira de 22,5 cm x 32,5 cm e forre-a com papel-manteiga, cortando e dobrando os cantos do papel como explicado na página 357. Preaqueça o forno a 175°C.

2
Numa panela pequena, derreta a manteiga restante em fogo médio. Quebre o chocolate em pedaços, coloque dentro da manteiga quente e retire a panela do fogo. Espere 5 minutos antes de mexer até obter uma mistura lisa. Deixe esfriar por 10 minutos.

3
Enquanto isso, pique grosso as macadâmias, se for usá-las, e reserve. Numa tigela grande, coloque os ovos, o açúcar e a baunilha e bata com uma batedeira de mão ou a comum por 1 minuto ou até conseguir uma mistura grossa e clara.

4
Despeje o chocolate derretido já frio sobre a mistura de ovos, mexendo até ficar homogêneo. O ideal é usar uma espátula para isso, pois ela consegue alcançar qualquer parte da tigela.

Delícias Doces

5
Acrescente a farinha, o cacau em pó e o sal.

POR QUE ADICIONAR SAL AO CHOCOLATE
Adicionar uma pitada de sal realça o aroma e o sabor do chocolate, mas o importante é não exagerar na medida!

6
Com uma espátula ou colher grande, revolva os ingredientes secos na mistura de chocolate até não ter mais vestígios aparentes de farinha. Despeje a massa na fôrma preparada e espalhe por cima a macadâmia picada.

COMO REVOLVER A MASSA
Usando uma espátula ou uma colher grande, revolva delicadamente a mistura com movimentos de cima para baixo, levantando a massa e deixando que recaia sobre si mesma. Repita esses movimentos até a massa ficar homogênea. Essa operação ajuda a manter o ar já incorporado à massa.

7
Asse por 20-25 minutos, até a massa ter crescido nas bordas e formado uma casca fina. Ao agitar a assadeira, a massa deverá estar ainda ligeiramente mole no centro. Faça esse teste após 18 minutos de forno. Deixe o brownie esfriar completamente na assadeira.

8
Para retirar da assadeira, segure o papel-manteiga pelos cantos opostos e levante-o, retirando o bolo da assadeira. Apoie-o sobre uma tábua e corte em cerca de 20 pedaços.

VARIE O SABOR
No lugar da macadâmia, salpique sobre a massa chocolate branco picado, minimarshmallows ou nozes.

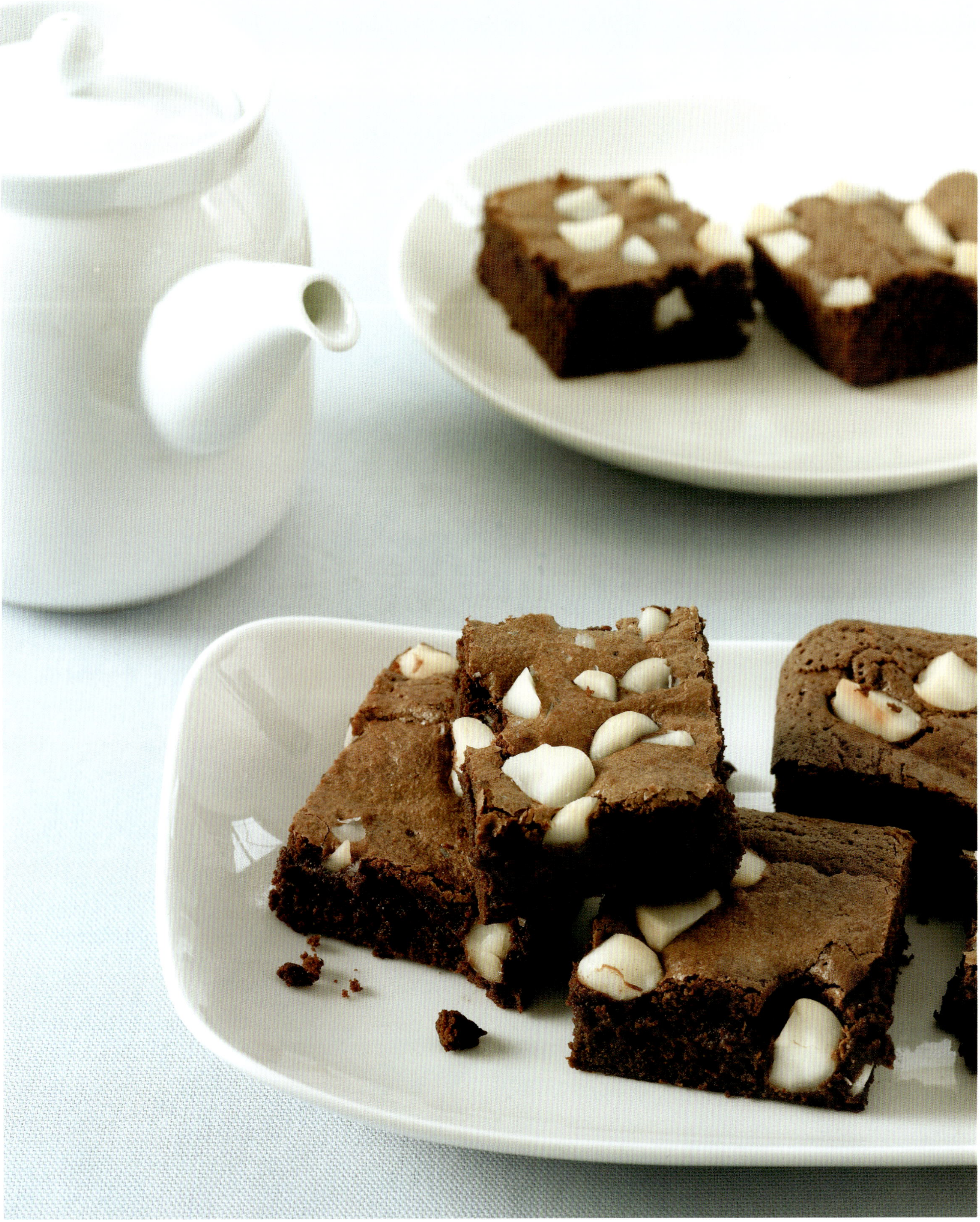

Panna cotta com framboesa

Tempo de preparo: 30 minutos, mais 30 minutos para esfriar e 6 horas de geladeira
Serve 6

Essa sobremesa italiana, a panna cotta, significa simplesmente creme de leite cozido. Mas recheada com framboesa ganha cor e sabor, e se torna uma ótima sugestão para servir num jantar ou festa, embora seja muito fácil de ser preparada.

---

5 folhas de gelatina incolor
1 fava de baunilha
1¾ xícara (chá) de creme de leite
1¾ xícara (chá) de leite integral
⅓ xícara (chá) de açúcar
1¼ xícara (chá) de framboesa (200 g)

1
Encha de água uma tigela pequena e coloque de molho as folhas de gelatina.

GELATINA EM PÓ
Se não tiver a gelatina em folha, use a gelatina em pó, substituindo as 5 folhas por 1 colher (sopa) da gelatina em pó. Polvilhe-a numa tigela pequena sobre 3-4 colheres (sopa) de água fria e espere alguns minutos para a gelatina absorver a água. Dissolva em banho-maria, colocando a tigela sobre uma panela pequena com pouca água, tomando cuidado para que não aqueça demais, pois perderia sua capacidade de gelatinizar. Quando estiver dissolvida, adicione-a ao creme morno no passo 4.

2
Retire as sementes da fava de baunilha. Para isso, com uma faca bem afiada, corte a fava ao meio, pelo comprimento. Em seguida, passe a lâmina ao longo das duas metades, retirando as sementes.

3
Coloque as sementes de baunilha, o creme de leite e o leite numa panela e bata com um batedor de arame para desfazer qualquer aglomerado de sementes. Leve ao fogo médio até levantar fervura. Retire do fogo, junte o açúcar e espere 2 minutos para dissolver.

4
Escorra as folhas de gelatina da água e esprema. Junte-as ao creme ainda morno e mexa até que estejam completamente dissolvidas.

5
Arrume 6 tigelinhas ou forminhas, com capacidade para ½ xícara (chá) cada, em uma assadeira ou bandeja. Umedeça a parte interna desses recipientes com água fria. Coloque 6 framboesas em cada um.

Delícias Doces

6
Com a ajuda de uma concha pequena, divida o creme entre as tigelinhas. Espere 30 minutos para que o creme esfrie completamente.

7
Cubra cada tigelinha com filme plástico para que o creme não resseque na superfície. Leve à geladeira por 6 horas, no mínimo, ou, melhor ainda, de um dia para o outro.

8
Na hora de servir, elimine a película de plástico. Se você usou forminhas, desenforme a panna cotta em pratos de sobremesa e, como decoração, espalhe algumas framboesas ao redor. Se usou tigelinhas, sirva diretamente nelas, colocando 3-4 framboesas por cima, se desejar.

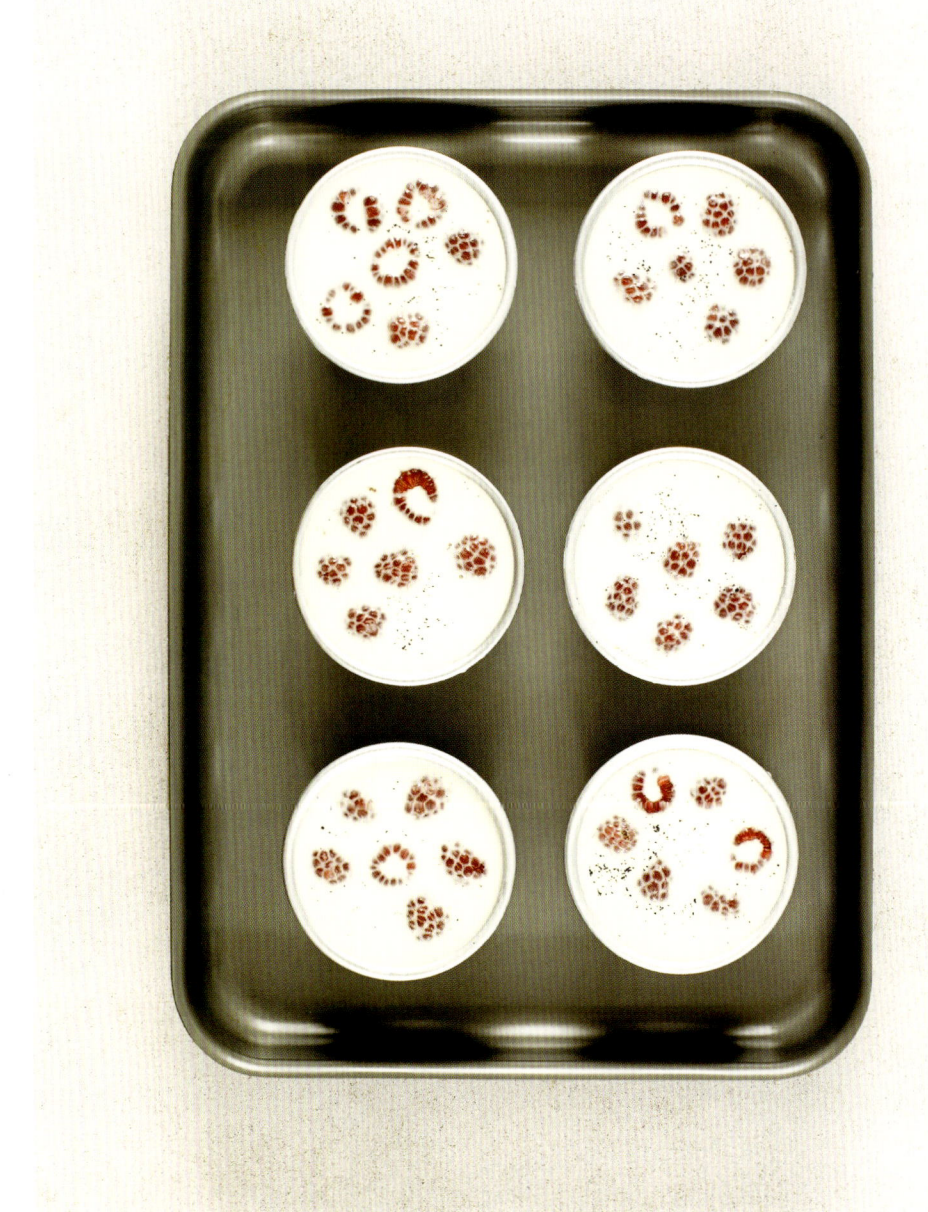

374 Panna cotta com framboesa

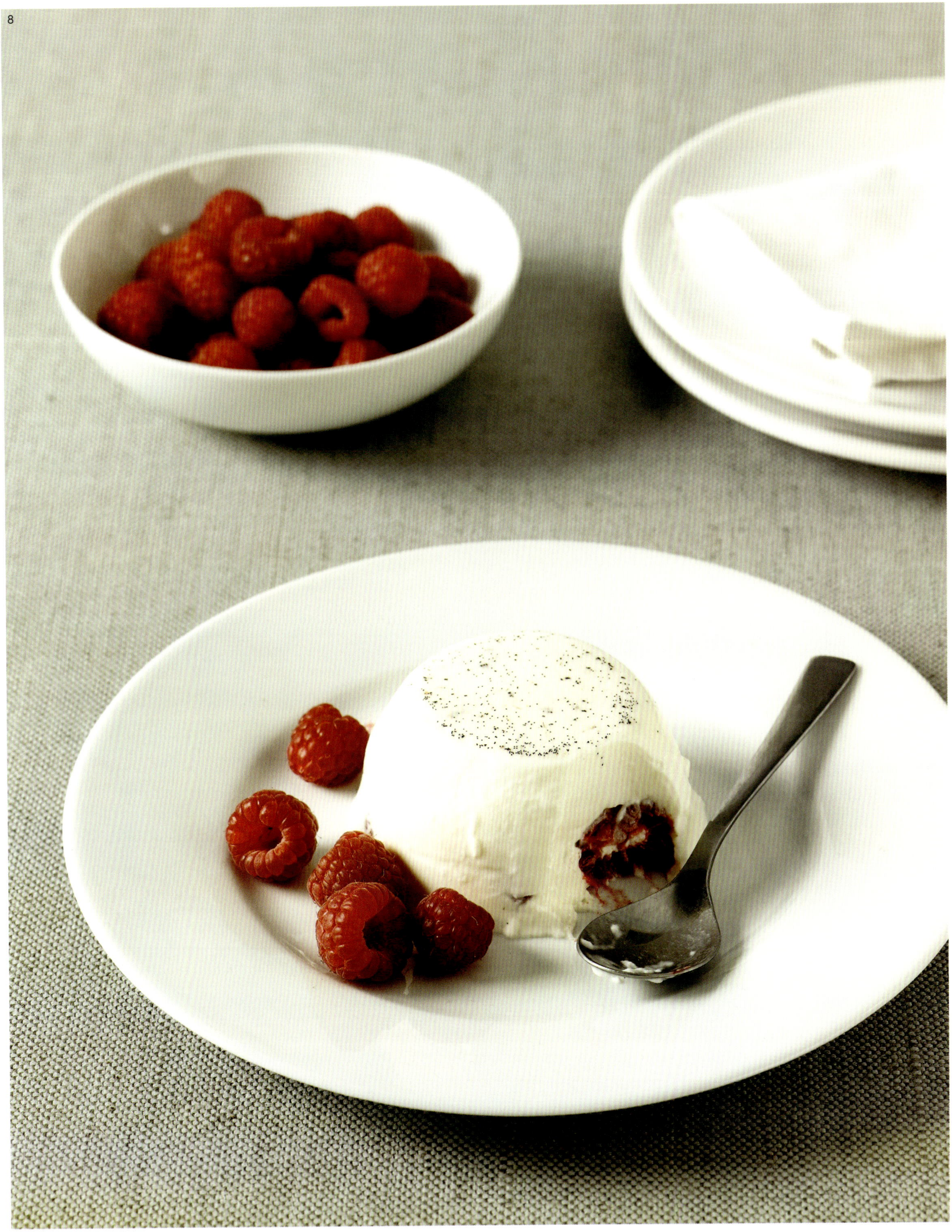

Cupcakes glaceados

Tempo de preparo: 25 minutos, mais o tempo de esfriar
Tempo de cozimento: 20 minutos
Rende 12

Ao servir estes cupcakes, seus amigos pensarão que você passou na confeitaria! A adição de iogurte e farinha de amêndoa à massa de um simples bolo de baunilha vai deixar os seus cupcakes leves e úmidos e com uma ótima capacidade de conservação. Se você estiver preparando esses bolinhos para crianças e quiser eliminar a farinha de amêndoa, use a mesma quantidade de farinha de trigo.

1¼ xícara (chá) de manteiga sem sal
⅔ xícara (chá) de iogurte natural (se usar um iogurte probiótico é melhor, pois seu sabor é mais suave)
4 ovos grandes
1½ colher (chá) de essência de baunilha
cerca de 1 xícara (chá) de açúcar
1¼ xícara (chá) de farinha de trigo com fermento
1 colher (chá) de fermento em pó
1 xícara (chá) de farinha de amêndoa
¼ colher (chá) de sal kosher
2¼ xícaras (chá) de açúcar de confeiteiro
1 colher (sopa) de leite
algumas gotas de corante alimentar
confeitos, para decorar

1
Pegue uma fôrma para cupcakes com capacidade para 12 bolinhos grandes e forre as cavidades com forminhas de papel. Preaqueça o forno a 190°C. Derreta ¾ xícara (chá) da manteiga numa panela média, retire do fogo e deixe esfriar por 5 minutos.

2
Adicione à manteiga o iogurte, os ovos e 1 colher (chá) de baunilha e bata bem com um garfo.

3
Numa tigela grande, misture o açúcar, a farinha de trigo, o fermento, a farinha de amêndoa e o sal. Abra uma cavidade no centro dos ingredientes secos.

4
Pegue uma espátula. Despeje a mistura de manteiga na cavidade dos ingredientes secos e misture rapidamente com a espátula até obter uma massa lisa, sem grumos e sem vestígios das farinhas. Seja rápido nessa operação porque essa massa não pode ser muito trabalhada.

5
Divida a massa entre as forminhas preparadas, enchendo-as até a 2 cm da borda. Para fazer isso com facilidade, segure a tigela com a massa sobre a fôrma e, com uma colher, distribua a massa nas forminhas de papel. Essa massa é relativamente fluida.

6
Asse os cupcakes por 18-20 minutos ou até que estejam crescidos e dourados. Deixe esfriar por 5 minutos na fôrma.

Delícias Doces

7
Retire da fôrma as forminhas de papel e transfira para uma grade para esfriar completamente. Enquanto isso, prepare a cobertura. Peneire o açúcar de confeiteiro. Coloque a ½ xícara (chá) de manteiga restante numa tigela grande e, com uma batedeira de mão, bata até que fique fofa e lisa. Acrescente o açúcar de confeiteiro, a baunilha restante e um pouco do leite. No começo, para evitar que o açúcar voe, use uma colher para mexer. Quando o açúcar estiver incorporado, acione a batedeira de mão e bata por 1-2 minutos, até a cobertura ficar leve e fofa. Se achar que ainda está dura, junte mais leite, poucas gotas de cada vez, para evitar que fique mole.

8
Se desejar, você pode colorir essa cobertura. Para isso, adicione uma gota de corante alimentar e misture bem. Se achar necessário, junte mais, sempre uma gota de cada vez.

9
Coloque um pouco de cobertura sobre cada cupcake e espalhe usando as costas de uma colher (chá) ou uma espátula pequena, formando espirais.

10
Espalhe por cima os confeitos coloridos.

FAÇA ANTES
Se quiser, prepare os cupcakes com antecedência e conserve num recipiente com tampa hermética por até 3 dias ou no congelador por até 1 mês. A cobertura também pode ser preparada com 3 dias de antecedência, e mantida bem coberta, na geladeira. Antes de usá-la, deixe que volte à temperatura ambiente e bata para retornar à consistência original.

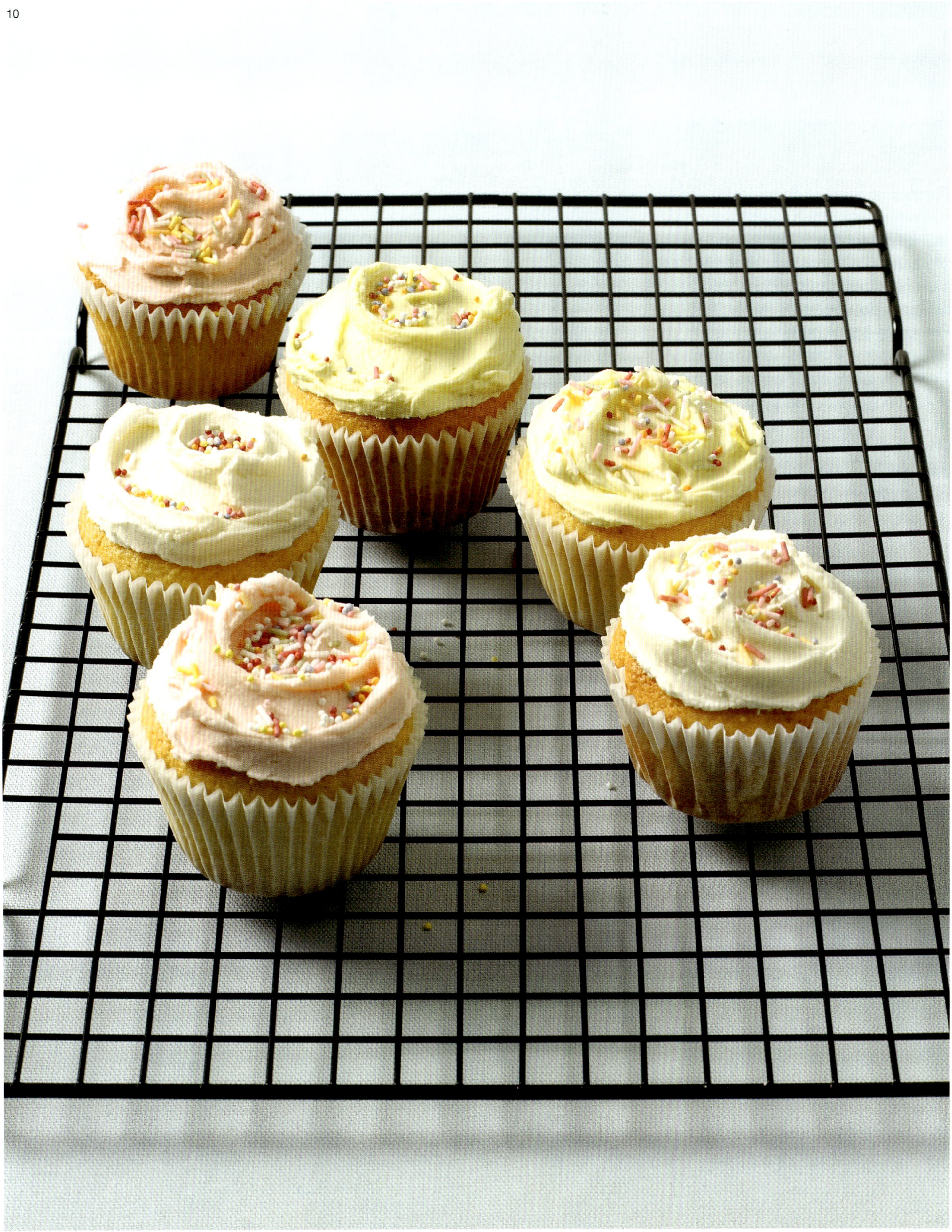

Torta de noz-pecã

Tempo de preparo: 50 minutos, mais o tempo de esfriar e o tempo de geladeira
Tempo de cozimento: 30-35 minutos
Rende 10 fatias

Para variar o sabor dessa torta rica em nozes-pecãs, nada melhor que adicionar cranberries, que oferecem um bem-vindo azedinho para contrastar com o doce do açúcar e do xarope de maple. A cranberry é uma baga vermelha de um arbusto originário dos Estados Unidos, e pode ser encontrada em suco, congelada, fresca ou seca nos melhores supermercados. Assim reformulada, essa torta clássica se transforma numa ótima sobremesa para qualquer ocasião.

---

2 xícaras (chá) de noz-pecã
farinha de trigo, para polvilhar
1 receita de Massa básica para torta doce (ver página 350) ou 1 pacote (400 g) de massa pronta para torta
4 colheres (sopa) de manteiga sem sal
½ xícara (chá) de xarope de maple
1 xícara (chá) de açúcar mascavo (escuro, de preferência)
1 colher (sopa) de conhaque (opcional)
¾ xícara (chá) de cranberries secas
sal
1 colher (chá) de essência de baunilha
2 ovos grandes
creme de leite fresco ou chantili (ver página 338), para servir (opcional)

1

Preaqueça o forno a 175°C. Coloque as nozes numa assadeira e leve ao forno por 10 minutos, até que estejam douradas e perfumadas. Deixe esfriar.

2

Pegue uma fôrma para torta de 22,5 cm de diâmetro, com fundo removível. Polvilhe com farinha o rolo e a superfície de trabalho. Com o rolo, pressione o disco de massa formando vários sulcos paralelos. Dê um quarto de volta na massa e repita essa operação. Continue repetindo até a massa ficar com cerca de 1,5 cm de espessura. Usando essa técnica, a massa não ficará dura depois de assada.

3

Abra a massa. Passe o rolo sempre no mesmo sentido, dando um quarto de volta à massa a cada 2-3 passadas, até a massa ficar com cerca de 0,5 cm. Enrole a massa no rolo, leve-a até a fôrma e desenrole cuidadosamente.

4

Pressione delicadamente a massa dentro da fôrma com os nós dos dedos, moldando-a.

5

Com uma tesoura de cozinha, recorte o excesso de massa em toda a volta, deixando pouco mais de 1 cm de sobra. Coloque a fôrma em uma assadeira e leve ao congelador por 10 minutos (ou à geladeira por um período mais longo, se tiver tempo), até a massa firmar. Verifique se a grade do forno está posicionada no centro.

Delícias Doces

6
Amasse bem uma folha de papel-manteiga grande o suficiente para forrar completamente a massa dentro da fôrma. Desamasse-a e forre a massa. Preencha com feijão ou outro grão cru, amontoando-o mais nas bordas (ver página 246).

7
Leve a massa ao forno dentro da assadeira, e asse por 15 minutos. Retire o peso e o papel. A massa deverá ter aparência seca e cor clara, mas estará levemente dourada nas bordas. Volte a massa ao forno por mais 10 minutos para que comece a dourar e retire.

8
Prepare o recheio. Separe 12 metades de nozes para decorar e pique fino o restante.

9
Derreta a manteiga numa panela e retire-a do fogo. Junte o xarope de maple, o açúcar mascavo, o conhaque (se for usá-lo), o cranberry, 1 pitada de sal, a baunilha e os ovos. Bata com um garfo até que esteja bem misturado. Acrescente as nozes picadas e mexa novamente.

10
Despeje o recheio dentro da massa assada e arrume por cima as metades de nozes reservadas. Coloque a assadeira no forno.

11
Asse por 30-35 minutos ou até o recheio ficar firme nas bordas, mas ainda macio no centro. Se a torta dourar demais antes do tempo, proteja-a com papel-alumínio. Deixe esfriar completamente na fôrma antes de desenformá-la (ver página 354). Sirva-a cortada em fatias, com creme de leite fresco batido ou chantili.

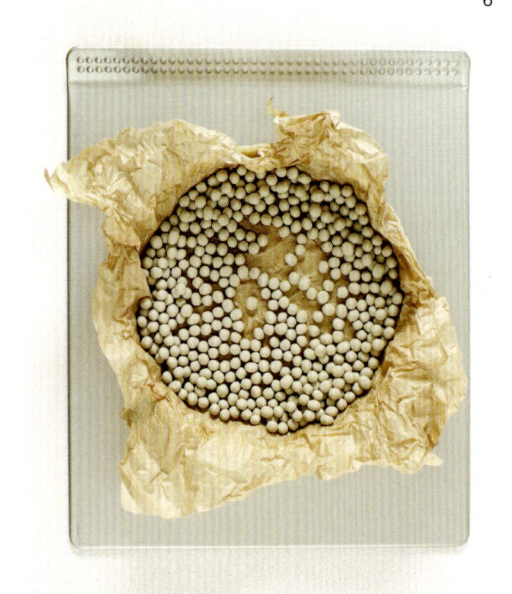

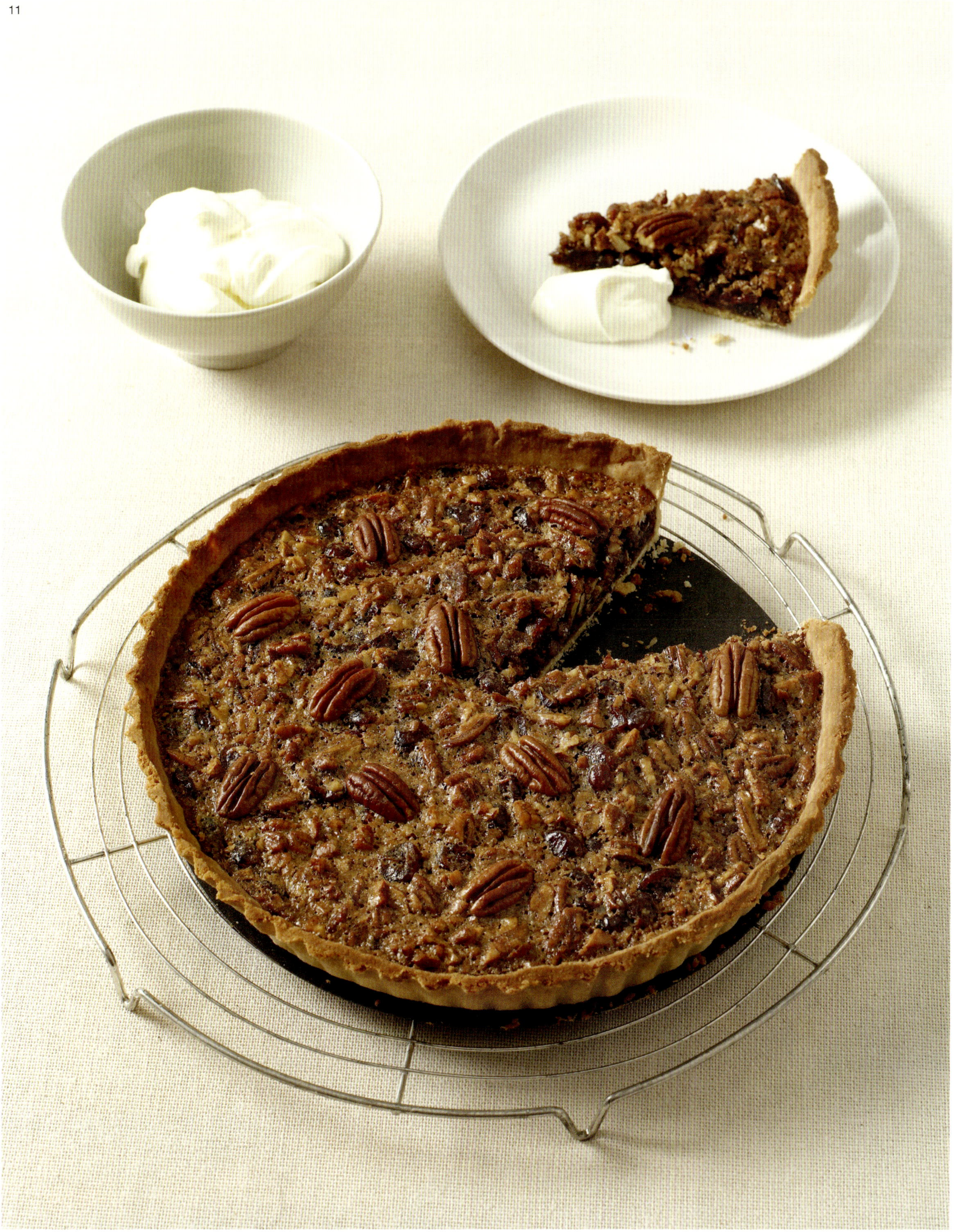

Cobbler de pêssego e framboesa

Tempo de preparo: 25 minutos
Tempo de cozimento: 40 minutos
Serve 6

O cobbler é uma sobremesa de frutas assadas com uma cobertura. A simples adição de um punhado de framboesas realça o sabor do pêssego e a farinha de amêndoa deixa a cobertura mais leve. No lugar do pêssego, você pode usar nectarina ou ameixa.

---

6 pêssegos grandes, maduros, mas firmes
1 xícara (chá) de framboesa fresca ou descongelada (170 g)
2 colheres (sopa) de amido de milho
cerca de ½ xícara (chá) de açúcar, mais 3 colheres (sopa)
6 colheres (sopa) de manteiga sem sal gelada, mais 1 colher (sopa)
1 xícara (chá) de farinha de trigo com fermento
½ xícara (chá) de farinha de amêndoa
½ colher (chá) de fermento em pó
¼ colher (chá) de sal kosher
⅔ xícara (chá) de leite
1 colher (chá) de essência de baunilha
1 punhado de amêndoa em lascas
creme chantili (ver página 338) ou sorvete, para servir (opcional)

1
Preaqueça o forno a 190°C. Corte os pêssegos ao meio e retire o caroço. Corte cada metade em 3-4 fatias. Se a polpa estiver grudada no caroço, corte o pêssego em pedaços. Coloque o pêssego e metade da framboesa numa fôrma refratária ou numa caçarola que não seja funda. Polvilhe o amido de milho e 3 colheres (sopa) de açúcar. Regue com 6 colheres (sopa) de água e misture bem. Corte 1 colher (sopa) de manteiga em cubinhos e espalhe-os sobre a fruta.

2
Prepare a cobertura. Numa tigela grande, coloque a farinha de trigo, a farinha de amêndoa, o fermento e o sal. Às vezes, a farinha de amêndoa vem com grumos: desfaça-os com os dedos. Corte a manteiga em cubos e coloque-os sobre os ingredientes secos.

3
Esfregue os ingredientes juntos com os dedos. Para isso, levante os cubos de manteiga e as farinhas juntos com os dedos e, esfregando-os entre os polegares e os outros dedos das mãos, deixe que recaiam dentro da tigela. Conforme for repetindo essa ação, a manteiga se incorporará às farinhas. Procure levantar bem a mistura para que não esquente e se mantenha aerada.

4
A mistura ficará com a aparência de migalhas finas de pão.

5
Adicione ½ xícara (chá) de açúcar, o leite e a baunilha. Mexa apenas o necessário para que os ingredientes se mesclem, formando uma massa com alguns grumos. Acrescente a framboesa restante, mexendo com delicadeza para não esmagá-la.

Delícias Doces

6
Coloque a cobertura sobre a fruta às colheradas e, em seguida, distribua as lascas de amêndoa. Ao assar, a cobertura irá se espalhar, portanto, não se preocupe em alisar a superfície.

7
Coloque a fôrma em uma assadeira e leve para assar por 40-50 minutos ou até a cobertura ficar dourada. A fruta deverá ter formado uma deliciosa calda e estará fervendo.

8
Sirva essa sobremesa quente, morna ou fria, acompanhada de creme chantili ou sorvete.

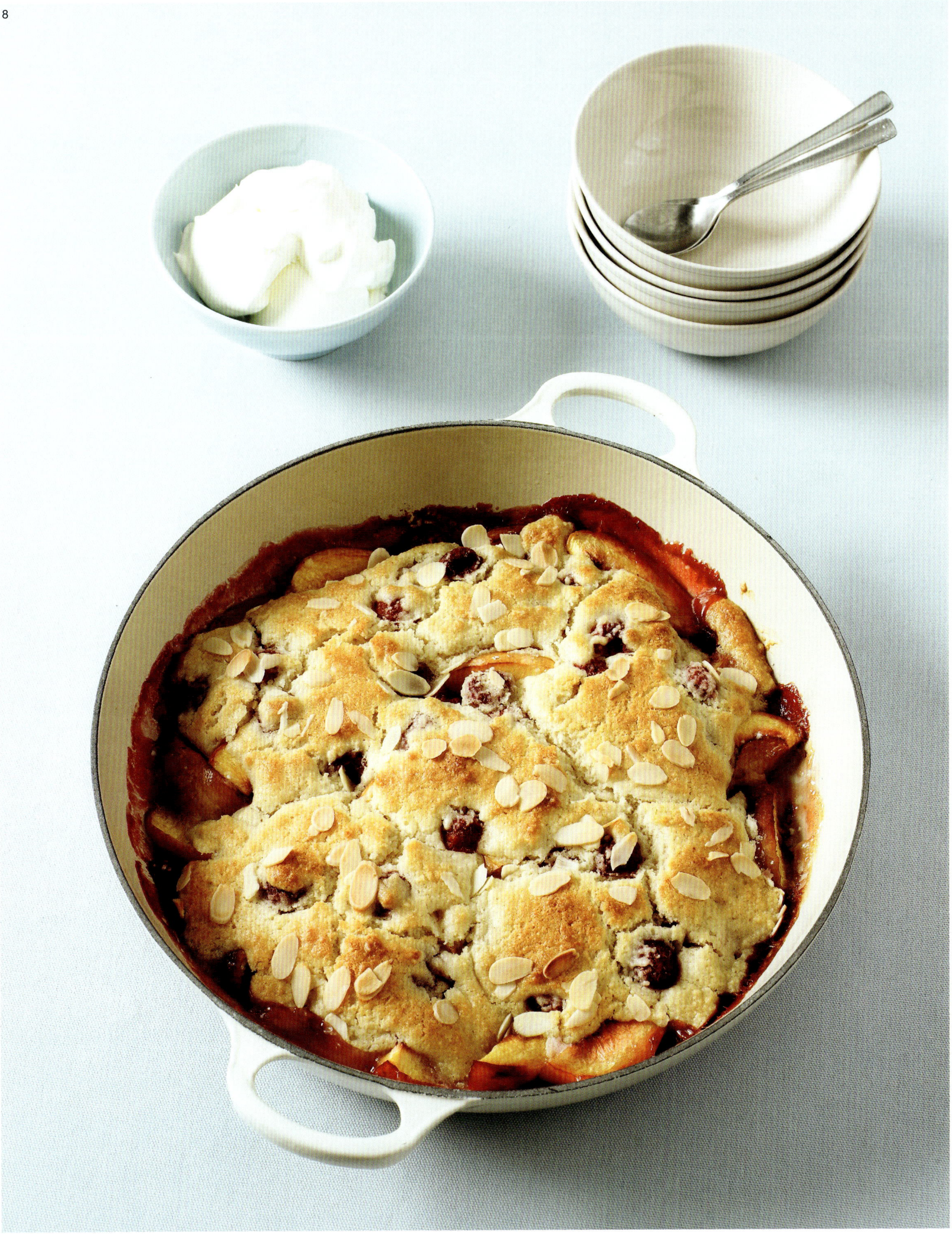

Bolo trufado de chocolate

Tempo de preparo: 30 minutos, mais o tempo de esfriar
Tempo de cozimento: 35-40 minutos
Rende 12 fatias

Esse maravilhoso bolo de chocolate, rico e escuro, além de ser uma sobremesa especial, fará sucesso em qualquer aniversário! Como a maioria dos produtos de forno, é melhor quando consumido no mesmo dia, mas a massa pode ser preparada com até 2 dias de antecedência e conservada num recipiente com tampa hermética.

---

1 xícara (chá) de manteiga sem sal amolecida, mais um pouco para untar

300 g de chocolate amargo, de preferência com 70% de cacau

1½ xícara (chá) de açúcar (de preferência orgânico)

4 ovos grandes

1¼ xícara (chá) de iogurte natural de sabor suave

1 colher (chá) de essência de baunilha

1¼ xícara (chá) de farinha de trigo com fermento

½ colher (chá) de sal kosher

½ colher (chá) de fermento em pó

¼ xícara (chá) de cacau em pó

½ xícara (chá) de açúcar de confeiteiro

⅔ xícara (chá) de creme de leite azedo (ver página 184) ou creme de leite fresco

1
Com um pouco de manteiga, unte ligeiramente duas fôrmas para bolo com 20 cm de diâmetro e forre o fundo com um disco de papel-manteiga. Preaqueça o forno a 170°C.

2
Quebre o chocolate em pedaços e coloque 200 g numa tigela refratária. Coloque a tigela em banho-maria sobre uma panela pequena com água bem quente, mas não fervente, tomando cuidado para que o fundo da tigela não toque a água. Espere 5 minutos para o chocolate derreter, mexendo uma ou duas vezes, até que esteja totalmente liso. Se preferir, derreta o chocolate no forno de micro-ondas, na potência máxima, por 1½ minuto.

3
Reserve 2 colheres (sopa) da manteiga e coloque o restante numa tigela grande. Adicione o açúcar, os ovos, o iogurte, a baunilha, a farinha, o sal e o fermento. Peneire o cacau e junte-o também à tigela.

4
Com a batedeira de mão ou a comum, bata os ingredientes até obter um creme liso e fofo. Se sobrar algum pedaço de manteiga, não se preocupe pois ele derreterá quando for adicionado o chocolate morno.

5
Acrescente o chocolate derretido e bata apenas até a mistura ficar lisa e uniforme.

Delícias Doces

6
Divida a massa entre as duas fôrmas. Não lave a tigela, pois ela será usada para preparar a cobertura.

7
Coloque as duas fôrmas no forno, na mesma prateleira, e asse por 35-40 minutos ou até que os bolos estejam crescidos e, ao enfiar um palito no centro deles, este saia limpo. Espere esfriar por 10 minutos e desenforme sobre uma grade. Manuseie cautelosamente os bolos, pois sua superfície é delicada.

8
Enquanto os bolos esfriam, prepare a cobertura. Coloque as 2 colheres (sopa) de manteiga e o restante do chocolate na tigela reservada e leve ao banho-maria para que derretam, conforme explicado no passo 2.

QUER COBRIR TAMBÉM AS LATERAIS?
Para cobrir também os lados do bolo, aumente a quantidade dos ingredientes. Para isso, irá precisar de 150 g de chocolate, 3 colheres (sopa) de manteiga, ¾ xícara (chá) de açúcar de confeiteiro e 1 xícara (chá) de creme de leite azedo ou natural.

9
Retire a tigela do banho-maria, peneire o açúcar de confeiteiro sobre ela, junte também o creme de leite azedo ou natural e misture bem. A consistência ficará um tanto fluida, mas irá encorpar ao esfriar. Não leve à geladeira.

10
Espalhe metade da cobertura sobre um dos bolos.

11
Coloque esse bolo em um prato de servir. Apoie por cima o segundo bolo e cubra também com a cobertura de chocolate.

390 Bolo trufado de chocolate

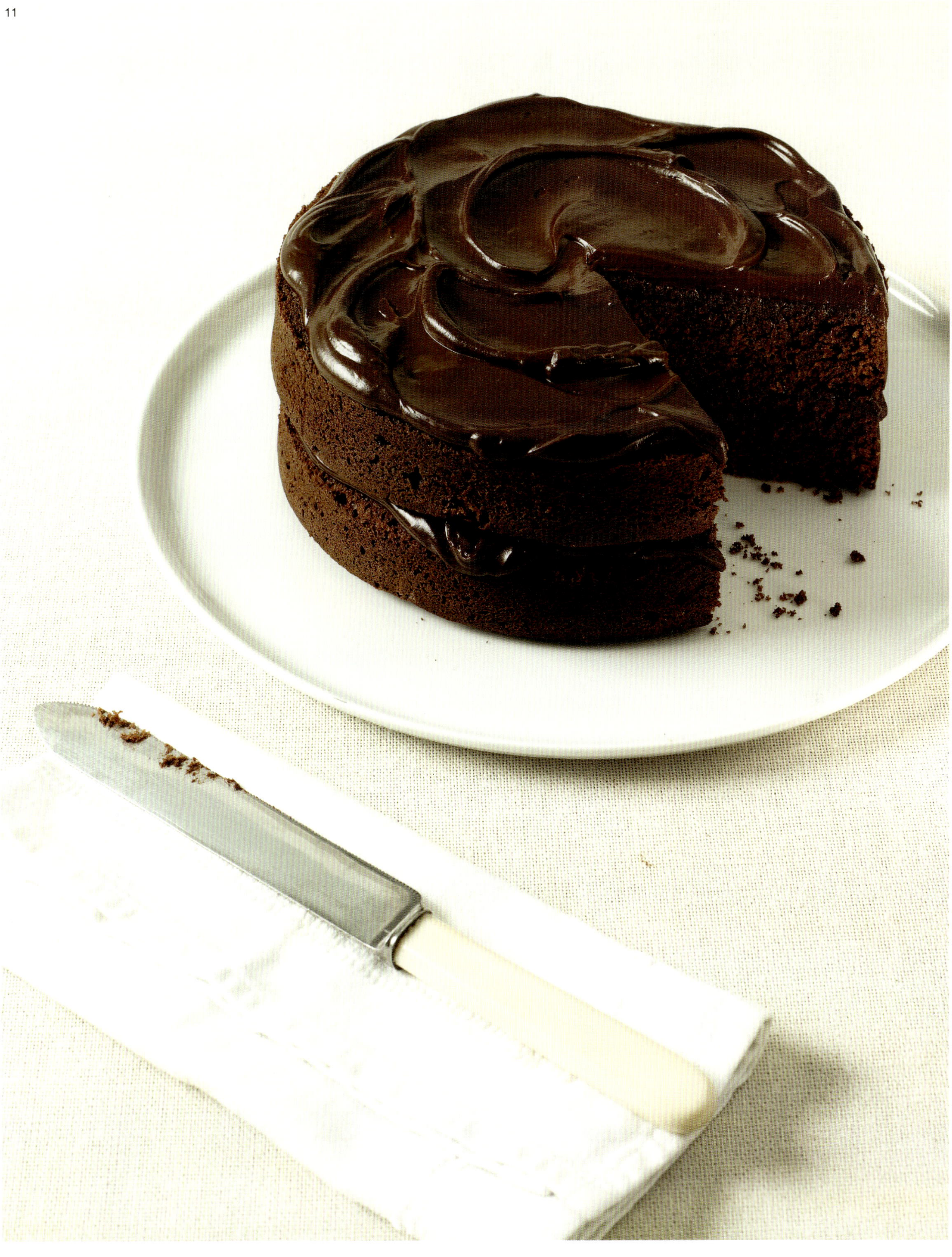

Crumble de maçã e amora

Tempo de preparo: 30 minutos
Tempo de cozimento: 45-50 minutos
Serve 6

Essa é uma delícia reconfortante para servir em uma noite fria de inverno ou, por que não, até do outono. O creme inglês que a acompanha nesta receita não é muito grosso, e cai como uma luva tanto para esta sobremesa, como para a Torta de maçã (página 334).

1,2 kg de maçã Granny Smith, Golden Delicious ou Fuji
1 xícara (chá) de amora
¾ xícara (chá) de açúcar, mais 2 colheres (sopa)
½ limão
1¼ xícara (chá) de farinha de trigo, mais 2 colheres (sopa)
¼ colher (chá) de sal kosher
⅔ xícara (chá) de manteiga sem sal gelada
1 noz-moscada, para ralar
½ xícara (chá) de flocos de aveia
2 colheres (chá) de amido de milho
1¼ xícara (chá) de leite
1¼ xícara (chá) de creme de leite
1 fava de baunilha ou 1 colher (chá) de essência de baunilha
4 ovos grandes

1
Preaqueça o forno a 190°C. Descasque as maçãs, elimine os miolos e corte-as em gomos grandes. Espalhe a maçã e a amora numa fôrma refratária grande, polvilhe por cima 1 colher (sopa) do açúcar, regue com o suco do ½ limão e misture bem.

2
Agora prepare a cobertura. Numa tigela grande, coloque a farinha e o sal. Corte a manteiga em cubos e junte-os à farinha.

3
Misture os ingredientes com os dedos. Para isso, levante os cubos de manteiga e a farinha juntos com os dedos e, esfregando-os entre os polegares e os outros dedos das mãos, deixe que recaiam dentro da tigela. Conforme for repetindo essa ação, a manteiga se incorporará à farinha e ficará com a aparência de migalhas finas de pão. Procure levantar bem a mistura para que não esquente e se mantenha aerada.

4
Rale fino a noz-moscada até obter 1 colher (chá). Junte-a à mistura de farinha e adicione também ½ xícara (chá) do açúcar restante e a aveia. Misture bem.

5
Espalhe a cobertura sobre as frutas numa camada uniforme. Leve ao forno para assar por 45-50 minutos, até que a cobertura esteja bem dourada e crocante e a fruta esteja fervendo.

6
Enquanto isso, prepare o creme inglês. Numa tigela pequena, dissolva o amido de milho em 2 colheres (sopa) do leite. Despeje em uma panela média antiaderente e adicione o restante do leite, o creme de leite, ¼ xícara (chá) do açúcar restante e as sementes da fava de baunilha (ver página 361) ou a essência de baunilha. Separe os ovos (ver página 243) e acrescente as gemas à panela (guarde as claras para outro uso).

7
Misture bem usando um batedor de arame e leve a panela ao fogo médio-baixo. Cozinhe o creme, sempre mexendo, até encorpar. O creme estará cozido no ponto certo quando você conseguir deixar um sulco nas costas da colher de pau ao passar o dedo no creme que a recobre.

GRUMOS NO CREME?
A adição do amido de milho estabiliza e afina o creme, tornando mais difícil os ovos passarem do ponto de cozimento, que é o que provoca o aparecimento de grumos. Se, porém, isso acontecer, nada de pânico: é só passar o creme por uma peneira fina!

8
Sirva o crumble morno, com o creme inglês à parte, para que cada um se sirva à vontade.

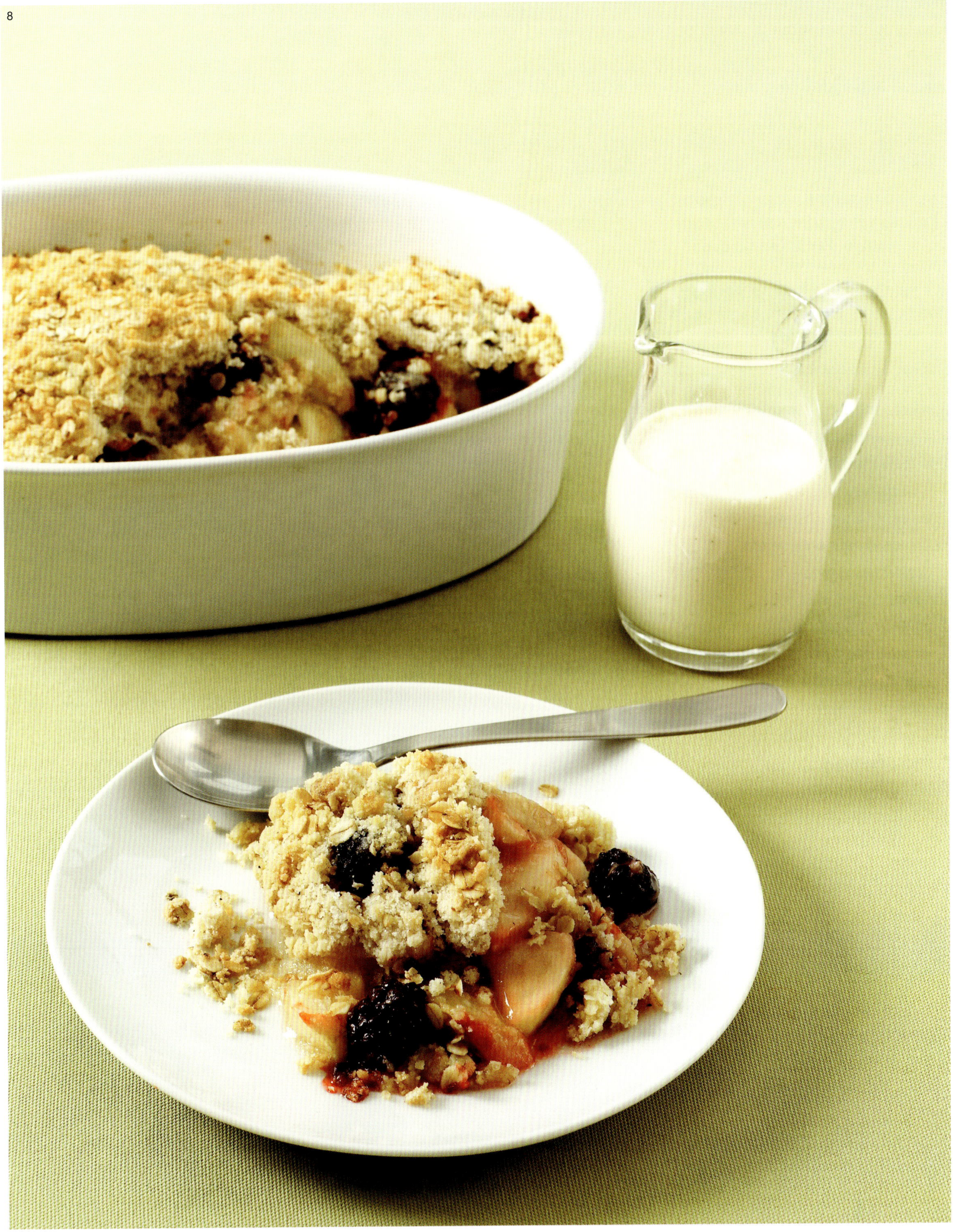

Cheesecake com frutas vermelhas

Tempo de preparo: 40 minutos, mais o tempo de geladeira
Tempo de cozimento: 50 minutos
Serve 10

Este cheesecake aveludado, leve e cremoso vai agradar a todo mundo. Ao prepará-lo, lembre-se de que todos os ingredientes devem estar em temperatura ambiente. No lugar das frutas vermelhas, pode-se usar a ameixa cozida sugerida na página 32.

½ xícara (chá) de manteiga sem sal, mais um pouco para untar

250 g de biscoito integral

1 fava de baunilha ou 1 colher (chá) de essência de baunilha

800 g de cream cheese em temperatura ambiente

1⅓ xícara (chá) de açúcar

2 colheres (sopa) de farinha de trigo

1 xícara (chá) de creme de leite azedo (ver página 184)

4 ovos grandes

600 g de frutas vermelhas descongeladas

1
Preaqueça o forno a 175°C. Unte ligeiramente o fundo e as laterais de uma fôrma com 22 cm de diâmetro, de fundo removível. Forre o fundo da fôrma com um disco de papel-manteiga.

2
Leve ao fogo médio uma panela pequena com a manteiga, deixe que derreta e retire do fogo. Quebre os biscoitos, coloque no processador de alimentos e pulse até obter migalhas finas. Se não tiver processador, use um saco plástico para alimentos, coloque dentro os biscoitos quebrados, retire o ar e passe o rolo várias vezes, até os biscoitos ficarem reduzidos a migalhas finas.

3
Com o aparelho ligado, despeje a manteiga derretida em fio até ficar com aparência de areia úmida. Se você esmigalhou os biscoitos com o rolo, coloque as migalhas em uma tigela e misture a manteiga.

4
Despeje a mistura na fôrma preparada e, pressionando com as costas de uma colher, alise até ficar uma camada uniforme.

5
Coloque a fôrma em uma assadeira, leve ao forno e asse por 15-20 minutos, até que fique dourada.

6
Se for usar a fava de baunilha, corte-a ao meio pelo comprimento com uma faca bem afiada e retire as sementes raspando as duas metades. Numa tigela grande, coloque o cream cheese, 1 xícara (chá) do açúcar, as sementes ou a essência de baunilha, a farinha e metade do creme de leite azedo. Bata com a batedeira até obter uma mistura cremosa e lisa.

Delícias Doces

7
Acrescente os ovos, um de cada vez, batendo bem após cada adição. Quando a mistura estiver bem lisa, despeje-a na fôrma sobre a base de biscoito assada e alise a superfície com uma espátula. Bata uma vez o fundo da fôrma sobre a superfície de trabalho para eliminar eventuais bolhas de ar.

8
Asse por 10 minutos, diminua a temperatura para 135°C e asse por mais 40 minutos. A torta deverá estar firme nas bordas, mas ainda macia no centro. Desligue o forno e deixe o cheesecake esfriar, mantendo a porta entreaberta. Ao esfriar, a superfície da torta poderá rachar, mas o creme de leite azedo encobrirá tudo.

9
Faça a calda de frutas vermelhas. Coloque as frutas numa panela com o restante do açúcar. Deixe cozinhar em fogo baixo por 3 minutos ou até que o açúcar esteja dissolvido e as frutas tenham soltado seu suco.

10
Com uma escumadeira, passe as frutas da panela para uma tigela. Leve a calda que sobrou na panela ao fogo alto por 2 minutos para encorpar. Despeje a calda de volta sobre as frutas e deixe esfriar completamente.

11
Quando o cheesecake estiver frio, leve à geladeira de um dia para o outro ou, no mínimo, por 4 horas. Na hora de servir, passe uma espátula em toda a volta para soltar a torta e abra a fôrma. Depois, passe a espátula entre o fundo da fôrma e a massa da torta, soltando-a. Deixe a torta deslizar para o prato de servir. Espalhe o restante do creme de leite azedo por cima, corte em fatias e sirva com a calda de frutas vermelhas.

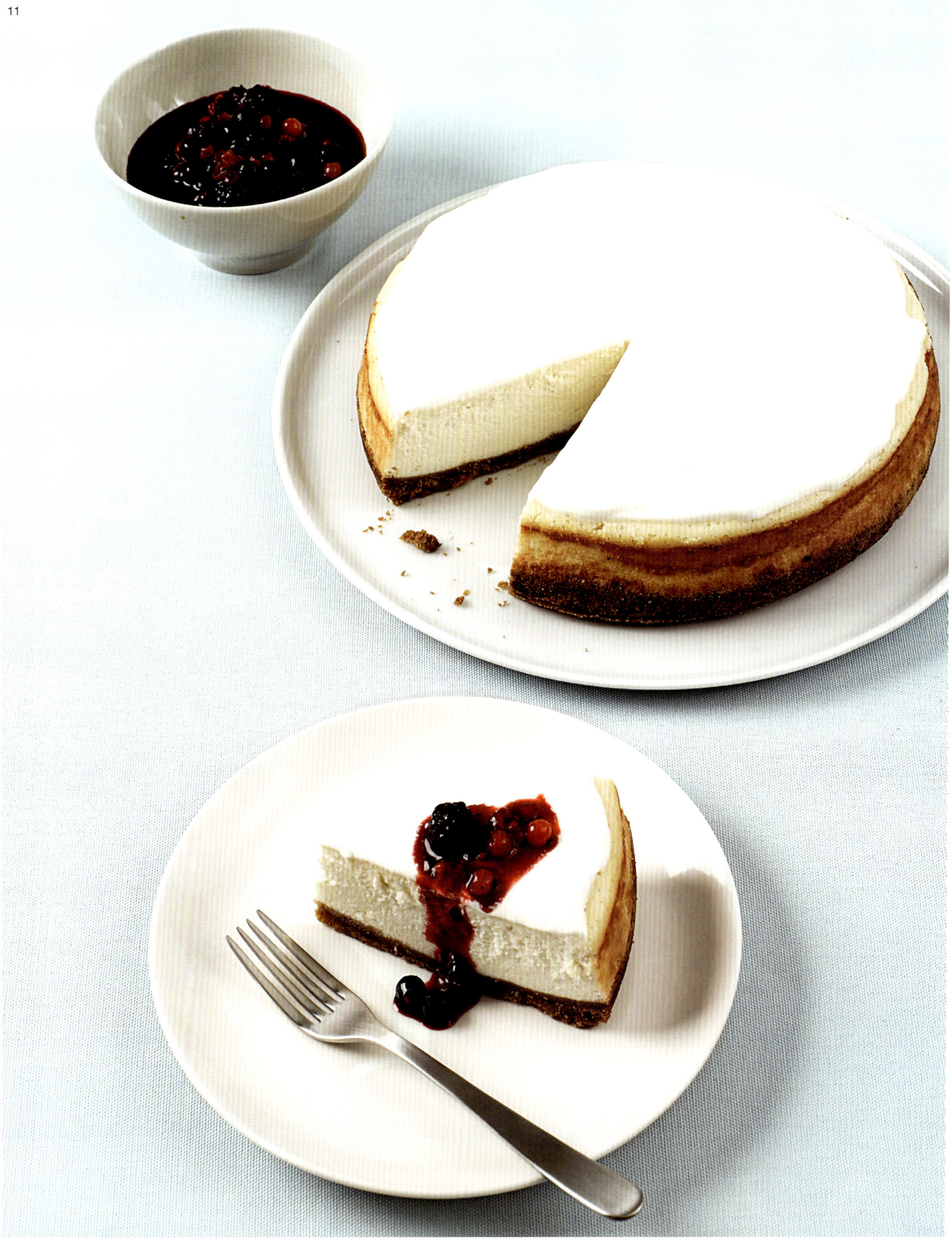

Cookies com gotas de chocolate

Tempo de preparo: 20 minutos
Tempo de cozimento: 12 minutos
Rende 18

Se você gosta de biscoitos cheios de pedacinhos de chocolate que derretem na boca, então esta receita foi feita para você! À receita básica pode-se adicionar casca de limão, uva-passa, nozes picadas ou tudo o que você mais gosta. Veja também as variações na página 402.

---

150 g de chocolate (pode ser ao leite, meio amargo ou branco ou, então, uma mistura dos três) ou de gotas de chocolate de boa qualidade

cerca de 1 xícara (chá) de manteiga sem sal amolecida

¾ xícara (chá) de açúcar

1 ovo grande

1 colher (chá) de essência de baunilha

2 xícaras (chá) de farinha de trigo com fermento

¼ colher (chá) de sal kosher

1
Pique o chocolate não muito fino sobre uma tábua. Forre 2 assadeiras de biscoito com papel-manteiga e preaqueça o forno a 200°C.

2
Coloque a manteiga e o açúcar numa tigela grande. Com uma batedeira manual ou comum, bata até obter uma mistura cremosa e clara. Separe o ovo (ver página 243), guarde a clara para outro uso e acrescente a gema à tigela. Adicione a baunilha. Bata por poucos segundos, apenas para misturar os ingredientes.

3
Mexendo com uma colher ou uma espátula, acrescente a farinha e o sal. Você vai achar que a massa ficou seca demais, mas está certo: é assim mesmo que ela tem de ficar.

Delícias Doces

4
Junte o chocolate picado e misture com a espátula, sem trabalhar demais a massa.

ASSE OS BISCOITOS IMEDIATAMENTE
Qualquer produto que leva fermento, farinha de trigo com fermento ou bicarbonato de sódio, seja um biscoito, um bolo ou até uma panqueca, deve ser assado logo após a adição desses ingredientes para que seu crescimento seja satisfatório.

5
Com a massa, forme 18 bolinhas do tamanho de uma noz e arrume 9 em cada assadeira. A massa se espalha bastante durante o cozimento, portanto, deixe um bom espaço entre elas.

6
Asse os biscoitos por 10-12 minutos ou até que estejam dourados nas bordas, mas ainda pálidos no centro. Enquanto assam, os biscoitos crescem, mas, depois de sair do forno, eles irão murchar. Espere que fiquem firmes e só então retire-os da assadeira com uma espátula e coloque-os sobre uma grade para terminar de esfriar. Estes biscoitos podem ser conservados por até 3 dias num recipiente com tampa hermética.

BISCOITOS COM MANTEIGA DE AMENDOIM
Substitua o chocolate picado por 2 colheres (sopa) de manteiga de amendoim (ver página 201) e ½ xícara (chá) de amendoim torrado.

BISCOITOS DE AVEIA E GENGIBRE
No lugar do chocolate picado, use 2 colheres (chá) de gengibre em pó, 2 colheres (sopa) de uva-passa escura sem sementes e ½ xícara (chá) de flocos de aveia.

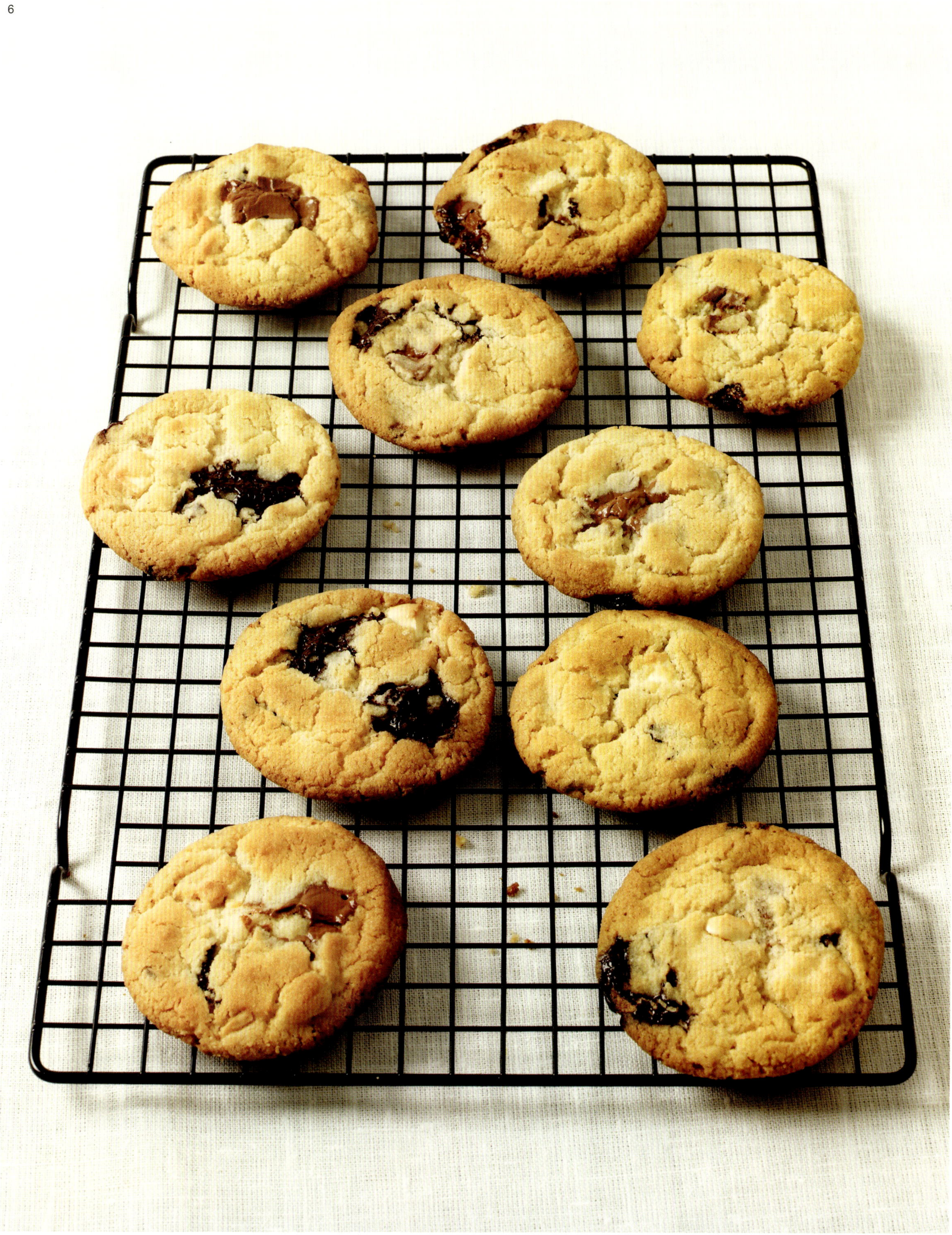

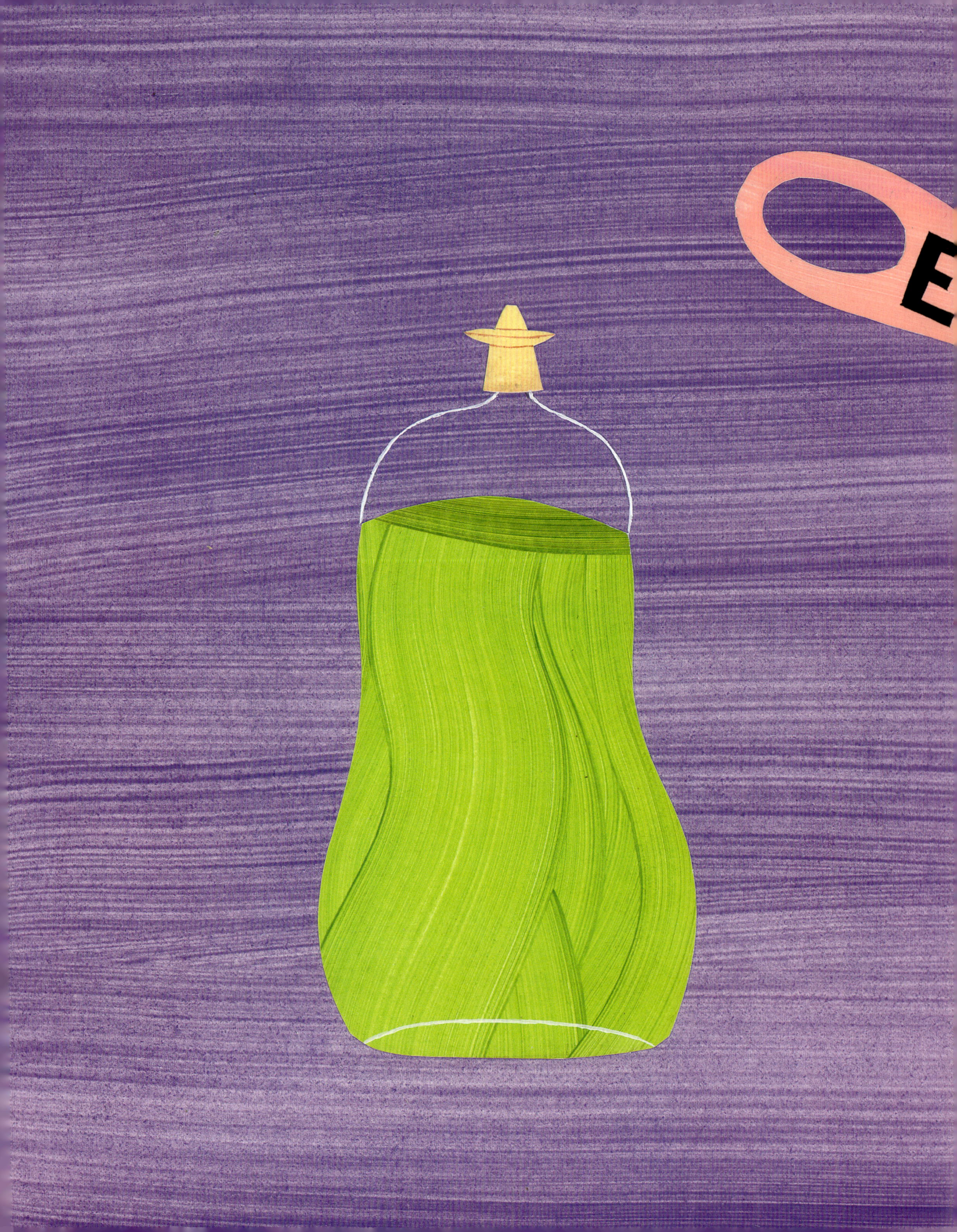
E

FINALMENTE

Planejando cardápios

Embora a maioria das receitas deste livro possa ser servida como prato único, muitas delas podem ser combinadas com outras para compor uma refeição completa com prato principal, acompanhamento e sobremesa. Um bom cardápio deve ser balanceado, levar em conta o tempo disponível e, principalmente, ser simples: prepará-lo deve ser prazeroso e não estressante.

Aqui você encontrará sugestões de cardápios para as mais variadas ocasiões. Caprichar na apresentação é importante em um jantar formal, mas no dia a dia ou com os amigos há muitas comidas que podem ser servidas no mesmo recipiente em que foram preparadas: comer hoje em dia é, antes de tudo, uma maneira descontraída de reunir pessoas em torno de uma mesa e deixar a conversa correr solta.

Jantando no bistrô
Coq au vin (página 230)
Batata gratinada (página 320)
Torta de limão-siciliano (página 350)

Natal para principiantes
Bolinhos de siri com molho de ervas (página 292)
Frango (ou peru) com rolinhos de alho-poró (página 252)
Legumes assados com mel (página 328)
Legumes na manteiga (página 330)
Torta de noz-pecã (página 380)

Brunch
Smoothie de fruta vermelha (página 18)
Muffins com frutas secas (página 40)
Bagels com ovos e salmão defumado (página 28)
Bolo de banana com nozes (página 364)

Comida chinesa
Panquecas de pato à chinesa (página 196)
Frango salteado à chinesa (página 112)
Sirva como sobremesa chá de jasmim e biscoito da sorte

Para aquecer o coração no inverno
Ensopado de carne com bolinhos (página 288)
Purê de batata (página 136)
Legumes na manteiga (página 330)
Torta de maçã (página 334)

Uma noite indiana
Frango à indiana com raita (página 204)
Abóbora com castanha de caju (página 104)
Curry de carneiro com arroz aromático (página 238)
Sorvete de baunilha (página 360) *com manga fresca*

Um jantar jovem
Cheesebúrguer (página 108)
Gomos de batata ao forno (página 312)
Coleslaw (página 316)
Sorvete de baunilha (página 360)

A festa das bruxas
Costela de porco agridoce (página 174)
Sopa de frango e macarrão (página 72)
   ou Sopa de tomate com tomilho (página 76)
Torta do pastor (página 258)
   ou Macarrão gratinado com queijo (página 128)
Brownies (página 368)

Aniversário infantil
Pizza margherita (página 188)
Cupcakes glaceados (página 376)

Um almoço ao ar livre
Costeletas de cordeiro com salada (página 132)
Ratatouille (página 310)
Cheesecake com frutas vermelhas (página 396)

Jantar à italiana
Antepastos com bruschetta e tapenade (página 180)
Lasanha (página 248)
Pão de alho (página 318)
Salada com molho vinagrete (página 308)

Na cozinha mediterrânea
Antepastos com bruschetta e tapenade (página 180)
Ensopado de peixe mediterrâneo (página 270)
Salada com molho vinagrete (página 308)

Os assados
Paleta de porco assada com maçã (página 296)
Legumes assados com mel (página 328)
Legumes na manteiga (página 330)
Bolo de tâmara com calda de caramelo (página 356)

Pernil de cordeiro com alecrim (página 266)
Cenoura glaceada (página 314)
Cheesecake com frutas vermelhas (página 396)

Carne assada com pudim Yorkshire (página 274)
Batata assada (página 306)
Legumes na manteiga (página 330)
Crumble de maçã e amora (página 392)

Frango com rolinhos de alho-poró (página 252)
Batata gratinada (página 320)
Vagem com bacon (página 324)
Cobbler de pêssego e framboesa (página 384)

Jantar rápido
Peito de frango recheado com queijo (página 154)
Brownies (página 368)

Na churrascaria
Contrafilé com manteiga de alho (página 158)
Gomos de batata ao forno (página 312)
Salada com molho vinagrete (página 308)
Sorvete de baunilha (página 360)

Jantando na Espanha
Batatas bravas com chorizo (página 208)
Paella (página 280)
Sorvete de baunilha (página 360) *regado por um bom xerez*

Jantar Tex-Mex
Triângulos de milho com guacamole (página 184)
Baked potato com chili (página 218)
Torta de limão com chantili (página 342)

Banquete tailandês
Frango com molho de amendoim (página 200)
Curry de carne ao leite de coco (página 168)
Talharim com camarão à tailandesa (página 164)
Sirva como sobremesa sorvete de manga ou abacaxi fresco

Jantar marroquino
Homus & azeitona marinada (página 192)
Couscous com tagine de legumes (página 300)
Bolo inglês de limão (página 346) *com figo fresco e iogurte*

Jantar vegetariano
Risoto de cogumelo (página 116)
Salada com molho vinagrete (página 308)
Copinhos de chocolate (página 340)

Para assistir ao jogo
Asas com dip de gorgonzola (página 176)
Barquinhos de batata com dip (página 212)
Triângulos de milho com guacamole (página 184)

Glossário

Afofar
Separar os grãos de um alimento cozido, tal como o arroz, o couscous etc., usando os dentes de um garfo.

Al dente
Ponto de cozimento de massas e legumes, quando estão macios, mas ainda oferecem certa resistência ao serem mordidos.

Amassar
Empurrar com o punho e esticar uma massa, sobre uma superfície de trabalho, até ficar lisa.

Batatas
A batata para assar deve ser farinhenta para que desmanche na boca depois de pronta. As melhores variedades para assar são ágata e baraka. Para fritar, use a asterix, com casca rosada. Para o preparo de purê ou nhoque, as melhores são baronesa e monalisa. A bintje se presta a todos os tipos de preparo. Para cozinhar batatas, coloque-as sempre em água fria.

Batedor de arame
Apetrecho formado por fios de arame em formato de balão, reunidos em um cabo. É usado para adicionar ar e dar volume aos ovos, às claras, ao creme de leite, à maionese etc. Também chamado de fouet. O mesmo efeito pode ser obtido com o uso da batedeira, tanto a fixa como a manual.

Caçarola
Panela com dois cabos e uma tampa. Pode ser de metal, cerâmica, vidro ou pedra sabão e, dependendo do material dos cabos, pode ser levada ao forno. Às vezes, esse termo é aplicado ao prato nela cozido.

Caldo
Líquido saboroso que se obtém fervendo ossos de boi ou aves com ervas aromáticas e legumes por 2-3 horas. Antes de usá-lo, retire a gordura da superfície. Se estiver com pressa, simplesmente dissolva um tablete de caldo em água fervente.

Caramelizado
Ponto de cozimento em que o açúcar contido no alimento começa a caramelizar, envolvendo-o com uma cobertura dourada e ligeiramente pegajosa.

Casca de fruta cítrica
Refere-se somente à parte colorida de uma fruta cítrica, normalmente laranja ou limão. Pode ser ralada ou cortada em tirinhas finas. Deve-se tomar cuidado ao retirá-la para não atingir a parte branca que se encontra logo abaixo, que é amarga.

Cavidade
É um buraco que se faz no meio da farinha de trigo e outros ingredientes secos para adicionar os ingredientes líquidos.

Cortes diagonais
Consiste em fazer cortes diagonais na pele de um peixe para evitar que a carne se enrole durante o cozimento.

Couscous
Prato típico do norte da África e outras regiões do Mediterrâneo. Composto de grânulos de sêmola de trigo que crescem quando umedecidos com um líquido (geralmente água e azeite). É preparado cozido no vapor, mas o mais prático é usar o pré-cozido à venda nos supermercados. Servido com ensopados de carne, legumes ou peixe.

Cozinhar em fogo lento
O alimento deve cozinhar imerso em algum líquido que esteja bem quente, mas não em ponto de fervura (80-90°C), com algumas poucas bolhas que sobem à superfície. Normalmente, a panela deve ser mantida tampada.

Cozinhar no vapor
Cozinhar dentro de um recipiente furado que se encaixa sobre outro com água fervente. O recipiente superior precisa ser muito bem tampado.

Crescer
Processo que consiste em fazer com que o volume de uma massa aumente ao assar, adicionando-lhe um elemento para esse fim, como o fermento químico em pó, o fermento biológico, fresco ou seco, ou, ainda, o bicarbonato de sódio.

Deglacear
Consiste em colocar um líquido (água, caldo ou vinho) na panela ou assadeira onde foram assados legumes ou carnes para retirar as partículas grudadas, com a finalidade de enriquecer o molho.

Descanso da carne
Depois de assada, a carne precisa de um descanso para que seus sucos tenham tempo para se distribuírem novamente, de maneira uniforme, dentro da peça. Devido ao calor residual, durante esse período a carne continua cozinhando, por isso fique de olho no tempo de cozimento, para não deixar passar do ponto.

Eliminar as sementes
Consiste em cortar a fruta ou legume ao meio e depois retirar as sementes com o auxílio de uma colher ou de uma faca.

Emulsionar
Misturar duas substâncias agitando-as fortemente para obter uma emulsão uniforme. Dois exemplos são o molho vinagrete, onde vinagre e azeite são emulsionados, e o molho holandês, em que a manteiga é adicionada às gemas.

Encorpar
Termo usado quando se ferve um molho para evaporar até adquirir certa consistência.

Engrossar
Adicionar farinha de trigo, amido de milho ou ovo para que o molho ou a sopa fiquem mais espessos.

Escorrer
Eliminar todo o líquido de um determinado alimento, despejando-o num escorredor ou peneira. Às vezes, a receita pede para guardar parte desse líquido, portanto, verifique antes.

Espremedor de batata
É um apetrecho cheio de furos muito usado para espremer as batatas (e outros tubérculos) para transformá-las em purê, com a adição de leite quente e manteiga.

Marinar
Colocar carne crua ou outros alimentos num líquido aromático ou ácido com o intuito de amaciá-los antes de cozinhar ou para acrescentar sabor. Os alimentos, porém, não devem ficar nesse tempero por muito tempo, pois a marinada tende a "cozinhar" os alimentos ou a deixá-los macios demais, afetando assim o resultado final. Peixes de carne delicada devem ficar poucas horas na marinada, enquanto as carnes aguentam até 24 horas.

Misturar delicadamente
Essa operação é indicada para mesclar ingredientes aerados, como as claras em neve, com uma mistura mais compacta. Para isso, faça movimentos suaves de baixo para cima, revolvendo os dois juntos, até que estejam bem incorporados um ao outro.

Pincelar
Passar com o pincel de cozinha leite, ovo ou uma mistura destes dois sobre massas ou outros produtos de forno para que, depois de assados, fiquem com uma aparência dourada e brilhante.

Pochê
Pochê é um termo de origem francesa, usado para definir um tipo de cozimento dos ovos, mas qualquer alimento delicado pode se beneficiar desse processo. Ele consiste em cozinhar determinado alimento completamente submerso em um líquido mantido abaixo da temperatura de ebulição (70-80°C).

Preaquecer
Operação que consiste em ligar o forno ou o grill com antecedência, de modo que, ao introduzir o alimento, ele já tenha alcançado a temperatura desejada. O tempo necessário para alcançar essa temperatura varia de um forno para outro.

Pulsar
Consiste em ligar e desligar o processador de alimentos ou o liquidificador numa rápida sucessão de movimentos para que o alimento fique triturado até o ponto desejado. Geralmente, esses equipamentos têm um botão específico para essa operação.

Purê
Indica um alimento com consistência pastosa, obtida com o uso do processador de alimentos, do liquidificador ou de um espremedor.

Rechear
Colocar algum recheio em uma peça de carne (como lagarto, por exemplo), em bifes enrolados, em aves inteiras ou em legumes, como berinjela ou abobrinha.

Reduzir
Consiste em ferver ou cozinhar um líquido, geralmente molho, em fogo baixo até que evapore parte da umidade e engrosse, concentrando assim o sabor.

Refogar
Cozinhar um alimento em fogo baixo, numa panela que feche bem, com algum líquido, adicionado ou desprendido do próprio alimento.

Regar
Deixar cair um líquido aos poucos, distribuindo-o sobre toda a superfície de um alimento.

Saltear
Processo que consiste em dourar um alimento numa frigideira ou panela, usando pouco óleo ou manteiga, em fogo alto e mexendo com frequência.

Tampar parcialmente
A tampa deve ser posta sobre a panela, deixando-se uma fresta para a saída do vapor. É um método usado para cozinhar arroz ou reduzir um molho, sem que resseque, por exemplo.

Vinagre balsâmico
É um tipo de vinagre escuro e ligeiramente adocicado, típico das cidades de Módena e Reggio Emília, na Itália. Até alguns anos atrás, era um produto caro por ser envelhecido por anos a fio, mudando-se o tonel conforme seu volume ia se reduzindo, devido à evaporação. Hoje em dia, pode ser encontrado em qualquer supermercado com preço acessível, pois seu envelhecimento foi drasticamente reduzido.

Tempo de cozimento
Os tempos de cozimento são sempre calculados a partir do momento em que a preparação levanta fervura. Quando há a adição de algum ingrediente, é preciso deixar que o líquido volte a ferver para se começar a contar o tempo novamente.

Técnicas básicas

As fotos dessas páginas mostram como devem ser cortados os legumes e temperos mais comuns, conforme indicado nas receitas.

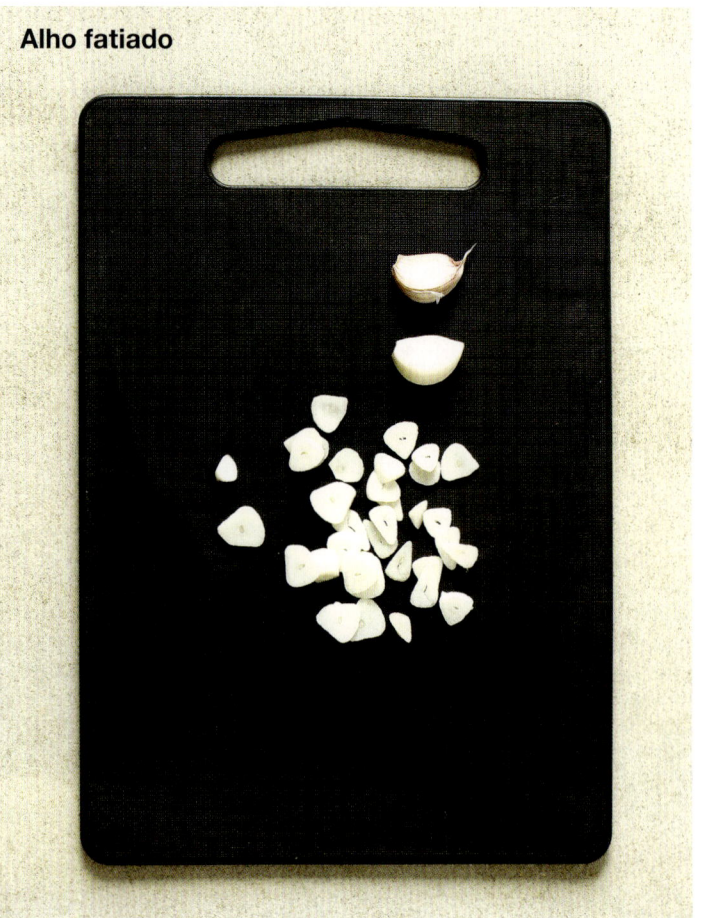

Cenoura picada fino

Alho amassado

Alho fatiado

Cebola picada fino

Cebola fatiada

Cebola picada grosso (1)

Cebola picada grosso (2)

Técnicas básicas

Pimenta sem sementes cortada em tiras finas

Pimenta sem sementes picada fino

Ervas picadas grosso

Ervas picadas fino

Índice geral

A

Abacate
Panquecas de milho com abacate e bacon 52
Triângulos de milho com guacamole 184

Abacaxi
Frango com molho de abacaxi 150

Abóbora com castanha de caju 104

Abobrinha
Ratatouille 310

Alho
Contrafilé com manteiga de alho 158
Pão de alho 318

Alho-poró
Frango com rolinhos de alho-poró 252

Ameixa
Rabanada com ameixa 32

Antepastos com bruschetta e tapenade 180

Arroz
Curry de carneiro com arroz aromático 238
Risoto de cogumelo 116
Salmão picante com verdura e arroz 144

Asas com dip de gorgonzola 176

Atum
Salada niçoise 90

Azeitona
Antepastos com bruschetta e tapenade 180
Homus & azeitona marinada 192

B

Bacon
Barquinhos de batata com dip 212
Café da manhã completo à moda inglesa 36
Espaguete à carbonara 162
Frango com rolinhos de alho-poró 252
Panquecas de milho com abacate e bacon 52
Peito de frango recheado com queijo 154
Sanduíche de alface, bacon e tomate 94
Torta de frango, bacon e legumes 284
Vagem com bacon 324

Bagels com ovos e salmão defumado 28
Baked potato com chili 218

Banana
Bolo de banana com nozes 364
Smoothie de fruta vermelha 18

Barquinhos de batata com dip 212

Batata
Baked potato com chili 218
Barquinhos de batata com dip 212
Batata assada 306
Batata gratinada 320
Batatas bravas com chorizo 208
Escondidinho de peixe e camarão 234
Gomos de batata ao forno 312
Linguiça acebolada com purê 136
Pernil de cordeiro com alecrim 266
Torta do pastor 258

Batata-doce
Sopa picante de batata-doce 98

Berinjela
Berinjela à parmigiana 226
Ratatouille 310

Beterraba
Queijo de cabra com salada de beterraba 64

Bolinhos de siri com molho de ervas 292

Bolos
Bolo de banana com nozes 364
Bolo de tâmara com calda de caramelo 356
Bolo inglês de limão 346
Bolo trufado de chocolate 388
Brownies 368

Brownies 368

Bruschetta
Antepastos com bruschetta e tapenade 180

C

Caçarola de frango e chorizo 120
Café da manhã completo à moda inglesa 36

Camarão
Escondidinho de peixe e camarão 234
Laksa de camarão e cogumelo 80
Paella 280
Talharim com camarão à tailandesa 164

Caracóis de canela 20

Carne
Baked potato com chili 218
Carne assada com pudim Yorkshire 274
Cheesebúrguer 108
Contrafilé com manteiga de alho 158
Curry de carne ao leite de coco 168
Ensopado de carne com bolinhos 288
Lasanha 248

Carneiro
Curry de carneiro com arroz aromático 238
Torta do pastor 258

Castanha de caju
Abóbora com castanha de caju 104

Cebola
Quiche de cebola 242

Cenoura
Cenoura glaceada 314
Legumes assados com mel 328

Cheesebúrguer 108
Cheesecake com frutas vermelhas 396

Chili
Baked potato com chili 218

Chocolate
Bolo trufado de chocolate 388
Brownies 368
Cookies com gotas de chocolate 400
Copinhos de chocolate 340

Chorizo
Batatas bravas com chorizo 208
Caçarola de frango e chorizo 120
Paella 280

Cobbler de pêssego e framboesa 384

Cogumelos
Laksa de camarão e cogumelo 80
Risoto de cogumelo 116

Coleslaw 316
Contrafilé com manteiga de alho 158
Cookies com gotas de chocolate 400
Copinhos de chocolate 340
Coq au vin 230

Cordeiro
Costeletas de cordeiro com salada 132
Pernil de cordeiro com alecrim 266

Costela de porco agridoce 174
Costeletas de cordeiro com salada 132

Couscous
   Couscous com tagine de legumes 300
   Salada picante de couscous 60
Crumble de maçã e amora 392
Cupcakes glaceados 376
Curry
   Abóbora com castanha de caju 104
   Curry de carne ao leite de coco 168
   Curry de carneiro com arroz aromático 238

E
Ensopados
   Ensopado de carne com bolinhos 288
   Ensopado de peixe mediterrâneo 270
Escondidinho de peixe e camarão 234
Espaguete
   Espaguete à carbonara 162
   Espaguete ao pesto 148

F
Feijão
   Huevos rancheros 44
Frango
   Asas com dip de gorgonzola 176
   Caçarola de frango e chorizo 120
   Coq au vin 230
   Frango à indiana com raita 204
   Frango com molho de abacaxi 150
   Frango com molho de amendoim 200
   Frango com rolinhos de alho-poró 252
   Frango salteado à chinesa 112
   Peito de frango recheado com queijo 154
   Quesadillas com frango e milho verde 88
   Salada César com frango 68
   Sopa de frango e macarrão 72
   Torta de frango, bacon e legumes 284
Frutas vermelhas
   Cheesecake com frutas vermelhas 396
   Cobbler de pêssego e framboesa 384
   Crumble de maçã e amora 392
   Panna cotta com framboesa 372
   Panquecas com mirtilo e xarope de maple 48
   Smoothie de fruta vermelha 18

Frutos do mar
   Bolinhos de siri com molho de ervas 292
   Paella 280

G
Grão-de-bico
   Homus & azeitona marinada 192
Guacamole
   Triângulos de milho com guacamole 184

H
   Homus & azeitona marinada 192
   Huevos rancheros 44

L
Laksa de camarão e cogumelo 80
Lasanha 248
Legumes
   Couscous com tagine de legumes 300
   Legumes assados com mel 328
   Legumes na manteiga 330
   Torta de frango, bacon e legumes 284
Limão
   Bolo inglês de limão 346
   Torta de limão com chantili 342
   Torta de limão-siciliano 350
Linguiça
   Café da manhã completo à moda inglesa 36
   Linguiça acebolada com purê 136

M
Maçã
   Crumble de maçã e amora 392
   Paleta de porco assada com maçã 296
   Torta de maçã 334
Macarrão gratinado com queijo 128
Massas
   Espaguete à carbonara 162
   Espaguete ao pesto 148
   Lasanha 248
   Macarrão gratinado com queijo 128
   Penne com molho de tomate 140
   Sopa de frango e macarrão 72
   Talharim com camarão à tailandesa 164
   Talharim com molho à bolonhesa 262

Milho
   Panquecas de milho com abacate e bacon 52
   Quesadillas com frango e milho verde 88
   Triângulos de milho com guacamole 184
Molhos
   Bolonhesa: Talharim com molho à bolonhesa 262
   Ervas: Bolinhos de siri com molho de ervas 292
   Holandês: Ovos Benedict 24
   Tártaro: Peixe empanado com molho tártaro 124
   Tomate: Penne com molho de tomate 140
   Verde: Pescada frita com molho verde 222
   Vinagrete: Salada com molho vinagrete 308
Muffins com frutas secas 40

N
Noz-pecã
   Muffins com frutas secas 40
   Torta de noz-pecã 380

O
Omelete com cebolinha-francesa 84
Ovos
   Bagels com ovos e salmão defumado 28
   Café da manhã completo à moda inglesa 36
   Huevos rancheros 44
   Omelete com cebolinha-francesa 84
   Ovos Benedict 24

P
Paella 280
Pães
   Caracóis de canela 20
   Pão de alho 318
Paleta de porco assada com maçã 296
Panna cotta com framboesa 372
Panquecas
   Panquecas com mirtilo e xarope de maple 48

Panquecas de milho com abacate e bacon 52
Panquecas de pato à chinesa 196
Pato
Panquecas de pato à chinesa 196
Peito de frango recheado com queijo 154
Peixes
Bagels com ovos e salmão defumado 28
Ensopado de peixe mediterrâneo 270
Peixe empanado com molho tártaro 124
Pescada frita com molho verde 222
Salmão picante com verdura e arroz 144
Penne com molho de tomate 140
Pernil de cordeiro com alecrim 266
Pescada frita com molho verde 222
Pêssego
Cobbler de pêssego e framboesa 384
Pizza margherita 188
Porco
Costela de porco agridoce 174
Paleta de porco assada com maçã 296
Presunto
Ovos Benedict 24
Sanduíche quente de presunto e queijo 58

Q
Queijo
Asas com dip de gorgonzola 176
Cheesebúrguer 108
Cheesecake com frutas vermelhas 396
Macarrão gratinado com queijo 128
Peito de frango recheado com queijo 154
Queijo de cabra com salada de beterraba 64
Sanduíche quente de presunto e queijo 58
Quesadillas com frango e milho verde 88
Quiche de cebola 242

R
Rabanada com ameixa 32
Raita
Frango à indiana com raita 204
Ratatouille 310
Risoto de cogumelo 116
Repolho
Coleslaw 316

S
Saladas
Costeletas de cordeiro com salada 132
Queijo de cabra com salada de beterraba 64
Salada César com frango 68
Salada com molho vinagrete 308
Salada grega 78
Salada niçoise 90
Salada picante de couscous 60
Salmão
Bagels com ovos e salmão defumado 28
Salmão picante com verdura e arroz 144
Sanduíches
Sanduíche de alface, bacon e tomate 94
Sanduíche quente de presunto e queijo 58
Siri
Bolinhos de siri com molho de ervas 292
Smoothie de fruta vermelha 18
Sobremesas
Bolo de tâmara com calda de caramelo 356
Bolo trufado de chocolate 388
Brownies 368
Cheesecake com frutas vermelhas 396
Cobbler de pêssego e framboesa 384
Copinhos de chocolate 340
Crumble de maçã e amora 392
Panna cotta com framboesa 372
Sorvete de baunilha 360
Torta de limão com chantili 342
Torta de limão-siciliano 350
Torta de maçã 334
Torta de noz-pecã 380
Sopas
Sopa de frango e macarrão 72
Sopa de tomate com tomilho 76
Sopa picante de batata-doce 98
Sorvete de baunilha 360

T
Tagine
Couscous com tagine de legumes 300
Talharim
Talharim com camarão à tailandesa 164
Talharim com molho à bolonhesa 262
Tâmara
Bolo de tâmara com calda de caramelo 356
Tapenade
Antepastos com bruschetta e tapenade 180
Tomate
Penne com molho de tomate 140
Sanduíche de alface, bacon e tomate 94
Sopa de tomate com tomilho 76
Tortas doces
Torta de limão com chantili 342
Torta de limão-siciliano 350
Torta de maçã 334
Torta de noz-pecã 380
Tortas salgadas
Quiche de cebola 242
Torta de frango, bacon e legumes 284
Torta do pastor 258
Triângulos de milho com guacamole 184

V
Vagem com bacon 324
Vegetarianas
Abóbora com castanha de caju 104
Berinjela à parmigiana 226
Coleslaw 316
Couscous com tagine de legumes 300
Espaguete ao pesto 148
Huevos rancheros 44
Macarrão gratinado com queijo 128
Omelete com cebolinha-francesa 84
Penne com molho de tomate 140
Queijo de cabra com salada de beterraba 64
Quiche de cebola 242
Ratatouille 310
Risoto de cogumelo 116
Salada grega 78
Salada picante de couscous 60
Sopa de tomate com tomilho 76
Sopa picante de batata-doce 98
Triângulos de milho com guacamole 184

AGRADECIMENTOS DA AUTORA

Este livro é o resultado do esforço de uma equipe, e eu devo agradecer a várias pessoas pela sua experiência, amor, suporte, torcida e visão. Primeiramente, agradeço a Emilia Terragni, Laura Gladwin, Beth Underdown e a todo o pessoal da Phaidon – vocês foram muito dedicados. Laura, obrigada por abrir a porta. Tenho grande admiração pela sua paciência sem fim, encorajamento e determinação para fazer deste livro o que ele é.

Enorme agradecimento também a Angela Moore pelas suas belas fotos e por compartilhar o seu lar conosco por longo tempo durante a produção. Junto com Jennifer Wagner, Nico Schweizer e Jeffrey Fisher, você criou um visual mais adorável do que eu jamais poderia imaginar.

À minha *food stylist* Marisa Viola: você foi uma verdadeira maravilha. Eu realmente admiro o seu *input*, fantástico senso de organização e calma zen. (Marisa, junto com Angela, assistente de Pete, Julian e Bruce, criaram as páginas com os ingredientes, que parecem simples, mas são o diabo para concretizar. Obrigada a todos vocês.)

Um agradecimento especial a Katy Greenwood, Susan Spaull e Michelle Bolton King por testarem as receitas, e a Gem e Stu McBride pelo seu estusiástico paladar. Meu obrigada também a Barney Desmazery, Sara Buenfeld e a equipe passada e presente da BBC Good Food, que nos cedeu o material para a produção do livro.

Mamãe, papai, família e amigos, obrigada por sua crença inabalável e encorajamento. E finalmente, o mais importante, agradeço a Ross. Por tudo.

Título original
WHAT TO COOK & HOW TO COOK IT
ISBN 9 780 7148 5901 9

Copyright © 2010 Phaidon Press Limited
www.phaidon.com

Todos os direitos reservados, incluindo a reprodução total ou parcial, qualquer que seja a forma.

Fotografias: Angela Moore
Ilustrações: Jeffrey Fisher
Design: SML Office

© 2012 Editora Melhoramentos Ltda.
1ª. edição, junho de 2012

Tradução e consultoria: Laura Tremolada
Produção editorial da edição em português: Clim Editorial

Atendimento ao consumidor:
Caixa Postal 11541 – CEP 05049-970
São Paulo – SP – Brasil

ISBN 978-85-06-00363-3
Impresso na China

Editora Melhoramentos
Hornby, Jane
  O que cozinhar e como cozinhar / Jane Hornby, fotografias de Angela Moore; Ilustrações Jeffrey Fisher e tradução Laura Tremolada.   São Paulo: Editora Melhoramentos, 2012.

  ISBN 978-85-06-00363-3

1. Culinária.   2. Gastronomia.   I. Moore, Angela.   II. Fisher, Jeffrey.   III. Tremolada, Laura.   IV. Título.
CDD-641.5

Índices para catálogo sistemático:
1. Gastronomia   641.5
2. Receitas culinárias : Economia doméstica   641.5

NOTA
Algumas receitas incluem ovos crus ou cozidos ligeiramente. Isso deve ser evitado por crianças, idosos, mulheres grávidas, convalescentes e qualquer outra pessoa que tenha problemas imunológicos.